"十四五"职业教育国家规划教材

高职高专物流管理专业精品系列教材

生产企业物流

（第三版）

董宏达　主　编

任　玲　王　科　副主编

U0361742

清华大学出版社

北京

内 容 简 介

本书是"十四五"职业教育国家规划教材。本书全面系统地介绍了生产企业物流管理内容及方法。全书共分 7 章,包括生产企业物流概述、采购物流管理、生产物流管理、回收废弃物物流管理、销售物流管理、第三方物流管理和物流信息管理。

本书将理论知识与企业生产实际紧密结合,实用性较强。书中采用了大量的企业实际案例、资料、图片以及企业先进的管理制度、标准,辅助说明和帮助知识点的理解与记忆。

本书适用于高职高专、中等职业学校、技术学校物流专业教学,也可作为成人教育、物流人员教学与培训的参考书。

图书在版编目(CIP)数据

生产企业物流/董宏达主编. —3 版. —北京:清华大学出版社,2021.7(2025.1重印)
高职高专物流管理专业精品系列教材
ISBN 978-7-302-54379-4

Ⅰ.①生…　Ⅱ.①董…　Ⅲ.①工业企业管理-物流管理-高等职业教育-教材　Ⅳ.①F406

中国版本图书馆 CIP 数据核字(2019)第 264151 号

责任编辑:左卫霞
封面设计:常雪影
责任校对:李　梅
责任印制:沈　露

出版发行:清华大学出版社
　　　　网　　　址:https://www.tup.com.cn,https://www.wqxuetang.com
　　　　地　　　址:北京清华大学学研大厦 A 座　　　　邮　　编:100084
　　　　社 总 机:010-83470000　　　　邮　　购:010-62786544
　　　　投稿与读者服务:010-62776969,c-service@tup.tsinghua.edu.cn
　　　　质量反馈:010-62772015,zhiliang@tup.tsinghua.edu.cn
　　　　课件下载:https://www.tup.com.cn,010-83470410
印 装 者:三河市少明印务有限公司
经　　销:全国新华书店
开　　本:185mm×260mm　　印　张:16　　　　字　　数:369 千字
版　　次:2009 年 9 月第 1 版　　2021 年 7 月第 3 版　　印　　次:2025 年 1 月第 6 次印刷
定　　价:49.00 元

产品编号:086575-01

第三版前言

党的二十大报告提出，加快建设现代化经济体系，着力提高全要素生产率，着力提升产业链供应链韧性和安全水平。生产企业物流一头连着生产、一头连着消费，是延伸产业链、提升价值链、打造供应链的重要支撑。本书以习近平新时代中国特色社会主义思想为指导，加快推动生产企业物流高质量发展，将智慧物流、绿色物流、物流安全等贯穿于采购物流管理、生产物流管理、回收废弃物物流管理、销售物流管理、物流信息管理等全过程，全力降低社会物流总费用，实现经济可持续的高质量发展。

改革开放以来，我国已成为世界的加工中心，生产制造业在组织生产与销售过程中，离不开物流的支持，物流管理已成为企业生产组织的重要课题之一。物流质量管理更多地体现在物流服务质量，物流人员了解和掌握生产企业采购、生产、销售过程以及制造业的先进管理经验并加以借鉴和应用，势必会对现代物流管理的提高与改善起到积极作用。

本书依据物流核心业务，物流服务于生产现场理念，生产制造业的运营与发展以及企业组织生产管理的方式、流程、方法编写。书中不仅介绍了生产企业物流管理的知识、技能，还介绍了现代生产企业（制造业）组织和管理的先进思维、模式、方法，其目的是让读者不仅仅局限于物流的管理知识及技能，更要放开眼界，从企业组织生产、经营的角度出发，更好地使物流管理服务于生产，满足用户需求。

本书以生产企业生产组织过程中的实际案例、标准作业、标准工作流程、作业改善作为教学资料，将理论知识与企业生产实际紧密结合，书中所涉及的流程、制度、标准等皆可在以后的企业工作中加以改善，灵活运用。

第三版修订过程中，编者及时更新了资料及信息，修改和加入了现代物流知识、企业概况等最新内容。例如，加入《缺陷汽车产品召回管理条例》和一汽物流有限公司简介等内容。

本书由长春汽车工业高等专科学校董宏达担任主编，长春汽车工业高等专科学校任玲、重庆交通职业学院王科担任副主编，长春汽车工业高等专科学校胡国良和王伟、吉林大学袁晓莹参与编写，长春一汽富维有限公司吕聪提供了大量企业素材及案例。

本书自第二版出版以来得到了读者朋友的大力支持，再版中征询了教学老师和企业人士的建议。对于大家提出的很多指导性的宝贵意见，在此一并表示感谢。

由于水平所限，书中疏漏之处在所难免，敬请各位同人及读者批评、指正。

编　者

2022 年 12 月

本书主要是针对生产企业物流管理进行讲解和编写的,本教材包括企业物流概述、采购物流管理、生产物流管理、销售物流管理、回收废弃物物流管理、第三方物流管理、物流信息管理等内容,重点介绍了生产企业物流管理的具体步骤及内容。

本书编写重点之一是第2章采购物流管理,详细讲解了生产企业采购的方法、采购流程、采购中的物流运输与装卸,讲解了供应商的管理与选择。

本书编写重点之二是第3章生产物流管理,首先介绍了企业生产类型及生产现场的先进管理模式——丰田生产方式;其次讲解了如何识别企业浪费现象,重点讲解了生产现场物流管理(人员、物料、设备、安全、现场、目视、生产计划与物料等)的内容,详细介绍了准时化物流管理的内容及物流管理的考核内容。

本书编写重点之三是第4章回收废弃物物流管理,重点讲解了生产企业可回收的物料分类、回收技术、回收方法及物料回收流程。还重点讲解了生产企业废弃物的分类,企业常见废弃物(废酸、废液、废乳化液)的处理技术、方法及流程。

本书的编写,以遵循企业生产运营过程为主线,以企业生产实际案例为辅助材料,阐述和说明理论知识点,使读者能够更好地理解和应用。教材中收集了大量的生产制造企业物流运营与管理的实例、资料及成功经验,教材内容密切结合企业实际,具有较强的实用性,是物流管理专业以及机电、机械加工、汽车制造等专业学生和企业在职员工培训用的理想教材。

本书在编写过程中得到了很多企业管理人员的大力支持和帮助,并且提供了很多素材与案例。本书中胡国良编写了第1章,王伟编写了第3章生产物流管理中物流设备管理部分,胡伟编写了第3章生产物流管理中人员管理部分,任玲编写了第6章,其余章节由董宏达编写并总纂。另外,本书在编写过程中,得到了一汽轿车公司、丰越公司、一汽大众公司、一汽国际物流等单位的大力协作,不能一一列出名单,在此表示衷心感谢。本书之所以成稿还在于长春一汽工业高等专科学校信息系主任胡国良的大力支持与督促,在此也表示衷心感谢。

由于编者水平所限,并且在书稿编写的过程中应用了大量的实际资料与案例,书中难免出现资料应用的局限性、不足和缺陷,敬请读者批评与指正。

编 者

2009 年 8 月

CONTENTS

目 录

生产企业物流概述

学习要点

☺ 能够陈述我国物流与先进发达国家物流的差距。

☺ 明确生产物流的目标及其特性。

☺ 熟练陈述企业物流、生产物流定义。

☺ 明确生产企业物流的六大组成部分。

☺ 能够详细讲解生产企业物流的主要过程。

☺ 理解生产企业物流的合理化途径。

1.1　物流企业现状分析

 阅读资料 1-1

交 通 现 状

中国地域辽阔,人口众多,国土面积 960 万平方千米。从东到西 5 000 千米,从南到北 5 500 千米。到 2020 年年底,中国铁路运营里程约 14.6 万千米,公路通车里程约 510 万千米,其中高速公路 15.5 万千米。海岸线长 3.2 万千米,其中大陆海岸线长 1.84 万千米,另有岛岸线 1.4 万余千米,海岸线曲折,较大海湾有 150 个,多是港阔水深的天然港口。

————资料来源于《中国地理》

进入 20 世纪 90 年代,随着我国改革开放的步伐加快,国家对铁路、公路、水运航道等基础建设投入了大量资金进行建设与维修,同时对航空运输业也大力地支持和开放搞活,允许多种模式经营。市场的开放搞活促使商品(物资)流通量迅速增长,消费者对商品的需求量迅速增大,消费者对商品的需求促使市场中的商品(物资)流通加快,促进了国家各行业发展。市场(消费者)对商品的需求增大,促使了商品运输、仓储、保管、配送等一系列的物流产业得以壮大发展,给现实中的商品营销及商品的流通运输带来了前所未有的机遇与商机。

我国地域辽阔,人口数量庞大,东西南北经济发展不均衡。东部沿海地区经济发展较发达,商品、物资生产多为高科技产品。西部内陆地区经济相对落后,其商品、物资多为原材料、基础物资。北部地区处于低温带,四季分明,农作物的生长较慢,多为国家重工业基地。南部地区,农副产品一年四季常青,并且手工业及小商品制造业较为发达。加之我国有 56 个民族,各民族有其独有的特色,例如饮食文化、经济、产品。

种种以上因素加上我国经济及社会飞速发展,人们对日常用品及商品消费的需求增大,促进了市场经济的高度发展。商品、原材料等物资的流动带动了物流产业的大力发展与扩大。

回顾我国物流的发展历程,"物流"一词在 20 世纪 80 年代才得以见诸书刊。目前我国物流行业仅仅处于起步阶段,我国物流业的发展较发达国家相对滞后,目前绝大多数物流企业仅仅是各自为战,独霸一方,仅仅是以商品仓储、运输为主,没有形成太多的产业规模和较大的物流集团公司。

分析我国物流行业状况,首先从总体上来说,我国现有的物流基础设施严重不足,不能满足市场对物资流动的需求。我国目前大宗货物流通还依赖和仰仗于铁路系统,但是铁路的建设、综合运输体系建设、综合性物流枢纽建设还不能完全满足现代物流发展的需要。铁路运输(物流)相对公路运输难以协调,每逢节假日,人员运输与生产资料、物资运输争抢路线,虽然近几年铁路运输的速度及运力不断增加,但还是经常出现拥堵、滞留现象,经常出现物资堆放积压。

公路建设在国家开放搞活以来有了突飞猛进的发展,不仅仅有高速公路、国道、省道的建设,也基本实现了公路"村村通"的良好局面。生产资料、物资、日常消耗品的短途运输、直达运输、整车运输都满足了市场对物流运输的需求,转移了部分物资运输对铁路的压力。但是,随着国家、社会对环保的要求以及公路运输对能源的需求量增加,公路运输体现出自身的不足之处,公路运输对能源的消耗、对社会环境的污染以及交通安全给社会的可持续发展带来了弊端,汽车物流运输业发展的利与弊,逐步被消费者所认知。

其次是体制不完善。中国物流企业刚刚起步发展,人们对该行业还没有充分了解,仅仅是根据以往的管理经验对其进行种种的约束,以"堵"的方式进行管理,没有更好地对其进行疏导。没有给其更好的发展空间,而是制定了很多条条框框对其进行限制约束。当前中国物流产业发展面临的一个主要障碍就是现行条块分割的管理体制。各地区、各行业、各行政机关、各物流企业纷纷"占山为王"或建立"制度",实行地区代理制及收费,使本来应拥有"广阔天地、大有作为"的物流行业出现了地域边界限制,增大了物流行业的运营成本,使国家整体发展的成本增大,浪费大量的能源,使国家改革开放、经济发展的速度放缓。据统计,目前我国公路上货车空车行驶率高达 80% 左右,公路物流运输不得不以"超载"来实现运输物流的"盈利"。

物流的小企业、小规模、小集团化不能更好地发挥物流行业的特点,使物流行业技能不能更加专业化,不能使物流产业规模化,增大了物流企业的运营成本,封闭了物流业的发展。

尽管目前我国已出现了一些专业化的物流企业,但物流策划能力、物流服务水平和效率还比较低。主要表现为:目前从事物流服务的企业规模和实力还比较小,只能简单地提供运输和仓储服务,而在流通加工、物流信息服务、库存管理、物流成本控制等物流增值服务方面,尤其在物流方案设计以及全程物流服务等高层次的物流服务方面还没有全面展开。多数从事物流服务的企业,缺乏必要的服务规范和内部管理规程,缺乏物流企业的管理经验,经营管理方式粗放,很难为用户(市场)提供更加优秀的、规范化的物流服务项目及较高的服务质量。

现代物流业的发展水平已成为衡量一个国家综合国力的重要手段,物流已成为我国国民经济的重要产业。现代物流业的发展,无论是体制还是物流模式的转换,都需要政府的大力支持。各级政府必须从战略高度,把现代物流业作为国民经济的基础性产业予以重视、扶持和发展,政府应更好地为物流业的发展而服务。物流企业的自身发展也应更加注重优秀的物流专业人才的引进,应采取多种形式,走联合重组之路,向规模化、产业化、专业化方向发展。

物流业是集运输、仓储、配送加工、市场交易及信息化为一体的综合型服务业。改革开放以来中国经济持续高速发展,物流行业发展更是突飞猛进,2020 年全国社会物流总额 300.1 万亿元,按可比价格计算,同比增长 3.5%。物流业总收入 10.5 万亿元,保持增长态势,同比增长 2.2%。物流从业人员快速增长,吸纳就业能力不断增强,截至 2019 年年末,我国物流岗位从业人员及相关人员达 5 191 万人,比 2016 年增长 3.6%。目前电商快递、多式联运等新型物流行业成为新增就业的主要动力,"十三五"时快递物流行业新增吸纳就业超过 100 万人,年均增长 10%,多式联运及运输代理行业新增吸纳就业超过 15 万人,五年年均增长 8%,增速均快于行业平均水平,同时物流人员专业化程度提升。

与发达国家相比中国物流基础设备设施相对滞后,不能满足现代物流发展需求。现代化仓储、多式联运转运、综合交通运输网络布局、功能还需完善,大型、超大型物流园区尚需建立,物流信息化建设速度有待提高,缺乏覆盖整体行业的信息系统,没能发挥"信息流"主导"物品流"的作用。中国的物流虽然取得诸多成就,但也有诸多问题,主要体现在以下几个方面。

1. 仓储保管成本高、库存量大,物流业务全而不精

改革开放以后,我国生产企业由于刚刚从计划经济下生产运营转入市场经济经营,企业的生产、销售还没有完全适应市场的需求节拍。企业对市场的各种因素、基础数据还没有完全掌握,企业对市场的需求预测还没有完全掌控,因此造成企业生产的产品库存量过高。过高的产品库存量使企业的生产成本增大,使产品的库存保管难度增加。企业在储存原材料、在制品、成品时,由于企业的管理能力、设备、技术条件不完全具备,加之企业对人员管理的不到位,没有对员工进行有效的岗位培训,企业没有重视物流人员的素质培养,因此造成企业保管成本急剧上升。

"麻雀虽小,五脏俱全",这句话充分代表了某些生产企业物流管理的目前状况。企业在改制发展过程中,由于原有员工数量较大,存在大锅饭的观念。企业为了更好地利用员工,不管本企业对物流是否懂得经营,将应剥离的物流管理业务统统归结在企业业务之中,例如,企业成立物流运输科、物流仓储管理部等,形成"肉烂在锅里"的局面,造成企业对各种经营面面俱到,出现"样样通,样样松"的局面。

2. 企业管理无序,管理费用高

物流管理是企业管理的重要部分,目前在我国大多数企业当中,还没有认识到物流管理对企业发展的重要性。物流还没有受到企业领导和经营决策层的高度重视,多数企业还没有建立企业物流管理的意识,还没有把企业物流作为企业发展、企业管理优化、强化产品在市场占有率的关键手段。

企业在组织生产过程中,目前的组织机构及管理方法还没有认识到企业的成本核算以及原材料、在制品、装卸搬运、占有企业空间等问题是企业物流的管理问题。企业运营的粗放式管理,造成人员庞杂,工作无规律遵循,管理随意性强。很多企业还处于人治,还没有进入规范化治理企业的阶段。生产企业多以生产管理为主,对物流的管理基本处于"粗放式管理"的状态。没有将物流管理与生产效率、生产成本相关联,只是要求能满足生产需求即可,很多企业的管理者将库存增大,从而抵消设备不良、人员技能低下的事实。

企业在生产过程中经常出现"人找人、人找原材料"的现象,经常出现停工待料的情况,经常出现原材料"停滞",从而造成企业操作员工不断地将物料搬上搬下、运来运去,在制品、产成品不断地出库、入库,造成企业浪费增大。

搬运是企业的浪费现象,企业内部原材料、零部件的搬运对于企业来说是不增加价值、不创造利润的,搬运只能使企业的劳动生产率降低,成本增大。企业管理的无秩序,使企业不得不雇用大量的"管理"人员对生产现场进行管理,造成了企业管理成本增加(美国和日本管理费用为 0.4%,中国管理费用为 2.5%)。

3. 物流质量、效率效益差

我国物流经营管理处于初级阶段,还有很多的管理技能及管理方法要探索和学习。就目前我国物流状况,相当一部分物流公司处于"占山为王"的状态,仅仅是凭借地理优势或某种条件优势经营和管理,还没有真正认识到物流管理的深奥之处;物流公司没有将自身定位在服务行业,没有主动服务意识;物流运输经常出现货物遗失、延期交货、货物损坏等现象,这些现象的发生主要是由于物流市场还没有真正进入到市场公平竞争阶段,各物流企业由于某种条件出现了"垄断"的局面,企业利润处于相对"暴利"阶段,还足以应付无规则、粗放式管理运作。在不远的将来,市场经济的高速发展,"大鱼吃小鱼,小鱼吃虾米"的激烈竞争很快就将进入到物流行业,将促使物流企业直面竞争,改善自身。

4. 第三方物流占有市场份额比例过小

目前物流企业的组成主要有三种形式:第一种是制造业出资建立的物流企业;第二种是大型批发商出资建立的物流企业;第三种是大型连锁店出资建立的物流企业。各物流企业的主要服务对象还是出资方,还没有针对社会而发展。企业经营范围、物流内容、服务对象相对固定,并且由于母公司的物流业务量小,造成物流企业不能满负荷运转、设备闲置、人员浪费、业务不精等现象。而国外很多物流公司多为专业的第三方物流公司,其主营业务清晰明朗,是更加专业化的物流公司,它集中了物流的优秀人才、设备、物流运输方案,使物流公司的可用资源得以充分利用,使物流企业的投入与产出比最大化。

第三方物流公司的业务量在我国逐年增加,更多的生产企业逐渐认识其优越性,不仅会帮助企业进行物流运输管理,同时还会帮助企业降低生产成本,因此第三方物流企业将会更好、更快地在市场中壮大发展。

我国应大力发展第三方物流企业，培养第三方物流企业与经营者，使其经营份额在市场占有比例增加，促使各企业的物流业务脱离原有企业，形成物流经营的市场竞争机制。这样可以更好地促进物流业务质量的提高和物流效益的增加，促进市场竞争的公平、公正和规范化。

5．物流人才匮乏

市场经济的发展，要求企业应不断地更新、创新和改善运营方式。物流企业在不断的发展过程中，物流人才的匮乏导致企业的发展减速，企业需要大批的、各层次的物流人才帮助企业更好地向前发展。虽然近几年我国高等院校培养了一批物流人才，可与我国物流企业的发展速度相比只能算是杯水车薪，不能满足企业的发展需求。

现代物流业是一个兼有知识和技术、资本和劳动密集特点的外向型和增值型的服务行业，涉及的领域十分广阔。在物流供应链上，商流、信息流、资金流贯穿其中，与物流有关的生产、销售、运输、管理和运营，需要物流人员掌握各种知识和技术。

生产企业在制造产品的过程中，其涉及的内容、部门及工作方法繁多，企业物流人员应掌握更多的知识和操作技能，需要掌握更多的现代化科学知识。

(1) 采购管理及供应商管理知识。

(2) 仓储、运输管理知识。

(3) 装卸搬运、安全管理知识。

(4) 财务成本核算知识。

(5) 生产计划与物料控制知识。

(6) 国际贸易与海关通关知识。

(7) 团队协作与组织能力。

(8) 信息处理与物流质量持续改进能力。

(9) 人员管理。

(10) 物流现场管理、物流现场目视管理。

(11) 物流设备设施管理及使用。

各院校培养的物流人才，与社会及企业的物流生产需求还有一段距离，需要到企业生产实践中锻炼和积累经验，因此我国应通过各种途径大力发展和培养满足企业物流需求的人才。

有了差距就有了目标，我国物流行业应针对自身的不足，积极努力地在人员培养、物流各项管理体系的建立与完善上下功夫，应与先进发达国家物流行业看齐，充分发挥聪明才智，将我国的物流行业发展壮大。

6．企业创新、改善能力较差

目前物流企业在经营生产过程中，企业(经营者)的创新、改善意识较差，在日常的工作中为了谋求更大的利润，不惜使用低智能、无基础知识的劳动力。使物流企业在验收入库、商品养护、盘点、分拣、组配及配送的具体工作中至今处于低效率、高成本、低质量、手工作业的状况。

物流企业的日后发展，包括先进设备设施的引入，还包括高智能人才的引入与培养。

物流操作、物流包装、物流票据的粘贴等应推行标准作业,物流货物分拣、组配,商品保养都应在现有的基础上总结经验不断进行改善,使物流整体运营成本降低。

1.2　学习生产企业物流的意义

企业在组织生产制造过程中,获得利润的主要来源是产品在市场的销售量。企业在市场竞争中,一是提高产品在市场的占有额度;二是降低企业生产成本,从而获得利润。从企业现有运营形式看,企业在采购、营销、生产、服务等一系列环节中都没有将企业的运营成本细分化,使企业成本不断增加。更为可怕的是,因为企业没有细分化成本,从而使企业在降低成本上无从下手,也就没有解决问题的方法可以实施。

例如,原材料的采购成本、营销中商品的运输成本、生产中的物料搬运等一系列成本,都被笼统地核算在企业产品制造成本的大概念之下。

企业生产制造过程中在制品保管、搬运,原材料购入后的仓储、保管,都相应的产生很大的资本支出,增大企业生产制造成本。但企业却没有细分成本项目,没有意识到物流成本的存在,从而无法将企业成本更好地细分化来逐项降低成本。

生产企业只有在生产过程中不断压缩产品制造成本,才能更好地参与市场竞争。在降低企业原材料的采购成本,减少企业原材料的库存量、在制品数量、成品库存数量的同时,要降低企业运输成本。降低企业物流成本是目前企业获得利润的最佳方法。

1. 降低企业运营成本,使企业获得"第三利润"

改革开放初期,市场的商品数量少、品种匮乏,制造业和商品流通业的利润非常大,可以说是"暴利"时代。商品产生的利润高达 50%～300%,企业对商品的生产及营销成本完全转嫁到用户身上,企业生产营销的过程不计成本。但是,随着国家建设的增速,市场经济的引入,国外产品的进入,产品竞争从产品的品种、质量等方面的竞争逐步进入到价格竞争。商品的利润急剧下降,企业要想生存及发展,只能降低自己的产品制造成本,压缩各项成本开支,扩大规模,依靠大批量生产来摊薄成本。

企业在不断地寻求降低生产成本方法的过程中,物流成本引起了各企业的重视。物流及物流成本是企业制造以来一直未被重视和认真核算的部分,物流的引进与物流成本核算使企业在产品的制造过程中有了降低成本的新方法和新的着眼点,物流成本的核算与降低成为企业的又一利润增长点,成为企业的"第三利润"源。

进入 21 世纪,越来越多的企业在管理上更加重视物流管理,积极开展物流管理及综合服务,想要通过提高企业物流的管理水平来提高企业的竞争力。

2. 科学管理提高效率,缩短生产周期

企业生产过程中,生产计划与物料控制、生产与销售是企业管理的重要项目,科学物流管理可以减少企业生产的很多纰漏,生产物料供应与管理使企业各部门之间出现很多矛盾,造成企业的内部消耗。

例如,某企业在生产产品过程中,由于产品的季节性较强,造成产品在全年的生产过程中出现不均衡生产状态。产品销售旺季时,产品订单多,企业无法满足市场需求,企业员工加班加点工作；而在产品销售淡季时，企业员工大多数放假休息，企业不能满负荷生产从而造成企业生产能力的浪费。

针对此情况，企业积极想办法总结经验，采取对订单、物料、生产计划的科学管理，总结历年销售规律，制订企业生产计划及原材料采购计划，合理调整企业库存量，使企业的生产尽可能均衡化，使企业的生产供应链顺畅运行，保障了企业的正常生产。

企业在组织生产过程中，往往是针对订单制订生产计划，按时进行组织生产。出现延迟交货的主要问题就出现在生产计划与企业物流的沟通确认上。企业在供应链管理过程中缺乏一系列的标准作业流程，使企业在物料保证、准时化生产上出现问题，要么物料不能保质、保量、按时满足生产，要么生产所需物料数量积压过多，出现物料浪费现象，造成企业成本投入加大，流动资金紧张，延期交货。

先进的拉动式生产管理及全球一体化的采购策略，使企业能够从更多、更好的供应商手中获得更好的零部件，同时也对物料的准时化供应起到了保障作用。国外供应商（企业）的加入，促进了中国市场的规模化和标准化，促进了我国各行各业不断自我更新与改善。尤其是第三方物流的出现，使企业物流更加专业化、规模化，使企业生产物料供应更加准时化，减少了企业的库存量，使企业的资金链可以顺畅运行。企业在原材料、配件、物流质量及准时化方面获得了更大的收益。

生产物流作为保障生产安排的第一计划，逐步被企业所认知。企业物流管理积极主动地协调，完善物料的准时供应，保障了企业生产，逐渐成为企业管理项目的创新点。

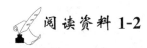
阅读资料 1-2

利　润

第一利润：

　　在西方发达国家，经济发展的最初过程中，企业把降低人工和材料的成本当作扩大利润的最重要来源，所以这时候把降低人工和材料作为第一利润源泉。

第二利润：

　　当人工和材料成本降低到一定幅度以后，可调空间不大。提高生产效率，通过扩大市场销售可以获取更多的利润，所以把这种途径称为第二利润源泉。

第三利润：

　　市场竞争日益激烈，企业占有市场份额也是有一定限度的，通过有效降低企业成本中物流费用来提高企业的利润。因此把物流管理称为第三利润源泉。

1.3　生产企业物流的目标

1. 保证生产的顺利进行

常言道"兵马未动，粮草先行"，可见"粮草"的重要性。企业生产也是如此，生产企业的"粮草"是什么？那就是原材料、供应商的配件、辅料等。为了保障企业正常生产，也需要"粮草"先行,需要物流对企业生产的支持。

生产企业根据市场预测、订单接收情况来制订生产计划,同时针对企业的生产计划制订原材料及配件的采购供应计划。由于不同品种、数量、用途的原材料,所需的采购时间、供应商不同,所以企业要保证采购物料的顺利到位,只有制定好标准的物料供应流程,使物料从采购到应用得以控制,才能确保企业生产的顺利进行。生产企业物流的合理科学安排,保证了生产的顺利进行,这就是物流管理的目标之一。

2. 降低企业成本,提高企业整体效率

企业在生产制造过程中,影响企业生产成本因素很多。例如,人工成本、原材料采购成本、加工制造成本、生产管理成本等。企业生产成本的高低关联着产品在市场中的销售价格。产品市场的竞争加剧,促使企业要不断努力降低生产成本,以适应市场对产品的需求。

物流成本是近几年新提出的成本核算内容,其可降低的成本比例及可挖掘潜力在生产管理过程中大有可为。企业在物流成本降低上下功夫,可以使企业事半功倍,获得更大的利润。

例如,通过采用国内、国外招标及大宗订货降低采购成本;通过对运输、配送管理,降低物流的配送、搬运成本;通过缜密的产前物流标准化、准时化来降低企业的生产运营成本。这些物流领域的改进及创新,都会使企业的成本投入大大减少,获得更大的利润。在准时化精益生产中,物流使企业在生产过程中各部门、各单位的工作更加协调,使企业整体效率提高,对市场的反应时间缩短,从而赢得市场。

3. 企业物流系统化、规范化

企业生产重要的是要有计划性和计划执行的可控性,只有这样企业才能有序生产。但是,企业往往在生产过程中经常出现生产计划部门与生产控制部门、采购部门与供应部门、配送部门等不协调,出现原材料到货时间滞后,供应产品质量不合格等现象,造成企业生产计划一日三变,无法正常实施。最后延迟交货,出现客户索赔现象,增大企业的成本,使企业丢失了市场。

企业生产计划及物流计划应同时进行规划,其流程应不断地改善、优化、规范,确保物流满足生产需求。企业在生产计划及物料采购计划编制的同时应大力推行准时化生产的思维方法,使企业的生产有章可循,顺利进行。

物流生产计划时序如图1-1所示。

良好的生产物流时序计划,可以使企业在生产过程中实现标准化和准时化,促进企业在生产过程中不断完善和创新,从而改善企业生产环节中的浪费,降低企业的运营成本。

4. 建立和谐社会,促进企业员工共同发展

目前我国很多企业对物流管理的理解还仅仅局限于仓储与运输。而物流管理实际的工作领域与内容却相当丰富,涉及的企业管理内容及管理方法也很多。

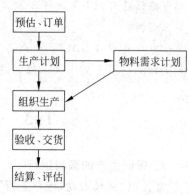

图1-1 物料生产计划时序图

现实的物流管理涉及企业供应链管理、大客户管理、生产计划与物料管理、产品原材料的配送及产品回收物流管理等诸多管理内容。只有科学合理的认知物流,才能更好地管理和应用物流。

往往有些企业领导认为物料的采购、供应、仓储、保管、回收等工作是辅助内容,不重视物流的管理工作,只肯在生产现场的管理上下功夫、给予投入,而对物流的投入及改善漠不关心。实际上,企业要想在市场中站稳,更重要的是要注重管理细节,注重改善企业没有涉及的管理项目,尤其要注重以物流成本核算为突破口来降低企业成本。

市场经济促使企业进行全面的成本核算,要求企业员工积极参与企业的生产管理。企业物流从一个鲜为人知的领域,从容地走上了企业管理舞台。物流中的仓储、保管、运输、配送等优秀人才也展现在企业管理平台之上。商品的流通,扩大了产品市场,繁荣了市场经济,促进了社会化大家庭的团结,也促进了和谐社会的发展。

1.4 生产企业物流

目前,越来越多的企业开始从战略的角度高度重视现代物流管理。从企业管理角度上看,企业生产物流更好地整合企业资源、有效地利用资源。

生产企业物流可以理解为从采购企业生产所需的原材料到生产出合格产品,并送达到客户或销售商手中的物质流动过程。一般分为企业内部物流和企业外部物流两部分。

企业内部物流主要指企业组织生产过程中,对产品或在制品生产加工时产生的验收、入库、搬运、仓储、保管、分拣、组配、配送等实体流动过程。在相当多的企业内也被称为供应物流或原材料供应物流。

企业内部物流是企业生产能够正常运行的保障。现实中对企业内部物流的不断更新、改造,保证物料的准时、保质、保量、配送到位,既满足了企业的生产需求,又促进了企业生产工艺及工序的科学化和高效率。

企业内部物流流程图如图 1-2 所示。

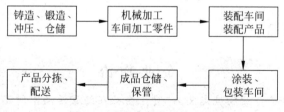

图 1-2　企业内部物流流程图

企业外部物流主要指企业组织生产活动中,协作厂及零部件供应商、原材料、产品销售等企业生产外部的实体流动过程。

企业外部物流一般更多地体现在采购物流及销售物流之中。它所面临的是企业客户及供应商,更应注重的是其物料的输送性、可协调性及服务性。

企业外部物流流程图如图 1-3 所示。

生产企业物流在企业运营过程中具有重要的地位,与流通物流、商业物流相比较,有

图 1-3　企业外部物流流程图

着如下的特性。

1．稳定性

生产企业物流与企业生产密不可分，企业生产完全依靠生产计划来指导生产，产品的数量、品种、生产时间都是有计划性的。企业生产产品的节拍，使企业生产物流相对其他物流更加稳定。生产企业所用物料都必须根据生产计划及物料需求计划的要求准时送达到生产现场（工位）。由于企业生产的计划性、均衡性，导致生产物流配送物料的种类、型号、数量大体相同，从而使生产企业物流更能体现出其特有的节奏性、连续性、稳定性。

2．固定性

企业生产的产品相对固定，企业生产所需的物流配送的物料（零部件、标准件）品种、数量也相对固定。生产现场的固定，使生产物流配送路线得以固定。生产的计划性使生产物流用料得以准时性。生产企业物流能够保证有计划、有节奏、均衡地配送。

3．易标准化作业

生产企业物流在物流本身运作时，由于企业均衡生产，加之生产的计划性，生产产品市场的预测准确性，使在相同的时间、地点，对相同的货物、相同的运输路线，进行等同的作业内容。这样使生产企业物流操作更容易规范化，容易制作标准作业。

生产企业物流作为一种物流形式存在，是伴随着产品的生产与销售而发生的。企业要生产和制造产品，必须有一定的厂房空间，必定存在着物料的验收与入库、装卸与搬运、仓储与保管、分拣与配送等环节。物料按照一定的工艺路线生产加工，组装成产品。在制品、零部件在企业空间的物体实际流动，即物料在企业生产加工环节的流动，就是生产企业物流工作的体现。

 阅读资料 1-3

1.4.1　生产企业物流的构成

生产企业物流主要是指制造业的物流管理，制造业的最大特点就是各企业都有独立的产品项目,其主要工作内容在于从产品的设计研发开始到企业具体生产产品、销售产品(少数企业不负责产品销售,仅仅是带料加工)、产品回收及服务等一系列工作,其主要的功能还是产品的生产和研发。生产制造业在产品制造过程中,针对企业产品的设计、生产、销售有其一整套的物流管理流程。

根据生产的需求情况,生产物流管理主要分为六个方面。

1. 采购物流

采购物流是指企业根据生产所需的物料(零部件、辅料)进行采购、运输、装卸搬运的管理过程。

企业为保证生产的正常运行,需要不间断地进行物料(零部件、辅料)的采购供应。采购供应不仅是要足额采购物资,同时要针对企业的需要,以最低的采购成本、最快的采购速度、最好的采购质量进行采购活动。

2. 销售物流

企业生产出来的产品,通过销售商进行销售或自销、直销时,商品在供方与需方之间的实体流动过程即为销售物流。

销售物流伴随着产品销售的全过程,包括产品的包装、配送、售后服务等一系列工作。

3. 生产物流

企业生产过程中,原材料、在制品、成品、辅料等在企业内部发生实体流动。生产物流是指企业在生产、制造产品时,原材料、零部件在生产工艺及生产计划的需要下,为了满足生产制造产品而进行的物品流动。

生产物流更多的是体现在为了满足生产的需求,对生产用料进行的有计划、有步骤地实施标准作业的过程。

4. 回收物流

回收物流是指企业生产的产品在出现质量问题时,企业针对产品而进行的召回、返修、退货及产品的调换而进行的一系列物流活动,同时还包括对企业生产制造过程中的包装器皿、包装材料的回收利用。

回收物流包括不合格品、残次品、返修品的回收,包括产品包装物、可再利用的原材料的回收。

5. 废弃物回收物流

企业生产制造过程中,伴随着产品的制造、加工,相应会出现一些不可再利用的废弃物。例如,工业废水、废酸、废油料、废品等。企业废弃物的回收处理非常重要,体现了企业对环境、对社会的责任心。

6. 物流信息

物流信息管理是生产企业物流正常运营的基础保障,物流信息系统包括物流软件、硬件两大部分。物流信息系统硬件包括计算机、打印机、网络平台、条码打印机、手持条码机等。物流信息系统软件包括微机操作系统、数据库、专用软件等。

生产企业物流信息系统负责企业生产指令的传递、生产物流的配送信息传递,同时负责企业物料出入库、物料采购等信息的传递。企业物流信息传递随社会科技的发展而不断的进步。由最初的纸质文件传递到语音传递到现有的互联网传递,信息的录入由账面记录到微机输入再到现有的自动识别录入系统(RFID、GPS、EDI、EAN 条码)。企业物流信息使企业采购、生产、销售、售后服务合为一体,使企业与市场更为有效的结合。

1.4.2　生产企业常见物流活动

生产企业物流中常见的物流活动大致包括原材料采购、物料的装卸搬运、运输、验收与入库、货物掏箱与拆捆、仓储保管、分拣和加工、配送等。

1.采购活动

企业为保证生产的正常运行,需不断组织原材料、零部件、辅料等进入企业,用来保证和满足生产的需求。

物料采购活动狭义理解就是指企业购买物品,通过物品在市场的交换,为企业获得有用资源。

采购工作是企业与社会的衔接点,采购部门采购的原材料品种、数量都来源于生产计划的需求。采购部门在负责物料采购的同时,对供应商的管理、市场的变化及市场信息的收集都起着重要作用。

采购部门在企业组织机构中相对独立,与企业生产系统、财务系统、技术系统及市场管理都有密切联系。采购计划依据企业生产计划,采购资金需要财务部门的支持,同时采购原材料的品种、型号、质量均需要技术部门的支持。作为企业生产运营的一个部门,采购活动可以说是企业降低成本的第一要素,对企业而言是至关重要的。

2.装卸搬运

装卸搬运是企业采购活动后的第一项物流具体活动。装卸是指物料在空间垂直距离的移动,搬运是指物料在空间的水平位移。它们同时存在,经常同时发生,在实际工作过程中难以分开。

生产现场中,装卸搬运在企业生产活动中的工作量占有相当大比例,约占物流工作的三分之一强。装卸搬运是一个劳动密集型活动,内容相对简单,相比生产技能而言技术性较弱。目前装卸搬运工作正逐步从纯人工作业发展向半机械化、机械化,乃至自动化发展。

在生产物流作业中,装卸搬运能产生"空间效用"及"时间效用"。装卸搬运在企业生产中不能创造价值,却是企业生产以及企业生产物流中必不可少的工作环节。实际工作中要尽量去减少不必要的装卸搬运过程或提高装卸搬运的科技手段,使其效率提高,减少企业的浪费。

3.运输

企业生产物流运输专指物料的载运与输送,它是指以在不同地域间改变物料空间位置为目的的工作活动,是较大范围距离位移活动,注重的是运输效率(关键要素是时间、速度、运输量)。随着国家的改革开放,其形式逐步多样化,工作效率大有提高。

物流运输基本形式如下。

①铁路运输。

②公路运输。

③ 水路运输。

④ 航空运输。

⑤ 管道运输。

运输是物流的基础,是企业稳定运行的先行条件。虽然运输不产生新的物质产品,但可使物品潜在的使用价值增加,满足社会的消费需求,使社会物资得以充分利用。

运输是物流活动的重要组成要素之一,运输的合理化、科学化、标准化对企业及社会的发展有重要影响,对国家的环境保护,建立节约型社会有重大贡献。

目前,国家、企业针对物流运输进行了一系列的科学调查研究,对物流运输提出了更高的要求。即要在传统的运输基础上,选择更加合理的设计运输路线和运输工具,做到物流运输用时最短、费用最低、效率最高。

生产企业物流运输是物流管理的重要项目,物流运输是物流工作的重中之重,运输质量直接影响生产企业的经营,正确分析影响物流运输的因素是每一个生产企业必须要研究的课题。影响物流运输的因素有如下几方面。

(1) 运输距离

物流运输距离的长短,对运输的成本、效率、所用的时间及企业的生产计划、采购有着深远影响。缩短运输距离主要依靠选择正确的运输方式、运输工具以及合理地选择供应商。

(2) 运输费用

目前全世界的石油短缺,造成石油产品价格不断上升,使物流运输成本不断增加。运输费用的增加,直接造成企业产品的成本增加。提高运输工具的积载率,较少运输工具空驶现象,可以降低企业物流运输费用。

(3) 运输工具

合理地选择运输工具是物流管理的重要课题。目前我国物流的运输工具主要是火车、轮船、汽车三大运输工具,各运输工具有各自的优越性,同时也有各自不同的条件要求。企业物流对运输工具的选择,对物料到达企业的时间、成本有非常大的影响。企业应最大限度地合理选择运输工具,根据运输成本核算,一般情况下,选择的顺序为船舶运输、火车运输、汽车运输。

(4) 运输时间

运输是企业物流过程中需要花费时间较多的环节,运输时间的长短,对物流运输有着重要的影响。时间允许,可以选择路线相对较长,但运输工具及费用较低的复合式运输方法。例如,有水路的情况下,采用水路与公路运输相结合的方法来降低运输成本;没有水运,可以采用铁路与公路运输相结合的方式来降低企业物流运输成本。物流时间较短,企业将采用运输时间较短,效率较高的航空运输,但此种物流运输将大大提高企业物流成本。

(5) 运输环节

运输环节复杂,就会相应增加运输的时间和风险。运输环节的增加会增加运输过程中的附属活动。例如,复合式运输可以相应的降低企业运营成本,但同时也增加了货物在运输工具上的装卸搬运次数、增大了货物损坏的不安全系数,增多了物料的运输时间。因此合理地选择运输工具,合理地安排运输环节是物流管理的项目之一。

4．验收入库

验收入库就是物流人员根据入库清单(采购清单或合同)对物料进行验收、入库的作业过程。验收入库是企业内物流的开始,其工作流程必须标准化。验收入库应用的表格多样,需要物流验收人员逐项进行填写,验收表格填写要内容全面、字迹清晰,验收物料的型号、数量、质量、时间、批次等都要按照入库清单逐项进行验收检查,避免出现差错影响企业生产。

验收、入库作业流程如图 1-4 所示。

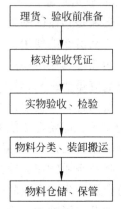

图 1-4　验收、入库作业
流程图

5．掏箱、拆(开)捆

生产企业所需的物料通过采购活动进入到企业的库房及现场时,由于物料从不同的厂家、地点采购而来,其配送到达的形式亦各不相同。物料有从铁路运送而至,有从公路运行而至,但大多数生产企业的物料都是以集装箱包装形式运送到生产企业现场,因此在物料验收、入库的同时,伴随着的物流活动就是集装箱的掏箱、拆捆工作。

(1) 掏箱

掏箱就是将商品、配件、物料从集装箱中逐件进行卸货、搬运、验收的工作活动。掏箱验收工作必须有企业物流人员、供应商、第三方物流人员同时在场才可进行(长期供货时,供应商有时不参加)。

掏箱需按订单(交接单)进行逐项卸货验收,是物料到达企业中的第一项工作,直接影响企业的日后生产。掏箱工作常用的设备包括液压式登车桥、叉车、计算机、物流中转箱等。

掏箱工作主要有人工及机械两种方式。针对体积小的盒式、箱式,重量轻的物料采用人工掏箱搬运。而针对重量较重、体积较大或以托盘及工具转运箱、物料专用箱的装卸一般采用机械化掏箱。

集装箱掏箱的工作流程首先是针对集装箱箱门的保险进行检查,检查集装箱是否被开启过。其次是对集装箱外部、内部进行检查,检查集装箱是否有破损、漏水现象。最后是对集装箱进行掏箱、货物验收作业。

目前企业大多采用机械化掏箱作业,常用的机械有输送带、叉车、牵引车等。机械化装卸搬运的优点体现在以下几点:

① 有利于标准化作业的推广,保证物流的工作质量;

② 减轻工人的劳动强度,体现以人为本的原则;

③ 保证企业生产高效率,使物流整体工作适应现代生产模式;

④ 使验收、仓储等一系列工作的安全更有保障;

⑤ 提高物流效率,减少掏箱时间。

(2) 拆(开)捆作业

拆(开)捆作业是将集装(整体包装、捆装)的物料进行分拆,使物料呈现一个独立体或一个基本部件的物流工作活动。

拆(开)捆作业是掏箱作业后的一个物流工序,需要对物料的品种、数量、包装方式有充分了解。要使用专用场地,工作过程中大部分是人工进行拆卸,将拆卸后的零部件进行分类、入库、上架后进行仓储保管。

拆(开)捆作业的主要对象是木制品包装、麻包、纸箱类包装方式,需要将物品的外包装(集装)拆开,使其内部的物料、零部件展露出来,以便物流人员进行下一步工作。

拆(开)捆物流工作有很多注意事项,作为物流员工必须注意。

① 拆捆作业的安全问题。拆捆作业多采用人工作业,因此在拆捆作业开始时就应针对物料在包装内的重心分布情况进行初步判断,避免拆(开)捆作业时货物突然散落,出现压伤、砸伤操作者等情况。

② 拆捆现场的管理。拆捆作业包装物料及物品繁多,现场易混乱,因此要对拆捆现场严格管理。应做到随时清扫、随时整理,避免出现现场混乱、垃圾遍地的状况。严格管理现场的优势在于:一是可以减少不安全因素的产生;二是有利于工作效率的提高;三是减少物品的遗失、混件;四是包装材料可以二次利用,降低企业的成本;五是提升员工个人素质,有利于推广现场 5S 管理。

③ 充分了解包装工艺,保证物品质量。拆捆时(拆包作业)应充分了解新的包装工艺,避免盲目拆捆(拆包)。只有这样才可能实现对拆捆的原材料、零部件的质量有所保证,同时可以提高企业对包装材料的二次利用,杜绝野蛮拆卸,降低物流成本。

④ 推行作业标准化。企业所需产品的种类相对稳定,其供应商对企业供应的原材料、零部件也相对稳定,其包装器具一般也是固定的。针对这些情况,企业应积极推行拆捆(拆包)的标准化作业,即在拆装物料时,对拆捆(拆包)工艺进行标准化,对拆捆(拆包)的工时进行标准化规范,对员工的操作进行标准化训练,进一步推行作业标准化。

开箱标准作业流程如图 1-5 所示。作业顺序为①→②→③→④。

① 用壁纸刀先将纸箱中间的捆包胶带划开,注意吃刀量,不要划入太深以免划伤工件。

② 将纸箱两个侧面胶带用壁纸刀划开,然后将包装箱盖打开。

③ 将箱内上面的隔板取出后,将箱盖盖上。

④ 将开捆后的零部件搬运到台车上备用。

图 1-5 开箱标准作业流程图

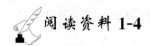

集装箱运输

　　集装箱运输是以集装箱作为运输单位进行的货物运输，是将多种物品集装于具有统一的长、宽、高规格的箱体内进行运输的物流方式。最早出现在美国，20世纪60年代末推向全世界，是现代运输业发展的必然趋势。

　　集装箱运输可利用水路、铁路、公路等多种途径进行运输，其最大的特点是在中途更换运输工具时不需将货物取出，可以提高装卸效率，有利于机械化操作，减少货物损失、缩短交接手续时间。其次是，其运输量较大，便于装卸，可以实现"门对门"的运输方式。再者是节约了包装材料，降低企业的物流成本。

　　与散装货物和其他包装形式相比，集装箱可以反复利用，降低运输费用。

　　集装箱运输有整箱与拼箱之分。

6. 仓储保管

　　仓储保管是企业针对物料（零部件）、产成品及生产的管理，是企业保障生产顺利进行的重点。

　　仓储可以理解为存放储藏生产用物料。"仓"即为库，"储"即为存放，仓储就是利用仓库存放储存物料，目的是缓冲生产企业用料与物料供应商之间需求的时间差，是缓冲生产企业产成品与市场需求的时间差。生产企业中，仓储分为动态仓储与静态仓储两种。

　　动态仓储是指企业为满足生产的需求主动备货（采购），一般指供应商运送物料到企业的在途物品数量，也称在途库存。

　　静态仓储是指企业在仓库的物料数量，其中包括中间库存量，生产现场在制品库存量。

　　生产企业仓储的意义有以下五个方面：

　　① 缓冲供应商与生产现场之间的时间差；

　　② 缩小供应商与生产现场的地域距离差；

　　③ 消除生产不均衡带来的计划变更因素；

　　④ 调剂供应商及生产现场产品品种、数量的不均衡生产；

　　⑤ 保证企业生产交货期。

　　保管是指物料、零部件、产成品在企业仓库中的一系列维护、盘点、存放等物流管理活动。

　　企业采购的物料（零部件）进入到库房后，企业物流人员要针对几十种、几百种、上千种物料进行科学合理的保养与管理，物料在库存当中要有一系列的保管制度来进行管理。

　　物料保管有如下几项规则：

　　① 保质、保量确保物料没有损失；

　　② 物料分类、分区保管，确保物料不出现混料；

③ 保证物料的先进先出原则；

④ 针对不同物料采用不同的保管方法；

⑤ 定时、定期对物料进行盘点；

⑥ 科学合理设置物料最大、最小库存量。

生产企业的市场竞争体现在产品的开发与制造上，仓储保管作为企业的服务支持体系，确保企业生产与销售及售后服务的重要因素之一。生产企业的仓储保管主要体现在对物料、备件及成品的管理。做好库存管理，建立科学的最大、最小及安全库存，做好仓储保管工作对企业生产有着重要意义。

7. 物料分拣和加工

生产物料根据生产计划的要求，进入（采购、验收）到企业的仓储基地或直接进入到生产现场，以满足生产的需求。进入仓储中心（库房）的物料需要进行分类、分区保管，物料在仓储中心储存一段时间后，需要按生产计划需求，采用先进先出的原则对物料进行分拣、加工和组配。

物料的分拣是根据生产计划的需求而进行的，是企业产前物流的一部分。企业在生产制造产品过程中，其使用的零部件、标准件种类繁多，使得仓储、保管、分拣工作繁杂。由于每一种产成品所应用的零部件、标准件各不相同，企业在混流生产过程中，一条组装线也可以组装多种不同型号的产品，因此产前物流中的分拣工作的重要性就凸显出来。

分拣工作需要根据生产节拍及生产计划，准时将组装线上需要的零部件、标准件拣选出来，其节拍应与产品组装的节拍相一致。拣选速度过快，造成在制品、零部件、标准件在组装线堆积，零部件出现停滞，生产现场出现混乱；拣选速度过慢，零部件、标准件供应不上，会造成企业产品组装线停产，不能按时交货，也将给企业带来损失。因此，物料的分拣工作必须在企业生产管理过程中得以高度重视。

生产企业产前物流的分拣方法有多种，企业可以根据生产的需求而选择分拣方式。生产企业分拣零部件时，可以是一名员工分拣一种或几种零部件，也可以是一个工作小组分拣一种或几种零部件，并且将分拣完的零部件存放在固定位置，以便于生产配送。

生产企业物料（零部件、组件、总成）分拣方法大体分为摘果式分拣和播种式分拣两种形式。

（1）摘果式分拣

形象地说，摘果式分拣就是像在果园中摘取果实一样去拣选物品。

具体的操作方法是：操作者在物料架（堆、垛）中穿梭行走，按照拣选单据的内容，拣选需要的物品，并且将拣选的物料集中放置在物料小车上。

操作者每天拣选的物品可以是同一种物品，也可以是不同的物品。在生产制造业中的物料分拣，由于企业生产的产品相对固定，因此每天拣选的物料品种基本不变，只是在数量上有所变化。

（2）播种式分拣

形象地说，播种式分拣就是像在田野中进行播种一样去拣选物品。

具体的操作方法是：操作者将大宗货物集中一次用叉车、运输机械、料箱等从货位中取出,然后根据各拣选单据的需求,将货物分别放在不同的周转箱中,以满足生产需求。

播种式分拣主要集中在大型仓储中心、第三方物流仓库以及生产企业仓库中进行。零部件、组件集中存放,在生产企业需要时仓储中心可以按照物料需求计划将零部件、组件分拣出来,配送给不同的生产企业进行产品组装。

目前大型企业的仓库(第三方物流仓库)有采用自动化分拣系统和半自动化分拣系统进行分拣作业的。在制造业中多采用电子标签、手持条码机与人工拣选相结合方法来提高劳动效率。

电子标签货架主要是货架与计算机系统相连,配套使用。电子标签的应用更好地体现了目视化管理的优越性,人工在拣选物料时可以提高分拣效率,同时分拣的质量也可以得到保障。

物流经营中的物料加工是根据生产计划的要求,通过使用材料的调料单将物料调出仓储中心(库房),然后根据不同的要求进行材料应用前的初加工。

例如,汽车覆盖件、焊装件所用的原材料为板材,而企业从轧钢厂采购的板材料为卷料,在冲压工序之前,需将薄板卷材根据生产工艺的要求用剪板机剪裁成固定的板材。这样的工作过程即为物料的产前加工。

物流经营中物料的加工形式多属于简单加工过程,例如,材料剪切、称重、贴标等。

物料的分拣在企业产前物流中也是非常重要的。企业生产制造过程中,其零部件、标准件种类繁多,相当一部分零配件是协作厂家进行加工生产的。各零部件生产企业将各自生产的零部件集中在一起,统一进行分拣、组配,才能使组装厂顺利进行生产。

8. 配送

配送属于物流范畴,是企业物流中的重中之重,是企业物流的核心业务。物料从采购开始,到生产结束,始终都依赖于物料的准时配送到达。

物料的配送是将物料分拣后(采购),针对企业不同的岗位(工序)需求,进行最终送达的物流活动。

实现准确的物料配送,需要物流、信息流及严格的生产计划的配合,需要企业不断改善、完善物流过程,才能使物流配送满足生产的需求。

生产企业现场物料的配送有多种形式。

(1) 按节拍直达配送(准时化配送)

物料(零部件)由仓储中心(库房)按生产计划,针对组装线的需求,将分拣的物料(零部件)放置在专业物料箱中,根据不同的时间顺序,将物料送达到需要的岗位(工序)。

(2) 批量配送

物料由零部件供应商集中在某一时间段,针对生产需求,按日配送计划将物料(零部件)成批次地送达到生产现场。

(3) 按时配送

物料(零部件)的配送主要集中在几个时间段上,配送人员按照计划在配送时间内将物料(零部件)准时送达到生产工位。

1.5　物流的合理化、科学化途径

企业物流目标的建立基础是企业战略规划、企业生产目标的分解。企业物流要对企业生产进行有效的支持，帮助生产计划顺利进行，就应围绕企业的生产目标而制定。影响物流的合理化、科学化因素很多，有效地将企业生产中的规划、组织、管理、人员、资金相结合，充分体现其高效性，是企业物流合理化的目标。

生产企业物流是针对企业生产计划的需求而制定，它贯穿于生产设计、制造、销售、服务全过程。在产品的装卸搬运、销售、服务过程中，企业物流都起着重要作用。

1. 建立科学完善的管理体系

企业物流体系是一个相对复杂烦琐的体系，物流的业务组成与企业生产有着千丝万缕的联系。建立科学完善的物流体系包括建立物流的组织结构、标准化作业、信息平台，建立供应商及大客户的管理服务等。

物流体系的建立与有效执行取决于高效完善的组织机构的建立。首先，应重视员工的团队组成，即组织构架的形成，并通过良好的企业文化、价值观来引导员工积极努力地工作。

目前，很多企业组织机构过于庞杂，解决问题时间长，办事拖拉，造成企业管理成本不断增加。

企业组织机构应尽量压缩减编，采用"三层管理、大部门"的方式，即：决策层（董事会、总经理）、执行层（中层管理者、二级经理）、操作层（操作者、一般职员）。所谓大部门就是将工作任务相同或类似的部门组合在一起，形成一个部门，办事、解决问题时可直接坐在一起进行讨论，容易形成团队意识，达成共识，从而推行项目管理制度，减少"扯皮"现象发生，提高企业的办事效率，进一步降低运营成本。

其次，企业物流合理化、科学化应重视先进生产设备的使用及生产现场物流的科学管理。"巧妇难为无米之炊"，没有良好的、先进的物流设备、设施，还采用陈旧的"人海"战术进行物流作业，势必会造成劳动效率低下，物流质量不可保障。

改革开放带来了很多国外先进的机器和设备，这些机器和设备在现有的物流场地合理布局，可以提高物流的劳动效率；对生产现场的持续改善，可以不断地激发员工思考与总结的能力，促进员工个人素质的提高。

机械化、自动化设备设施，是提高劳动效率的重要手段。机械化、自动化设备的引进，虽然在一定程度上增加了企业成本的投入，却可以使企业在生产经营水平上突飞猛进，更上一层楼，极大地提升了企业在市场竞争中的竞争力。机械化、自动化的引入，可以激发员工的大脑思维，促使他们积极思考、学习和工作。

2. 建立企业物流的标准作业

企业物流的合理化、科学化重要的是企业标准作业的建立与推广。企业物流作业复杂烦琐，其工作内容广泛，涉及的操作流程相对复杂，物流质量难以控制。物流要做到高效率、高质量、低成本，必须建立和执行标准作业。

通俗地讲,标准作业就是要达到"一百个人做事一个样"的效果。企业物流从物料的采购开始,到产成品的售后服务,应针对每一项工作进行标准作业的制定。标准作业的制定不仅仅是停留在建立文字资料层面,而是积极培训员工、督促员工、考核员工,使员工的工作按标准作业执行。通过长期认真执行与反复的培训考核,促使员工对标准作业流程习惯化,从而达到对企业物流质量的可控。

生产企业物流工作实际可归结为企业内部的日常工作,因为生产企业的产品种类相对固定,其物流工作内容也相对固定。那么企业针对日常工作任务(时间、结果、流程基本一定的工作)应采取标准化作业,使工作流程标准化、流程化,达到物流质量的可控。

3. 学习先进的管理方法,合理控制库存

企业物流的合理化、科学化执行,需要先进的管理经验、科学的管理方法及科学合理的库存量来保障。

以往企业对物流管理认识不足,仅认为是对物料的仓储、保管、发放而已。因此多采用"老、弱、病、残"人进行掌管,只要保证不丢失、不损坏,能及时发放即可。

近十几年物流概念的引入,促进了企业对物流的认知与发展。现代的物流概念远远大于过去。现代的物流管理从物料的采购开始到企业产成品的售后服务,包括物料的运输、包装、路线设计、成本核算、物流信息传递等,这样复杂的工作和项目势必需要更先进的管理办法进行管理。

科学管理包括内容很多,包括对人员的招聘、培养、考核、岗位定编;包括设备设施的选择、采购、使用、维修保养;包括物流各项作业的标准化编写、培训;包括企业成本的细分化、成本核算;包括物流工作流程中安全制度的建立及执行、考核;包括企业对现有制度的总结、改善、激励制度的建立等。

企业经营者只有学习和不断完善这些管理方法,才能使企业物流的运营更加顺畅,从而实现企业发展目标。

科学的库存管理是每一个企业需要探讨的课题。企业物流是通过库存、仓储来调剂企业生产对物料的需求时间及需求量。企业物流的库存管理占用资金量非常大,企业只有合理地选择库存量才能实现企业运营成本的降低。

企业物流库存量直接影响企业的生产与成本,正确地认识企业库存量将对企业的生产、发展有着重要的意义。

企业物流库存有以下四种形式。

(1) 在途库存(移动库存)

在途库存是指企业根据生产计划、采购计划及物料的库存量,向供应商进行原材料订购途中的运输总量。也可以理解为"物料从甲地运往乙地运输途中的物料数量"。在途库存的到达,将使企业某一原材料、零部件库存量达到最大值。企业库存计算公式为

$$物料总量=生产现场在制品数量+库存数量+在途库存量$$

(2) 最小库存

最小库存是企业根据生产计划、采购计划、采购周期而制定的。由于生产需求存在着不确定性,而货物采购也需要时间周期,因此企业需要设定持有周期库存以外的最小库存

来保护企业生产,并将根据生产情况对最小库存做相应调整。

一般来说,为了提高库存的周转率和降低库存的运作成本,大部分企业都会尽量减少库存数量,库存量的多少一般和其销售、生产情况相统一。

（3）最大库存

最大库存量的设定要根据企业生产计划用料的需求、库存面积、库存投入资金及企业战略政策而相应设定。

最大库存的设立,可以使企业对原材料的采购数量,零部件数量的管理有一标准可以借鉴。企业若没有最大库存设置,将使企业物流成本无限期增大,从而造成企业亏损。

（4）安全库存

安全库存是企业为了防止生产量突然变化及不可控因素的发生,避免物料影响生产正常运行而采取的物料仓储行为。

安全库存数量是根据生产计划、销售情况、时间季节而制定。一般情况下,企业物料安全库存量的设定是企业一个生产班次用量的 2 倍左右。

4. 通畅的物流信息平台

企业物流的合理化、科学化依赖于企业物流信息系统。现代社会是信息社会,物流企业更是离不开信息系统,它是物流企业的命脉。物流的需方、供方,在时间、数量、品种、质量上的需求都依赖于信息的传递。建立一个通畅的信息平台,将使企业在开发市场以及让用户了解企业方面更加方便快捷。

随着企业物流的快速发展,物流信息系统的规划、设计进入了企业战略规划。物流信息管理包括数据的收集、录入、信息存储、信息处理、信息交换、信息内容管理、信息维护和使用等内容。现代物流信息管理依赖于计算机系统及其网络的建立。

5. 推行精益生产思维

企业物流的合理化、科学化,更重要的是适应企业生产的需要,满足用户的需求。目前产品市场竞争的白热化,促使企业加快改革步伐。企业从引进产品种类、生产技术逐步转入到对企业先进管理措施的引进。

当前,丰田生产方式的精益生产意识,使更多的企业得到收益。丰田公司推出的用最少的人、最少的设备、最少的投入、最少的场地,获得最大的效益的理念,深深地触动了企业管理者的思维。

丰田生产方式是公认的科学合理的生产方式,企业物流推行精益生产,推行准时化生产,可以使物流企业实现省人化、低成本、高效率,可以使企业获得高利润。

本 章 小 结

本章主要讲述了目前我国物流现状及物流基本知识,从中分析了物流企业的发展历史及未来,分析了我国企业在国家改革开放中面临的机遇和挑战。

本章介绍了学习物流管理的重要意义、目标;讲述了生产企业物流的构成、特点;详细地讲解了生产企业物流的工作内容以及工作流程;讲述了生产企业物流与商业流通物流的不同点;讲述了生产物流的合理化途径等知识。

通过本章的学习,学生应能够对我国物流行业的重要性及发展有一个基本了解;对生产企业物流的工作过程(流程)能够进行陈述(复述);并且能够掌握物流的工作内容和基础知识。

练习与思考

1. 练习题

(1)什么是企业第一利润、第二利润、第三利润?

(2)什么是生产企业物流?

(3)陈述生产企业物流构成。

(4)讲解并复述生产企业物流内容、流程。

(5)分析生产企业物流合理化途径。

2. 调查思考题

(1)调查目前我国企业物流现状(概况)。

(2)试分析生产企业物流与普通物流的区别。

要求:

(1)以 6~8 人为一小组,共同完成作业。

(2)每小组指定一人进行汇报、交流。

(3)以小组为单位进行评估、记分。

(4)小组汇报内容要以书面形式进行展示,进行各组间的交流沟通。

第 2 章

采购物流管理

学习要点

☺ 什么是采购和采购管理。

☺ 科学采购及采购形式分类。

☺ 采购成本及控制。

☺ 供应商管理。

☺ 采购计划的编制。

☺ 采购合同和分类。

☺ 采购纠纷与采购风险。

☺ 采购运输和装卸搬运。

☺ 采购评估。

2.1 采购物流概述

采购是企业物流的起点,是企业获得原材料、零部件的一种市场商业行为。做好采购及采购物流管理,是企业生产运营的关键。

采购物流就是将企业生产所需的原材料(零部件)从供应方采购并且运送到企业仓库(生产现场)的实体活动。

采购物流包括采购活动与运输两大主要操作过程,是商流与物流的统一。

商流就是指商品在市场中经过商品交易,实现了商品所有权的转移过程。

物流是指为了满足客户的需要,通过运输、保管、配送等方式,实现原材料、半成品、成品等由供应方到需求方所进行的计划、实施和管理的全过程。

采购物流是企业生产运营的前期阶段,随着产品市场化竞争经营模式在我国不断地完善和推行,商场(企业之间)上的产品竞争愈演愈烈。企业的产品要想在市场中占有一席之地,占有一定的市场份额,其中最为重要的就是企业要能够提供高质量、低成本(价格)、多品种、有个性的产品,只有这样才能保证产品在市场竞争中的优势。

企业为了有效地降低产品制造成本,必须强化自身的管理方法及手段,做到精益生产——即用最少的资金、最少的人员、最少的设备、最少的土地获得最大的利润。企业降低生产成本,首先应从原材料、零部件的采购开始。

1. 什么是采购

采购就是企业采购人员根据企业生产计划对生产资料的需求而进行的一种商业行为。从狭义角度讲就是针对企业或个人的需求而进行的商品、物资购买行为;从广义角度讲就是以购买、租赁、借贷、交换、征用等方式来进行的商品、物资的市场交换。

目前企业在市场运营、组织生产的过程中,发现自己拥有(购买)设备、厂房等固定资产会造成企业一次性投入资金较大,企业投产初期会出现高额负债。而企业采用租赁设备、厂房等方式会使企业轻装上阵,减少企业负担,使企业的资金应用在关键之处。因此,企业采购活动应从狭义的采购定义中解脱出来,企业采购部门应本着精益生产的思想,采用多种采购形式使企业成本降低,以保障企业生产顺利进行。

采购管理就是根据企业运营发展的要求,对采购工作(行为)而进行的一系列规范、考核、评估。

企业采购内容(物资)范围较广,包括原材料、零部件、辅助材料、工位器具、设备、办公用品等。不同的采购物品在企业生产运营过程中,有不同的采购申请和审批手续,企业采购人员应按照企业的要求与规定进行申请和批准。采购人员应针对不同的物资,采用不同的采购形式和方法进行采购。

2. 采购管理的意义

在现代企业生产运营管理过程中,采购管理作为企业管理的一项,其地位、作用显现得极为重要。原材料、零部件的成功采购,在一定程度上决定着企业的生产经营及产品在市场中的竞争能力。

随着生产企业对采购管理的不断深入探讨和改善,传统的"拿钱买物品"的简单采购行为逐步被科学、合理的采购方法所取代,采购活动不再是简单的买入活动,而是关系到企业产品成本以及企业在市场上生存与发展的重要因素。

采购涉及企业生产成本的高低,采购涉及企业产品的质量好坏,采购涉及企业自身的经营与合作伙伴的关系,采购涉及企业在社会中的形象树立,因此采购活动是一项复杂的、科学的管理学科。

生产企业采购物资一般分为企业日常用品采购(办公用品、日常耗材)及生产材料采购(原材料、零部件)两大类。

企业日常用品采购多采用固定商家或临时采购的方法,用量较大的办公用品(打印纸、办公用笔、油墨等)也可以采用招标方式或批量采购方式进行物料采购。企业生产原材料、零部件的采购多采用招标方式进行,企业通过对供应商的考核、认证来确认为企业提供零部件、原材料的供应商,这样才能满足企业生产运营的需求。

3. 采购的形式

企业采购形式就是指企业采购活动中购买物资所采用的方法。针对采购物资的品种、数量、价格的不同,针对不同的供应商及市场环境、采购物资的要求,企业采用不同的方式方法进行采购。

生产企业采购的形式大致有议价采购、比价采购、项目采购、集团采购、招标采购等。

企业采用哪一种采购方法,将由企业采购人员按照具体的采购物资的数量、时间、价格进行确定。

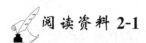 阅读资料 2-1

采购员岗位职责

(1) 在采购经理的直接领导下,严格按照公司规定的报价原则进行对外报价。

(2) 凡与经销产品相关的厂家代理资质、培训计划、促销政策、奖励、返点、厂家资源的掌握、价格体系更新等必须做到了如指掌,落实到人。

(3) 要积极主动配合业务部门做好每个项目方案,并与业务部门达成共识。

(4) 采购员要严格按流程执行,并且做到货比三家,控制降低采购成本,对供应商进行管理及考评,每年按一定比例更新供应商(形成表单)。

(5) 承担所负责区域产品项目的标书制作、现场答疑、评委协调等与投标有关的一切事宜,对于临时应急在客户部不能得到支持的前提下,必须与用户进行深层感情沟通后再进行投标。

(6) 协助经理搞好供货渠道建设。

(7) 严格执行合同管理规定,要按时签订,不得延误,并在第一时间将合同传递给与项目相关人员。

(8) 负责客户部项目执行中与技术部、财务部的协调及结算信息的传递。

(9) 综合调配公司库存资源,订货时掌握好实际库存和在途物料情况,在有库存的情况下要以先出库存为主。

(10) 参加本部门员工业务培训。

2.1.1　采购分类

生产企业采购的物资品种多、数量大,采购时间紧,给企业采购活动带来不便。企业针对复杂的采购活动有不同的采购方法进行应对。

1. 按价格分类

(1) 议价采购

议价采购就是买卖双方直接面对面地进行商品价格讨价还价的交易形式。议价采购是绝大多数企业采购所应用的方法,其特点是随机性强、采购价格灵活、采购时间短、采购效率高,常用于对日常数量较少的消耗品或单件商品的购买。

议价采购的不足之处是由于采购数量相对较少,采购的价格相对较高。尤其是在商品信息不对等的情况下,企业不了解商品的价格或没有充足的时间了解市场信息时,容易产生商品价格的欺骗,造成企业成本增大。

(2) 比价采购

比价采购就是选定两家或两家以上的商品供应商,企业向供应商进行价格询问或供应商主动报价,最后企业在保证商品质量的前提下,选择报价合理的供应商进行商品采购。

比价采购的优点有如下几点。

① 节约采购时间。企业采购人员可以通过电话、传真、网络等一系列通信手段与供应商进行商品价格质询,节省了采购人员在商品市场中的询价时间,提高了生产企业的采购效率。

② 降低企业采购成本。由于企业针对两家或两家以上供应商的报价及产品质量进行调查比较,企业采购人员有机会选择价格低廉,产品质量优秀,符合企业要求的商品,降低采购成本。

③ 采购活动明朗化、公开化。企业运用比价采购方法时,采购部人员针对不同供应商提供的产品价格进行公开讨论、评测,使采购产品的活动组织化、团队化,使采购价格确定工作过程更加科学合理。

市场信息千变万化,市场产品价格一日千里,尤其是电子系列产品体现更加突出。昨日的高科技,今天可能就是日常用品。比价采购可以使企业充分了解市场中现实商品的价格信息,可以使企业从中得到合理的商品采购价格,降低企业的采购成本。

比价采购的缺点有如下两点。

① 供应商数量不足时,容易产生商品采购价格提高。常言道:"物以稀为贵。"在市场商品短缺时,企业由于没有和供应商建立长期的供应关系,或企业没有更多的供应商可以选择时,商品价格自然会提高。

② 供应商之间产生价格联盟时,有可能使企业采购成本增加。市场经济带来市场竞争,供应商之间存在着争夺销售市场的竞争。但企业在采购商品时的采购价格过低会造成供应商无利可图或企业采购信息及意图被供应商所洞察,销售商可能会组成销售联盟哄抬物价,造成企业成本增加。

企业采用比价采购方式采购的商品主要是普通商品、临时商品,采购的基本是数量较少,但相对资金数量较大的物资。

(3) 招标采购

招标采购是指通过公开采购物资信息,让物资供应商进行商品价格的公开、公平竞争的采购方式。招标采购主要应用在对大宗货物、采购资金数额较大、项目管理所用物资的采购活动中,主要是政府、大型企业、大型零售商集中采购应用。

招标采购优点是采购流程公开化、明朗化,减少了腐败现象的发生,有利于消费市场商品价格合理化,有利于生产企业采购成本的降低,有利于国家对市场的规范,更有利于国家的廉政建设。

采购招标的不足是采购程序较为复杂,供应商销售成本相对议价采购、比价采购而言有所增加,需要专业人员进行管理。

2. 按采购方式分类

(1) 个人采购

个人采购就是指消费者个人根据自身对商品的需求而产生的商品采购行为。个人采购行为多随意性、单件购买,策划性较弱。

(2) 团体采购

团体采购指独立的多个个体自动或有意联合在一起,针对某种商品进行集体采购的交易行为。团体采购成员可以是一个单位、一个车间、一个班组,现实社会中还存在着网上集合的团队。

团体采购的特点是一次性购买商品数量较多,团队针对一个供应商一次性采购商品的品种、数量可以达到一定规模,从而获得一定的商品价格优惠(折扣),从而实现采购成本的降低。

(3) 集团采购

集团采购是指采购方以合法的组织为单位(公司、大型零售商),针对生产原材料、商品进行议价采购的方式。

集团采购的特点是采购方以采购数量大、品种多、长期供应为条件,与一家或几家供应商进行协商,从而保障企业生产与销售的正常运行。集团采购可以在商品价格方面获得更加优惠的政策,从而提高企业采购效率,降低企业采购成本。

集团以总部的形式进行采购协商,其下属分公司、部门同时获得同等购销买卖利益。集团采购可以相应的控制商品购买价格和质量,更有利于对供应商进行管理。

 阅读资料 2-2

关于集团公司"标准工装工具"定制采购通知

集团公司各分公司、子公司、相关部门:

集团公司标准工装工具项目资源整合工作已经结束,经集团公司采购委员会批准,现将整合后的结果公布如下。

一、供应商

×××科技有限公司

×××实业有限公司

×××采购供应有限公司

×××工贸有限公司

二、标准工装工具采购价格表见附件 1

三、供应商基本情况见附件 2

四、具体规定与要求

1. 自本通知发布之日起,子公司必须在集团公司规定的采购资源网内进行标准工装工具的采购,子公司可根据生产需求和采购成本,在资源网内选择恰当的产品进行采购。

2. 严禁在资源网外自行采购或不按集团公司确定的价格进行采购。

3. 为进一步降低采购成本,各子公司采购部门要积极开发新资源,对具有成本优势的产品和供应商,应及时将信息反馈给集团公司采购部,并填写《标准工装工具新增采购资源审批表》(见附件 3),由集团公司采购部对资源进行调整。

4. 各子公司要对供应商提供的产品质量、价格以及售后服务等方面的问题及时反馈给集团公司采购部,由集团公司采购部进行协调处理解决。

五、违规、违纪处理

集团公司采购部负责对标准工装工具采购资源平台进行日常管理工作,由集团公司项目控制组对各子公司执行采购情况进行定期检查。违反集中采购规定的单位和个人将受到集团公司的通报批评.情节严重的将报公司纪委处理。

联系单位:集团公司采购部

联系人:

联系电话:

E-mail:

年　　月　　日

附件1:

价 格 表

序号	产品			单位	公司1(元)	公司2(元)	公司3(元)	备注
	品牌	名　称	规　格					
1	A	砂纸	216U	张	1.6	1.3	1.5	
2	B	砂纸	734 P600	张	1.8	1.5	1.1	
3	C	抛光毡	PN09357	个	5.1	6.2	6.0	
4	D	抛光膏	5973	桶	98	102	100	
5	E	油石	800♯ 20 * 200	块	175	165	170	
6								

附件2:

供应商基本情况

供应商名称		
供应商厂址		
开户行		
账号		
税号		
邮政编码		
联系人	姓名	
	电话	
	手机	
	传真	
	E-mail	

附件 3：

标准工装工具新增采购资源审批表

填报单位：　　　　　　　　　　　　　　　　　　申报日期：

序号	供应商全称	产品名称	规　格	技术条件	年需求量
1					
2					
3					
4					
原因说明	申报经理签字：　　　　　　主管部长：　　　　　　主管计划员：				
审批意见	主管经理：　　　　　　主管部长：　　　　　　主管计划员：				

（4）项目采购

项目是指为完成某个独特的产品或服务所做的一次性任务。项目的一次性是指项目有明确的起始时间，并不是一个重复的过程。

项目具有以下特征。

- 一次性：项目有明确的起点和终点，有时间限制。
- 独特性：项目之间有相似的情况，但每个项目都有其自身的特性，在时间、地点、环境等方面有别于其他项目，因此项目总是独一无二的。
- 目标明确：项目有确切的目标，时间目标规定项目需要在规定的时间节点内或之前完成。成果目标需要项目结束后提供具体结果。
- 整体性：项目中的一切活动都是相互联系的，共同构成一个整体，否则必将损害项目目标的实现。

项目从开始到结束是一个渐进的过程，整个过程包括策划（启动）、计划、执行（实施）、控制、收尾（成果）五个阶段，贯穿整个项目生命周期。参与项目的人员在不同阶段任务不同，工作的时间段也不尽相同。

① 项目管理。项目管理就是项目的管理者在有限的资源约束下，运用系统的观点、方法和理论，对项目涉及的全部工作进行有效地管理。即对项目从投资决策开始到结束的全过程进行计划、组织、指挥、协调、控制和评价，从而保证项目目标的实现。

项目管理是第二次世界大战的产物,是策划、实施、组织的综合体现。它有利于增加企业效益,提高企业生产效率,降低企业成本,是一种新型的管理体制及方法。

项目管理更多的是依赖于项目团队的支持,项目小组成员的个人素质的高低决定着项目成功与否。每位成员各司其职并能相互帮助是项目小组在完成项目任务时的基本要求。

② 项目采购。项目采购就是为了满足项目的需要根据项目的目标、计划,通过不同的采购方式来进行的物料采购活动。

项目采购是项目管理的一个重要组成部分,是采购活动的一种形式。由于每个项目有不同的目标,项目采购也具有其特有的采购独特性。项目采购活动是围绕特定项目的发展、实施而进行的,是为该项目而服务的,随着项目的结束而结束。

3. 按采购时间分类

根据企业生产的需要及企业与供应商达成的协议,就企业生产所需的物资供应时间长短的不同,可以将企业物资采购分为长期采购和短期采购两种。

(1) 长期采购

长期采购是指企业与供应商通过合同(协议)将物资的采购期限定为一年或一年以上的供销关系。长期采购合同(协议)一般是在基于企业间的长期合作、相互信任的条件下签订的。

长期采购的优点如下。

① 可以降低企业的采购成本。

② 建立稳定的供应协作关系。

③ 保证商品质量。

④ 商品供应时间准确。

⑤ 有利于企业产品升级换代。

⑥ 有利于企业对供应商的管理。

(2) 短期采购

短期采购是指企业为满足生产的需要而与商品供应商通过采购合同(协议)进行的一次性或短时间的商品采购交易活动行为。

企业短期采购的特点如下。

① 供应商不确定。

② 采购时间、数量、价格的随意性较大。

③ 企业一般用于应急或临时性物资采购。

④ 单件商品采购成本增加。

4. 按采购范围分类

自我国加入 WTO 以来,国外商品不断地冲击我国商品市场,企业采购商品的市场范围不断加大,企业从自身的发展及生产需求出发,采购市场逐步走向世界。

（1）国内采购

国内采购就是企业为了满足生产对原材料（零部件）的需求，在本国内部商品市场进行的物料采购活动，一般是以本国货币进行商品交易结算。国内采购不一定是本国生产的商品，也包括在国内设有销售商及销售代办处的国外产品。

国内采购包括本地采购和异地采购。一般情况下，由于企业对本地市场比较了解，加上本地市场在商品销售渠道方面具有一定优势（例如，采购运输路线较短、采购商品时间短、效率高、采购成本低），因此企业多采用本地采购的方式。

现代社会是信息社会，往往企业在采购活动中也会采用异地采购的方式。企业采用异地采购的主要原因：一是本地市场没有企业需要的商品或本地市场没有该产品的销售网点及办事处；二是本地市场的商品销售价格与异地商品的销售价格相比相差悬殊，造成企业采购物资总成本增加；三是本地市场的商品质量不能满足企业生产的需求；四是企业对商品的需求量较大，企业需批量采购或直接对生产厂家进行采购。

（2）国外采购

国外采购就是企业为了满足生产对原材料（零部件）的需求，直接或间接地向国外生产厂家（商家）进行的物料采购活动，一般以美元、欧元或其他国家货币进行商品交易结算。

国外采购的商品对象多为国内无法生产或产品质量不能满足企业需求的产品，或是该商品在国内没有代理商或国外商品价格较国内具有优势以及企业生产合同（协议）有特殊要求的商品。

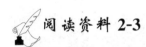

阅读资料 2-3

采购员须知

（1）学会核价。不管采购何种物料，在采购前应熟悉它的价格组成，了解生产成品原料的源头价格，为自己的准确核价打下基础，才能在谈判时做到知己知彼，百战百胜。

（2）现今社会是信息化社会，要通过不同信息渠道收集物料的采购信息。

（3）选择适合自己公司发展的供应商。好的供应商有共赢意识，能为企业发展出谋划策，节约成本，否则会为企业管理带来很多麻烦（判断供应商的好坏要从质量、价格、服务、技术力量、应变能力等多方面考虑）。

（4）谈判技巧是控制采购成本的一个重要环节（成功的谈判至少会给采购带来5%的利润空间）。

（5）批量愈大，费用愈低。需科学、合理应用批量采购方法。

（6）严格执行合同条款，建立采购信誉。

（7）定期对供应商评审（质量、价格、服务），建立供应商等级制（配额制）。

（8）熟知企业库存量，有效控制采购库存，减少企业积压物资的风险，控制采购费用。

2.1.2　采购价格及采购成本管理

企业在生产运营过程中,原材料(零部件)的采购价格直接影响到企业产品的成本核算。在保证原材料(零部件)质量及其应用功能的情况下,力争以最低的价格采购原材料(零部件)是采购人员的职责。同理,确定最优的物料采购价格是企业采购管理的一项重要工作。

1. 采购价格

企业进行物料采购作业时,企业与供应商之间针对采购物料进行价格的确定,该价格即为采购价格。

由于受时间、地域、环境的影响,企业采购原材料的价格也各不相同。科学合理的采购价格可以保证商品市场的繁荣,可以促进供需双方的合作;否则会使市场交易失衡,出现一边倒的局面,造成对交易一方的伤害,并造成交易市场的混乱。

因此,企业的物料采购价格,并不是越低越好,而应以合理为标准,企业只有按合理价格进行采购活动,才能建立与供应商长期合作的伙伴关系,达到商品交易供需双方双赢的局面,才能保证市场经济的繁荣昌盛。

优秀的采购人员在采购时首先看重的是商品的质量,其次是售货服务,最后才是价格。

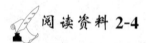

阅读资料 2-4

办公用打印机采购

某大型公司由于办公需要,进行打印机采购。企业管理者对打印机市场没有进行充分调研,仅仅依靠单方面了解,相信某一品牌的广告宣传,针对该打印机的市场价格进行判断后就购买了该知名品牌的打印机。

该知名品牌打印机的购买价格相对较低,仅是其他品牌价格的 1/3。可是企业在打印机投入使用后发现其配件(墨盒)价格非常昂贵,同时对墨盒的要求极严,消耗的油墨量较大,出现该打印机无法满足企业办公需求的状况。企业不得不重新进行采购,造成重复采购,追加成本,产生浪费。

2. 影响采购价格的因素

企业采购活动每时每刻都在进行,市场的变化也是一日千里。影响企业采购价格的因素有以下几点:

(1) 供应商制造产品的成本;

(2) 商品质量等级;

(3) 市场拥有的该商品的数量;

(4) 企业采购商品的数量;

(5) 采购时间因素;

（6）国家对该产品的政策；

（7）商品交易方式及付款方式。

3. 采购成本控制

目前市场竞争异常激烈，企业为了使自己的产品在市场中占有优势，必须不断降低企业生产成本。采购成本是企业生产中的重要支出项目，其数额较大，占企业生产运营成本较大比重。因此，企业应对采购成本支出进行科学合理的分析，不断改善，力求用最少的资金投入，获得最大的经济效益。

企业采购成本包括三项：一是原材料、零部件的采购成本，即企业用于购买原材料（零部件）的实用价格总额，等于原材料（零部件）的单价与总数的乘积；二是采购物流成本，即企业为完成采购活动而支付的物料运输、包装、装卸搬运、检查、验收等费用；三是采购管理成本，即企业为完成采购活动而支付的人工、办公、差旅、电话、传真等费用。

企业采购成本的降低只是企业降低运营成本的第一步，企业梦寐以求的是先进的成本核算细则及控制方法，采购成本控制得益于好的采购方法。

企业常用的采购成本控制方法如下。

（1）ABC 采购分类法

这是 20/80 原则在采购活动的延伸。所谓 ABC 采购分类法就是将企业生产需要的原材料按其占有的资金数量划分成 ABC 三类。

A 类物资要具备以下两种特性：

① 物料占用采购资金额较大（80% 左右）；

② 物料数量占采购物料总数量较少（20% 左右）。

采用 JIT 准时化采购方法来控制采购成本，采取现用现买的政策减少采购成本。

因为 A 类物资所占资金额较大，如果提前购入而没有马上使用，会造成企业流动资金短缺，大量采购资金被占用，无法采购其他物资，企业生产运行将会受到缺货影响。

企业应针对该类物资在市场中的情况及供应商进行充分调研，确保准时化采购顺利进行。避免由于盲目采用准时化采购而造成物资不到位，从而影响企业生产。

B 类物资：B 类物资介于 A 类与 C 类之间，是企业生产中占有资金额及数量都不大的物资。对其的采购视生产情况而定，绝大部分采用最小库存控制法，进行一般性采购，若达到最小库存，可根据生产需求量进行临时采购。

C 类物资要具备以下两种特性：

① 物料占用采购资金额较小（20% 左右）；

② 物料数量占采购物料总数量较大（80% 左右）。

采用经济批量法大宗采购，和供应商进行价格谈判，获得最佳商品价格。

C 类物资一般为企业生产常用的物资，其数量庞大，品种较固定，供应商也基本为企业所认可，因此可以用定量、定期方法进行采购。

通过 ABC 分类采购法，可以使企业的采购资金得以充分利用，减少库存资金的占用，加快资金周转率，同时也减少采购成本支出，使企业采购成本得以控制。

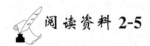

阅读资料 2-5

20/80 原则

1897 年意大利经济学家帕累托建立了一个数学模型来描述国家不平等的财富分配,发现 20% 的人拥有了财富的 80%。20 世纪 40 年代末期,Joseph M. Juran 爵士将 20/80 原则归功于帕累托,称之为帕累托定律。

20/80 原则的含义是一切事物都是这样组成的——20% 是至关重要的,80% 是平常的。20/80 原则适用于从管理科学到现实世界的任何领域。

例如,库存货物的 20% 占据仓库空间的 80%,库存货物的 80% 来自 20% 的供应商。同样,公司 80% 的销售份额来源于 20% 的销售人员,80% 的问题是由 20% 的员工造成的,20% 的员工贡献了整个公司 80% 的产量。因此要更多地关注重要的部分。

（2）定量采购法

定量采购法是指当企业物料库存量降低到最低库存(订货点)时,企业按一定的数量进行采购补充货物的采购方法。

定量采购法要求企业应事先制定库存量订货点及物资采购定购量。

定量采购法的订货点是在生产盘点、分拣、取货中自动显现(库存量到达订货点),由仓储人员即时提出或管理系统自动识别生成的,其方法简便、效率高、准确性强。企业经常采用经济批量采购,分批次提货,每次固定物资采购量,进一步降低采购成本,实现对采购成本的控制。

（3）定期采购法

定期采购法是指企业按生产计划预测物料消耗,确定订货间隔时间,预定采购时间点来补充库存的采购方法。

企业如果没有实现均衡生产,每个生产时间段生产消耗的物料数量不尽相同,那么定期采购法采购的物资数量也不相同。采购数量的确定公式为

$$采购数量=最高库存-现有库存-在途库存$$

由于定期采购法固定了物料的采购时间,采购人员需定时进行物料巡查盘点,使采购订单的生成相对复杂,但可以使企业享受到最佳的商品采购价格。

（4）经济批量采购法

如果采购数量较大,可以通过减少采购订货次数来减少采购管理成本,但同时库存管理成本却在增加。相反,如果企业采购数量较少,企业减少了库存管理成本支出,但却使采购次数增加,进而增加了企业采购成本的支出。

选择采购管理成本最小、库存管理费用最低、采购次数最合理的订货数量进行物资采购,这种采购方法被称为经济批量采购法。

经济批量采购法实施相对复杂,采用时需要考虑市场、时间、政策环境的改变。经济批量采购核算也需要不断地调整,这就需要强化企业对市场的预测,需要企业基础数据的

积累,更需要专业的人员去进行管理与维护。

经济批量采购法,可以使企业采购成本降低到较为合理的范围,能够满足企业生产的需求,实现企业的目标。

(5) 招标采购法

招标投标是在市场经济条件下进行大宗货物的买卖、工程建设项目的发包与承包,以及对服务项目的采购等情形下所采用的一种交易方式。

在这种交易方式下,通常是由项目(包括货物的购买、工程的发包和服务的采购)的采购方作为招标方,通过发布招标公告或者向一定数量的特定供应商、承包商发出招标邀请,发出招标采购的信息,提出所需采购项目的性质及其数量、质量、技术要求,交货期、竣工期或提供服务的时间,以及对供应商、承包商的资格要求等招标采购条件,表明将选择最能够满足采购要求的供应商、承包商并与之签订采购合同,由各家有意提供响应招标要求的供应商(承包商)参加投标竞争。

招标采购法可以使投标方主动将自己的产品质量、价格、生产条件及其他信息提供给买方,减少了企业信息收集、市场调研、采购人员差旅费等采购管理成本支出。同时企业可以从中寻找价格合理、条件优越的投标方作为合作伙伴,降低企业的采购物资单价成本。

(6) 电子商务采购法

采购直接影响着企业的生产经营过程、企业效益,并构成企业竞争力的重要方面。电子商务采购是一种适应时代发展的先进采购模式,具有公开、透明、快捷和低成本等特点,能有效避免采购过程中的腐败和风险,提高采购效率。

电子商务采购将采购过程脱离传统的手工作业流程,是通过网络媒体,向产品供应商或经销商订购,以低于市场价的价格获得产品或服务的采购行为。

电子商务采购的优点如下。

① 缩短采购周期,实现采购信息电子化,提高采购效率。

② 减少未确定的订单,避免企业遭受损失。

③ 采购过程可以时时监控、反馈,强化供应链的控制能力。

④ 获得更多的采购物资信息,有效地降低采购价格。

⑤ 快速地做好采购管理,保证采购质量。

以上电子商务采购的优点,清楚地展示电子商务对采购成本降低的直接效果。电子商务采购的应用,不但减少了采购人员的数量,降低了人员成本支出,也提高了采购效率,强化了质量控制,加快了企业流动资金周转率。

电子商务采购在人员、办公、采购时间、质量、过程控制上都有一定的成本降低,是企业未来的采购发展方向。

4. 采购管理

采购管理就是针对企业采购活动进行有效的计划、协调、控制的管理过程。企业做好采购必须做到如下三点。

(1) 采购流程标准化

采购流程标准化就是企业各部门提出采购计划时应按照企业采购标准流程填写采购

申请表,然后根据公司制度(规定)进行审核、审批。

（2）采购物品规范化

采购物品规范化就是企业采购申请提出时在时间上应有一定的提前量,企业根据物资采购金额数量大小、物资的重要性制订提出采购的时间段,使采购活动进一步有计划性,避免采购随意性使企业流动资金出现问题,同时减少采购的管理成本。

（3）物品采购制度化

企业采购部门应定期与企业其他部门进行会议沟通,总结采购活动是否满足企业生产需求。同时协商、沟通采购申请的物料型号、品种、数量、产地等信息,避免盲目采购使企业成本增大。

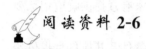
阅读资料 2-6

电子商务采购

通用电气公司照明设备分部的工厂为购买低价值的机器零件,每天要向公司资源部送交数百份定额申请单。资源部对于每一份定额申请单都要向仓库索取它必须附带的图纸,把它们从库房里查出、带回来、照相复制、打包,与定额申请单一起附加到出库表里装进信封寄出。这一过程至少需要 7 天时间,既烦琐又费时。资源部一般一次只能向 2～3 家供应商发出招标信。1996 年,该分部试用了公司第一个联机采购系统,这是通用电气公司信息服务部开发的一个外部网(Extranet)。之后,资源部可以从其内部网接收电子定额申请单,然后通过 Internet 向全世界的供应商招标。这一系统能够自动调出图表,并把它们附在电子调配表上。在资源部开始这一过程的两个小时内,供应商将通过电子邮件、传真或电子数据交换系统收到发来的定额申请单。通用电气公司可以在接到投标的当天就对其进行评估并作出决定。据通用电气公司称,该分部采购费用已下降了 30%,60% 的采购人员已被重新安置工作,资源部每月至少可增加 6～8 个额外的工作日用于采购政策研究,而不再去做文字处理、照相复印、装信封等在人工处理时必须做的工作了。由于可以接触更广泛的联机供应商,引起更多的竞争来降低价格,材料费用下降多达 20%。

2.2　供应商管理

供应商就是向买方提供产品或服务,并收取货币作为报酬的实体,是向企业提供原材料、零部件、设备、服务等一系列资源的公司或企业,可以是生产企业也可以是经销商。

供应商、企业、用户形成了社会生产与销售的供应链。国家的基本建设,企业的生产需求,消费市场的存在,都离不开供应链的支持。供应链的存在,势必存在着供需双方。供需双方是市场经济的两大因素,协调好供需双方的关系是每一个生产企业的重大课题。

企业要想正常生产,必须从供应商处获得原材料(零部件)。企业必须有一批信用良好的供应商准时提供产品,以备生产企业使用。因此供应商管理是企业采购工作中的重要项目。

供应商管理就是对供应商进行了解、选择、开发,是对供应商的综合培养和评估。其中了解、选择、开发是供应商管理的初级阶段,合作、协作是供应商管理的目标,评估是对供应商资格、能力的审核与考核。企业对供应商管理的目的就是要不断培养供应商,建立一支可靠、稳定的供应商队伍,使其能够满足生产企业的需求,确保企业的生产顺利进行。

2.2.1 供应商管理概述

我国加入 WTO 以来,全球化竞争已展现在我们面前,企业供应链范围业已进入全球化。企业对供应商的管理课题已成为企业发展的战略组成,以与供应商共同协作、共同发展、降低企业采购成本来确保企业生产顺利进行在企业运营中越来越重要。

供应商的管理是企业采购活动的主要项目。供应商作为企业的合作伙伴,其好坏势必影响到生产企业的发展。优秀的供应商可以为企业提供优质、低价的商品并保证服务周到、及时供应,可以使企业专心生产制造,免除企业的后顾之忧,同时可以使企业免去因原材料质量或未及时供货而造成的企业停产、成本加大、生产效率低下,需要花大力气和资金进行原材料验收工作,减少企业不必要的成本支出,获得更大的利润。

现实的采购活动中,供应商作为企业的支持者,其表现直接影响企业生产运营。供应商从过去的商品、物资提供者,逐步成为现实社会的企业合作者,二者关系发生了巨大变化,已从单边获利转为双赢格局,这种紧密关系形成了新的战略采购、供应同盟。随着市场竞争的加剧,稳定的供应商关系可以使企业降低经营风险,进一步优化企业资源,增强企业的市场竞争力。

2.2.2 供应商分类

1. 短期供应型

短期供应型供应商的主要特征是供需双方之间的关系仅为买卖关系。企业生产运营过程中,经常会出现某些物品短缺或需紧急购买少量物品的情形,也就是物料需求计划以外的采购需求。一般情况下,该类物资的价值少、数量小,在普通市场中一次性采购就可以完全解决。

例如,企业临时要用的茶叶、水果、日常用品、奖品等物资。对于这类物资的采购,一般企业针对的就是短期供应型供货商。

2. 长期供应型

长期供应型供应商的主要特征是:供应商长期向企业提供货物,双方不仅仅是买卖关系,而是由于长期供应而达成一种默契,双方成为关系单位(友好的意思),形成了协作与合作的关系。供应商与企业往来密切,相互交流,在问题的处理上能够很快达成一致。

长期供应型供应商分为以下三种。

(1) 一次性采购,定期、不定期或分阶段交货供应型。

（2）一次性采购一次性交货供应型。

（3）定型产品供应，就是企业只要使用该类型产品就向该企业进行采购订货。

3. 项目型

项目型供应商就是针对某一项目而进行物资和服务供应的供应商，其最大的特点是，伴随着项目的开始和结束而进行。项目型供应商有别于短期和长期的供应商，其供应交易过程伴随着项目的结束而结束，无法用时间来衡量。项目实施时间短，则项目供应商与企业的供应交易就短；项目实施时间长，供应的时间也长。

4. 伙伴型

激烈的市场竞争，促使新的管理观念的出现，伙伴型供应商的理念是丰田公司提出来的。

伙伴型供应商就是企业为了使其供应链顺畅，对其供应链中某些供应商以参股形式进行管理，企业对供应商进行投资和改造（一般情况下参股的比例小，不是大股东，无决策权），帮助和建议供应商进行改善，并形成更加紧密的供应关系。

企业将供应商进行分类是为了更好地对其进行管理，有的企业将供应商分为 A、B、C 三类。企业针对不同的供应商有着不同的采购策略和管理办法，其最主要的目的就是要保证企业的供应链处于最佳最优的状态。

2.2.3　供应商管理方法

1. 竞争机制

竞争机制的引入促使供应商产生危机感，进而将产品质量、交货期、价格做到更好。

企业对供应商的管理采用 ABC 等级制，企业不断对供应商进行评估、考核，视考核、评估结果给供应商以不同的等级。

A 级：占企业供应量的 70%～80%；

B 级：占企业供应量的 20%；

C 级：占企业供应量的 10%。

供应商级别不固定，视考核年度对供应商状况评估结果而定。采用此办法可以督促、帮助供应商不断改善、创新，保证产品质量。

当然，企业不能以强欺弱、以大欺小，采用竞争手段时应适可而止，不能使供应商叫苦连天，无法生存。

现代社会的市场经济竞争，推出的是双赢理念。供应商一旦无利可图，不与企业进行合作，企业就会面临断货、停产的危险。竞争机制一般应用在供应商选择的初级阶段。

2. 合约机制

企业对供应商进行一系列的评审和考核后，经双方协商，针对某一商品的供应以文字合同形式签订确认，这种管理供应商的方法叫合约机制管理。

合约中就供应商及企业双方的权利和义务作出明确规定，合同一经签订就产生法律效应，双方都有义务和责任履行合同。

合约机制的管理方法,不是简单签订合同,而需通过日常的一系列管理、维护来保障合同的正常运行。一般情况下,合约机制应用在产品成熟、长期合作类型的供应商。

针对合约机制下的长期供应商,日常管理和维护工作的主要内容包括:

(1) 产品的质量管理;

(2) 交货期的管理;

(3) 日常评价、定期管理的方法;

(4) 主动积极帮助供应商。

3. 股权参与

参股、换股是企业与供应商之间管理的更好办法,企业对重要的供应商应积极采用参股、换股的政策,参与供应商的日常管理。企业拥有一部分供应商的股份,能在日常生产过程中,积极主动地帮助供应商进行改善和管理。大型、优秀的企业可以将自身的优秀管理文化移植或推荐给供应商,使其逐步壮大和改善,逐步扩大市场份额,这样企业在供应商的管理中也可以获得更大利益。

股权参与的仅是部分股份,而不能拥有其最多股份或大于 50% 的股份。一旦企业拥有的股份在供应商的股份分配比例中超过 50% 或为供应商的最大股东,则供应商就不能被称为企业供应商,而成为企业的子公司。那么企业与供应商的关系就发生了转变,相对管理办法也就应发生改变。股份参与一般应用在企业供应链中的伙伴型供应商。

4. 管理方法渗入

若企业的供应商在管理上有缺陷,企业应该主动积极地帮助供应商进行解决,将优秀体制、方法,移植给供应商,帮助其降低成本,不断改善。

管理办法渗入适用于所有供应商类型,企业应主动积极改变过去那种"我是组装厂、我是老大,我应对供应商进行控制"的思想,应树立"我如何帮助和服务供应商,使其不能犯错,使其更加努力改善,保质保量、按时交货"的服务理念,将二者的关系逐步由控制与被控制转变到共同发展进步。

2.2.4　供应商管理内容

企业生产产品不同,需要的供应商也不尽相同,其供应数量也多少不一,但企业对供应商的管理却大同小异,包含以下几项内容。

1. 对供应商的深度了解

企业对供应商的深度了解就是要对市场进行充分调研,明确有哪些企业或经销商可以作为企业的供应商,同时要对供应商进行基础资料的收集与调查,建立供应商档案。对供应商的深度调研,可以为企业日后的选择提供依据,也可以作为企业对市场资源的信息调查。

供应商市场调研可以采用填写调查表、网络寻找调查或实际勘察访问等方式进行。调研内容主要包括企业的名称、性质、经营状况、产品名称、主要产品种类、生产能力、市场信用度等。调查还可以深入到供应商企业内部进行实地勘察,调查其生产工艺,产品质量控制方法,企业管理制度以及生产设备、组织结构等内容。

企业要对调研内容进行整理归档、微机录入。不管调研的企业(经销商)是否能成为企业的签约供应商,都要将调研的材料进行归档保存,以便日后调阅查看。

进行市场调查的目的是要更好地分析和掌握供应商的实际情况,做到"知己知彼",以备日后选择供应商时有合理的依据。

针对供应商调研结果要认真加以分析,分析其产品是否能为本企业所应用,产品质量是否能被本企业所认可,生产能力是否能达到本企业生产及发展的需求;分析其技术能力与发展潜力,是否能够承担本企业的订货要求;分析其管理水平、市场信用度以及资金链的保障;分析其地理位置、生产条件及环境;分析政策对供应商的支持等。只有认真分析供应商的全部信息,才能对供应商有一个客观、科学的了解,才能对供应商进行优化选择。

2. 供应商开发

供应商开发就是生产企业经过市场调研,与符合本企业需求的供应商进行签约确认,使之成为企业的供应商。供应商队伍的建立是生产企业重要的基石,建立一支良好的供应商队伍是企业成功与发展的重要一步。

常言道"兵马未动,粮草先行"。企业生产若要正常顺利运行,就需要原材料、零部件及日常办公用品的及时供应。因此,供应商是企业生产顺利运行的关键,建立一支可靠的供应商队伍就是企业生产后勤的保障。

供应商开发步骤如下。

(1) 供应商信息收集

供应商信息收集主要来源于市场及行业的信息公告,以及供应商的广告披露、企业介绍、网页宣传等。

供应商信息收集手段各不相同,不同场合、不同机遇都可以作为采购人员收集供应商信息的渠道。例如,产品新闻发布会、市场产品展销会、订货会、国家行业协会登记等。

(2) 供应商信息分析

供应商信息分析是指生产企业对收集来的供应商各类信息进行研判、分类,是对信息的总结与归纳。只有认真分析收集来的信息,信息才能对企业起到应有的作用。

信息分析内容有以下几个方面。

① 企业性质。目前我国公司注册形式有多种,若按企业性质来分类,则有上市公司、国有企业、集体企业、股份制企业、私营企业、个体等。企业性质的不同致使企业的承载能力及承担责任的能力、范围也不同。要认清供应商的企业性质,才能对生产企业有一个更好的保障。

② 企业注册资金。企业在工商局注册时写明的注册资金额,在一定程度上体现了供应商的经济实力(但不完全属实),相对也能体现出其融资能力,帮助企业分析供应商日后的发展前途。

③ 企业产品。对产品的分析主要注重产品在市场中的地位,如供应商的产品在市场中是垄断型还是竞争型,是一流领先产品还是大众产品,该产品在市场销售中所占有市场份额、市场的价格范围变动情况及符合本企业的产品状况等。

④ 企业目前经营状况及资质。生产企业应对供应商的经营状况有一个深入的调查,

通过企业损益表、资产负债表、现金流量表来分析供应商的经济状况。

通过对产品的销售量、市场反馈,了解供应商的生产状况;通过对供应商现有用户及用户满意度来分析企业的生产运营;通过对企业用工、用工报酬、员工培训费用及社会满意度来分析企业经营战略。同时也要了解企业是否取得相应行业、国家的认证等。

⑤ 企业生产能力、技术能力、发展潜力。生产企业应深入到供应商企业内部进行调研,掌握供应商现有的生产能力及扩大再生产能力,分析了解供应商使用的设备、原材料及产品加工手段、加工工艺,分析企业技术人员、基本操作者、管理人员的组成及构架,了解企业推行的现有管理者制度,并从以上信息中找到和分析供应商的实际能力水平。

⑥ 企业质量保障能力。通过对供应商生产现场的实际调查,取得供应商对产品质量管理文件,分析供应商产品质量保障的方法;观察其生产员工是否按提供的标准作业操作,是否设置相应的质量保证设备、设施,是否严格执行质量保证体系文件。

⑦ 企业市场中的信用度。要分析供应商在商品市场的信誉度,包括供应商原有用户对其的交货期、结款、产品质量的评价。也要分析供应商在金融市场的信用度,包括其在金融市场的贷款、担保、信用等。还要分析供应商在商品售后市场服务的信誉度。

（3）实地调研

企业选择供应商时应积极主动与供应商联系,主动到供应商生产基地进行实地勘察,观察和分析供应商实际生产状况与其介绍是否相符,强化对供应商的感性认知。

通过实地调研,能够了解到企业的第一手资料。例如,企业现生产状况、企业用工情况、企业生产现场管理状态等信息。

3. 供应商选择

供应商选择是企业生产供应链中的重要一项,供应商的业绩会直接影响生产企业的运行。为了减小生产企业的风险,企业要在供应商选择问题上慎之再慎,避免出现失误,造成企业损失。

根据企业生产的不同要求,供应商的选择标准有以下几点。

（1）技术条件

供应商生产的产品技术指标与要求是否符合企业生产需求的标准,供应商产品技术能力是否能够满足生产企业产品的升级换代需求,供应商生产标准是否与企业生产标准一致。

（2）产品质量

供应商生产的产品质量是否稳定、可靠,检验标准是否与生产企业检验标准一致,保障体系是否健全,控制标准是否认真执行,是否取得行业（企业）、国家在质量要求方面的证书。

（3）生产供应能力

供应能力是考核供应商在保障产品质量前提下的生产产品的能力水平、设备保障能力以及质量稳定性。考察供应商是否具备一定的生产规模及发展能力。

（4）产品价格

产品价格并不是唯一选择供应商的标准，但确实是选择供应商的重要项目。供应商提供的产品价格直接影响生产企业的产品价格，影响产品的竞争力。即使供应商提供再优秀的产品质量，过高的价格也会使生产企业望而却步。

（5）地理位置

地理位置对供应商的选择起着至关重要的作用，供应商与用户运输距离过长，造成产品采购物流成本增加，造成供货时间难以保障，生产企业存在着一定风险。

（6）企业信用度

现代社会的市场经济是一种信用经济。市场化程度越高，客观上对社会信用体系发育程度的要求也越高。信用在市场经济中非常重要，没有信用就会失去市场。面对竞争如此激烈的市场，要想取胜，必须要有良好的社会信用度。企业应对供应商的信用度进行考评，例如，供应商在用户当中的口碑、在市场交易中的口碑、在银行（金融业）的信用度等。从对以上内容的考核中分析和总结供应商的信用度，避免上当受骗，造成企业损失。

（7）企业售后服务

企业采购不仅是购买商品本身，同时还包括对产品的售后服务的采购。供应商对产品的售后服务，体现供应商对产品的认真态度和责任意识。只有认真对产品负责、对用户负责，才能对本企业的产品质量负责，才能有改善意识，才能保障产品质量及交货期。

（8）交货期保障

在市场中，在保证质量和成本前提下，很多企业愈发感到，交货速度往往是体现竞争优势的首要因素。虽然从采购的角度来看，外购物料交货期基本上是由供应商决定而非客户随意指定，但完全能够通过有效的管理方法来影响整个交货期的长短，从而提高企业对市场变化的快速、准确的反应能力，进而取得竞争优势。

交货期是供应商与采购方认真对待的问题，如果供应商不能及时交货，那么其他的产品质量和价格等于零，无法进行签约。

4. 供应商的评估和考核

生产企业对供应商的评估与考核是对供应商的业绩和未来的确认。生产企业应定期对供应商进行评估和考核，以督促其按双方签订的合约进行供应。

供应商评估是供应商管理的重要课题。人们常说，企业在市场的竞争是人才的竞争，强调的是人才在企业生产中的重要性。而企业在竞争中，注意到企业的竞争内容目前已转变为企业供应链的竞争。因为企业物流管理是企业的"第三利润"源泉，企业供应链的管理是企业物流的纽带。选择良好的供应商并与之建立和维持稳定、长期的合作关系，将会使企业整体的供应链运行更具活力。

现实的社会，大型企业的采购范围逐步扩大，逐步进入到了全球化采购的大行列中，企业针对供应商的评估、考核，可以帮助企业更好地审视自己的供应链状况。

（1）供应商评估大致分为三个阶段

第一阶段是企业对供应商选择时期进行的评估。该阶段的评估重点放在对供应商的资格审查,审查供应商是否具备产品的生产条件及环境,对供应商需要进行改进的项目提出意见,督促其进行改进和完善,直至完全符合本企业要求的条件才允许该供应商加入企业的供应链中,为企业生产服务。

第二阶段对供应商的评估是在供应商加入企业供应链以后,对其进行的例行评估与考核。供应商初期为企业进行供货和服务,企业每月对其供货及服务进行一次评估和考核。因为供应商刚刚进入企业的供应链环境中,不论是供应商还是企业,都需要一段时间相互适应,适应对方的生产节奏和管理方法,并进行不断的信息交流来相互改善。经过一段磨合期,供需双方才能达成一致,走向正轨。

这一阶段评估与考核的目的是督促供应商尽快适应企业生产节拍,尽快改善自己的不足,使自己的供货、服务满足企业的要求。

第三阶段的评估与考核是企业与供应商之间的合作达到成熟期的阶段,在该阶段对供应商进行评估与考核。一般一个季度或半年进行一次。因为这段时期供应商与企业的配合已稳定,企业对供应商评估与考核的主要目的是例行检查,帮助供应商对供货质量、交货期等进行考评。通过检查和督促使供应商不出问题,避免供货和服务出现不稳定,帮助供应商自评和检查,针对出现的细小不足进行不断改善,使供应商的供应工作更加优秀。

(2) 对供应商进行评估考核的目的

① 促进供应商提供保质保量的产品及服务。通过对供应商的评估与考核,使供应商认识到自己的不足之处,促使供应商进行改善。同时企业也注意到自己生产供应链的问题并加以整改。对供应商的评估、考核,实现了企业与供应商双方的总结和改善,提高了企业与供应商的市场竞争力,实现了双赢。

② 确保供应商及时供货。日常不断的、定期的、不定期的评估与考核,督促供应商在产品制造及交货期上不能懈怠,每时每刻都应积极努力工作。评估和考核对供应商起着预防的作用,避免造成企业更大的损失。

③ 帮助供应商降低成本。通过评估和考核,发现供应商、企业双方的漏洞来及时进行整改。企业在必要的时候,可以将自己的技术人员排入供应商企业生产现场,帮助供应商解决问题。

④ 优胜劣汰,不断更新。要求在评估和考核中不合格的供应商限期整改,对那些不能在限期整改中完成任务或不能提供符合企业要求的供应商坚决予以淘汰,取消其资格,用合格供应商来代替。

⑤ 维护长期合作,建立伙伴关系。评估与考核的目的不仅仅是区分出不合格的供应商,同时对优秀的供应商企业应大力表扬,并给予更加优惠的政策和待遇。

2.2.5　供应商的产品质量管理

供应商的产品质量关系到组装厂的最终产品质量,关系到生产企业能否正常组织生产,关系到产品在市场中的竞争力。

企业对供应商产品质量管理应从以下几个方面进行。

首先,企业应就产品的质量要求、材料、品种等有关主要信息,按要求提供给供应商,使供应商有的放矢,针对企业对产品质量的要求组织生产。

其次,供应商应主动积极与企业进行沟通,就产品的生产过程及质量保障体系与企业进行信息交流,确保企业对供应商产品有明确认识。

供应商应企业的要求,建立和健全产品质量加工保障体系和检验体系,使企业产品在一个标准作业指导下进入可控状态。

最后,企业应与供应商在供应合同中说明,针对质量保障所应采取的措施。例如,定期抽查、检查评审、召开质量工作交流会等,确保供应商提供的产品长期免检可靠。

供应商的质量管理不是一些文字和制度就能确保的,需要企业与供应商在生产经营中相互支持与帮助。企业对供应商不能只用罚款手段来简单管理,而应以更人性化的尊重和帮助的手段使供应商的产品质量有一个可保性。

2.2.6　供应商交货期管理

在价格、质量、数量确保的情况下,供应商的交货期保障也是企业与供应商之间管理的重要项目。企业选择供应商时就其生产能力及交货期都有明确的调研和分析,企业与供应商在交货期上应相互支持和帮助,企业应主动积极地将生产计划及物料需求计划尽早通知给供应商,使供应商有充足的时间进行组织生产。

供应商在保障企业交货期上有多种方法。

(1) 保证企业对供应商的物料需求信息畅通。

(2) 企业主动为供应商提供相应的库存地,减少供应商的压力。

(3) 供应商应主动积极安排生产准时供货。

(4) 供应商在企业周边建立中间库,确保交货期。

在确保供应商交货期问题上,企业不应推卸责任,只是考核评估供应商,而应积极配合供应商,为其创造有利条件满足需求,促使其能准时将企业所需的物资送达到生产现场,保证企业生产的顺利进行。

如果企业一味地追究供应商的责任,而无视对供应商的培养,即使供应商按合同要求给企业进行了未准时送货的赔偿,最终企业还是不能按时交货,可能企业在金钱上没有损失,但其在市场竞争中失去了信誉,终会被市场所淘汰。

企业与供应商的关系如鱼和水一样是相互依赖,相辅相成的。市场经济中,企业对供应商不能追求单边效益和单边利润,否则市场经济无法延续。企业没有供应商的生存和支持,也会走向衰落,直至灭亡。供应商没有企业的大力支持和帮助,也会因无市场及无法更新改造走向灭亡。企业与供应商必须共同经营这个市场,只有这样双方才能共存共荣,市场经济才能更加繁荣兴旺。

2.2.7　供应商的激励

企业对供应商进行绩效考核的目的是要确保供应商的产品质量、交货期,同时进行供应商间的对比来奖优罚差、优胜劣汰,也是对企业供应链的一个深度回顾,使企业能够知道供应链中的不足,从而进一步整改。

在企业对供应商的管理过程中不仅要对其提出考核和批评,同时也应对其建立奖励机制,以促进和督促供应商不断改善,更好地服务于企业。对供应商的激励有以下几个方法。

1. 建立警告制度，督促供应商进行改善

企业根据对供应商的评估、考核，对有问题的供应商进行黄牌警告，限期督促其进行整改，必要时企业可以进入供应商的生产现场，帮助供应商进行整改。供应商整改后，企业要重新进行评估和审核，若合格则保留其身份继续执行合同，不合格则取消其供应商资格。

2. 建立等级制，奖优罚差

对供应商的评估不能仅用合格与不合格来区分，而是要在合格的供应商中评选更优秀的供应商。企业将合格的供应商分为 A、B 两个等级。

A 级：优秀供应商资格，其产品供应量占企业所需供应量的 80％左右；

B 级：一般供应商，其产品供应量占企业所需供应量的 20％左右。

通过合格供应商的评级制度，促进供应商对其产品、服务进行改善。每个供应商都想争取取得 A 级，这样才能拿到更多的订单，获得更大的利润。

供应商等级制不是终身制，是企业定期进行的年度评级。针对历年获得 A 级资格的供应商，企业对其还有更优惠的条件。

例如，连续三年获得 A 级资格的供应商，其产品可以享受免检待遇，这样不仅可以降低企业的运营成本，同时也可以给供应商一个更加有力的宣传和肯定，使供应商在市场竞争中获得有利地位。

企业若有新型产品进行设计研发、制作时，免检供应商将首先获得产品信息，获得最优商机。

3. 建立竞争机制，优胜劣汰

企业要建立和健全竞争机制，针对产品不能达到企业要求的供应商，且限期进行整改还不能满足企业要求的供应商坚决采用淘汰制，取消其供应商资格。

企业在选择供应商时，其中有一类供应商为 C 类，即准供应商资格。这时企业可以从 C 类供应商中进行替补。企业不断推行竞争机制，优胜劣汰，促进供应商要不断地求新、发展。

2.2.8　企业与供应商的关系管理

社会的发展，企业的进步，使企业与供应商之间的关系处理也不断地更新和改变。现在企业与供应商的关系进入了一个新阶段，在企业供应管理过程中不断涌现新的理论、理念和优秀的管理方法，使市场经济下企业与供应商之间的关系更加融洽。

企业与供应商存在着各种不同因素，这使企业与供应商的关系存在着细微的变化。要处理好他们的关系，首先要了解和分析供应商的特点。

供应商在整个供应链中扮演着一个至关重要的角色，它是供应链中的始发点，是资金链中的开始，同时也是信息反馈的终点。国际大型汽车制造厂家产品成本结构中的 70％～80％都属于零部件采购成本。在全球化采购的生产方式下，处理好企业与供应商的关系是提高企业全球化采购供应的重要保障。

正确认识和处理好企业与供应商的关系不仅可以使企业减少库存,降低成本,稳定原材料(零部件)的来源,提高企业的市场竞争力,而且能使生产企业享受到供应商优秀的产品供应与服务,使企业在竞争市场上占有优势。

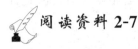

阅读资料 2-7

企业与供应商关系准则

(1) 企业与供应商必须在物资管理方面相互了解与合作,推行双方共同负责制;

(2) 企业与供应商既要相对独立,又要尊重对方自主权;

(3) 采购方应将详细的采购要求及资料提供给供应商;

(4) 企业与供应商应针对价格、质量、付款方式等问题达成公平合理的协议;

(5) 供应商应承诺保质、保量提供货物;

(6) 企业应与供应商预先确定好双方认可的评价方案;

(7) 企业与供应商应在协议内明确处理争端的方法;

(8) 企业与供应商应实施同样的检测标准及管理手段;

(9) 企业与供应商应彼此关注,并交换有关资料;

(10) 企业与供应商交易,必须注意到消费者的需求。

——摘自《公共关系月刊》(略有改动)

2.3　采购流程与采购物流管理

采购流程是生产企业采购活动的规则,也可以说是采购的标准作业。一个企业要想使采购工作有章可循,必须建立规范的采购流程。

采购作业流程包括从填写"请购申请"开始,由采购员核对请购内容,查阅厂商资料、采购记录及其他有关资料后,开始办理询价。得到报价后,整理报价资料,拟订议价方式及各种谈判条件,进行议价,呈请核实订购。

企业采购流程如图 2-1 所示。

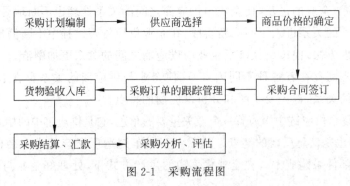

图 2-1　采购流程图

2.3.1 采购计划编制

采购计划编制的依据是企业生产计划及物料需求计划。生产企业采购部门根据企业的生产运营情况,编制物料采购计划及采购安排。

采购计划的编制目的是要保证企业生产所需的原材料能够保质、保量、准时被送达到企业生产现场(库房、工位),保证企业生产顺利进行。

采购计划对企业生产运营具有重要作用。采购计划的编制可以使企业的有限资源得到更加充分合理的应用;可以使物料进入生产现场实现准时化,减少不必要的库存浪费;可以使企业生产现场更加清洁亮丽;可以使企业工作、生产更有秩序性,降低企业运营成本及风险。

生产企业采购计划的编制需要依赖企业其他计划的支持。

1. 企业销售计划

企业销售计划是指对企业生产产品销售的规划。销售计划分年销售计划、季度销售计划和月销售计划。

企业年销售计划是指企业根据上一年度的销售业绩,以及对现有市场销售预测而制定的一年内某一产品的销售量。

季度销售计划是年销售计划的分解。一般企业是根据一年中的季节变化、市场需求分析而编制的销售计划。

月销售计划是生产企业销售部门每月的销售目标,是企业年销售计划的分解和现有市场对产品需求的统计。

2. 企业生产计划

企业生产计划是企业根据年销售计划而制订的对具体企业生产产品数量的规划。企业生产计划分年计划、月计划、周计划。

一般企业的年生产计划仅仅是一个预测计划,月计划会随着市场的具体需求变化而进行微量修改。周计划是月计划的分解,是企业产品生产量的具体实施计划。

3. 企业物料需求计划

企业物料需求计划是企业根据生产计划的安排,针对生产所需原材料的品种、数量、产地、材料、时间等要求制订的符合生产需求的物料准备计划。

物料需求计划是企业能够按生产计划正常生产的保障,是企业生产的后勤保障。企业生产计划编制生成的同时物料需求计划也应运而生。

物料需求计划是由很多的材料清单组成。物料清单内写明所需取料的名称、数量、型号、类型、所需时间、外购还是内部制造等信息。物料清单实际就是物料需求明细表,可以清晰地表明企业生产所需物料的各种信息。

4. 企业物料库存量

企业库存信息对采购计划的编制起着决定性作用。企业库存的大小、多少,直接影响企业采购计划及运营成本。物料需求计划编制以后,生产部门应将物料需求量与企业库存量进行比较,根据企业库存实际情况,才能向企业采购部门提请采购申请。

若所需物料库存量不能满足生产需求,生产部门随即提出采购申请。若企业库存量能够满足物料的需求,但物料在使用消耗过程中达到了订货点(最小库存),企业生产部也应提交采购申请。若企业库存量满足了物料使用量且没有达到订购点(最小库存)则不生成采购清单。

2.3.2 采购合同

随着市场经济的不断推进,以及全球化采购的不断扩大,交易市场各方面因素每时每刻都在变化。市场经济带来市场交易繁荣的同时,同样也存在着不可控的因素。在市场交易中,采购合同是采购行为的重要文件。为了规范企业(用户)、供应商(经销商)即市场交易双方的行为,保障双方的合法权益,交易双方要针对市场的对象、时间、数量、条件要约等写成文字合同,经双方确认后生效,以便规范双方的行为并处理纠纷。

《中华人民共和国民法典》(以下简称《民法典》)是 2020 年 5 月 28 日第十三届全国人民代表大会第三次会议通过,自 2020 年 1 月 1 日起施行。第二分编为典型合同,第九章为买卖合同,其内容是对市场的买卖交易行为加以合同文本的规范说明。

采购合同是采购双方在进行正式采购交易前为保证双方的利益而确认的对双方(采购方、销售方)具有法律约束的正式采购协议。采购合同是采购交易的法律文书,其内容明确规定了交易双方的权利与义务,对保护交易双方当事人的合法权益具有重大意义。

1. 采购合同的种类

买卖合同按其性质划分,大致可分为工矿产品买卖合同、农副产品买卖合同、国际货物买卖合同、知识产权买卖合同四大类。工矿产品买卖合同中包括制造业的采购合同,其类型如下。

(1) 供应合同

供应合同主要是指国家按系统有计划地分配物资和商品或当事人之间为了生产、生活需要而签订的合同,一般按年度计划签订,可分为订货合同和供货合同。

(2) 产销合同

产销合同主要是指出卖人与买受人之间为了买卖工业产品(或商品)而签订的合同,可分为代销合同、包销合同、选购合同和议购合同等。

(3) 采购合同和推销合同

采购合同主要是指工业、商业、农业等经济组织为了生产经营活动的需要,购买产品、原辅材料时与供方订立的合同,是从需方角度来说的。如果是上述单位为推销自己生产、经营的商品和物资而签订的合同就叫推销合同。

(4) 协作合同

协作合同主要是指企业之间为生产产品的需要,由一方协作供应另一方产品配套件、附件等订立的合同,以及经济组织之间以互相供应自己的产品为条件而订立的合同。

(5) 调剂合同

调剂合同是指物资、工业和商业部门为在原料、设备、商品等方面进行余缺调剂而签订的合同(一般都是以有组织、有领导的会议协商方式进行的)。

2. 采购合同的主要内容

采购合同是经买卖双方确认,对市场交易条件进行法律约定的文书,其内容包括以下几个方面。

（1）采购合同名称

采购合同名称是采购交易双方就采购的物资内容或项目采购内容而编写的名称。

例如,办公用品采购合同。

（2）采购合同编号

采购合同编号一般是大型企业为了更好地针对采购行为进行管理而推行的管理方式。采购合同编号更有利于采购方（企业）对采购进行统计管理及标准作业,以年份为开始进行编制。

例如,采购合同编号 20210001,意为 2021 年第一份采购合同。

（3）采购双方信息

采购双方信息包括采购双方的企业名称（如果是自然人,则写姓名）、通信地址、联络电话、传真号码、E-mail 等信息。

（4）采购涉及关键词、术语解释

（5）采购合同正文

采购合同正文根据市场交易内容的不同、采购物品数量及资金使用量的不同,书写内容也不尽相同。

采购合同应写清以下内容。

① 交易货物的名称、规格、数量。

② 交易货物的质量要求、价格。

③ 货物交接运输方式及交接货物地点。

④ 货款支付形式及要求。

⑤ 货物检验接收标准。

⑥ 货物保险。

⑦ 供销违约责任及义务。

（6）合同签订时间、地点、份数

（7）供销双方对合同进行确认的签字、公章

2.3.3　采购合同的纠纷与解决

采购合同的主体称为当事人,采购合同的内容写明出卖人与买受人的权利与义务。买受人负有向出卖人支付货物价款的义务,出卖人有对货物的所有权与处置权。双方签订购销合同以后,都有义务履行合同内写明的事项。

采购合同的纠纷主要是由于违反了采购合同的责任,也就是人们常说的违约。违约责任是指当事人一方不履行合同义务或者履行义务不符合约定。违约责任必须是由于当事人的过错,致使合同规定的义务不能履行或不能完全履行,由违约方应承担的责任以民事责任为主。

违约主要形式如下。

(1) 当事人有不履行合同义务的行为;

(2) 当事人有过错;

(3) 当事人的违约行为给对方造成损失;

(4) 守约方的损失与违约方的行为有因果关系。

　　解决采购合同的纠纷主要有和解、调解、仲裁、诉讼四种方式。采购合同中应注明产生纠纷时采用的办法。采购合同中一方当事人违约,在继续履行合同或者采取补救措施后仍然给对方造成损失的,应给予受损失一方赔偿。

　　损失包括实际损失和利益损失两种。实际损失是指有财产损失、损害和费用支出,是一种现实存在的财产损失。利益损失是指使当事人无法履行合同致使对方丧失了履行合同后可以获得的利益,这种利益是当事人签订合同时预期获得的。《民法典》规定当事人在订立合同时,可以预先约定一方违约时向对方支付的损失。

 阅读资料 2-8

采购合同样本

甲方:		乙方:	

一、协议总则

　　本合同旨在规定甲方向乙方购买,乙方向甲方提供宣传促销用品(以下简称"货物")的通用条款和条件。本着公平、公开、互利、平等的原则,在甲、乙双方友好协商的情况下,根据《民法典》有关规定,订立此合同。

货物名称:			
样　式:			
单　位:			
规　格:			
制作数量:			
单　价:			
小　计:			
交货时间:			
包　装:			
交货地点:	甲方指定地点(全国范围内)		
以上合计	人民币:		

二、价格与支付

　　1. 双方一致同意本合同金额以人民币结算。

　　2. 甲方在验收合格后一周内一次性支付给乙方全部货款,乙方需提供税务部门监制的发票,否则不予付款。

续表

三、双方的权利与义务
3.1　乙方有义务按照甲方的要求按时完成和制作合同规定的货物,乙方交付的货物应与乙方承诺的货物样品质量一致。乙方对其交付的伪劣产品、产品质量与样品不符或产品质量不达标(如产品材料有毒、有异味等)、以次充好的产品无条件承担包退、包换的责任,并承担甲方因此受到的全部损失。
3.2　乙方的包装应符合甲方规定的技术要求,应正确、坚固、便于搬运,适合货物本身特点,有必要的保护措施,在运输过程中防雨、防潮、防锈蚀,确保货物完好无损地送达到交货地点。
3.3　货物验收时,其品种、型号、规格及外观质量必须符合甲方规定,若不符合甲方规定或者发生损坏、变质、有异味、被污染的,甲方有权拒收,乙方应按甲方要求的期限和条件进行更换或补发,否则甲方可以拒绝接受本合同项下之货物或者解除本合同。
3.4　如甲方在使用时发现乙方交付的实际货物数量与合同中规定的数量不符,乙方必须按照所差货物数量的十倍进行赔偿。
3.5　乙方要在一年内包改版、包退、包换。
3.6　乙方应无偿提供样品 5 个。
四、除非因一方违约或双方协商一致而解除协议,本协议于双方签订之日起生效。
五、本合同一式两份,甲、乙双方各一份。
六、本合同未尽事宜,按照《　　公司宣传促销品采购条例》执行,《　　公司宣传促销品采购条例》与本合同一并具有效力。

甲方:　　　　公司(盖章)	乙方:　　　　　　(盖章)
协议签订人:	协议签订人:
年　月　日	年　月　日

2.3.4　采购风险控制

　　市场经济条件下,市场中不确定因素繁多,导致企业在市场中采购物资时的风险系数不断增大,进而增加了企业的采购难度。企业必须不断强化自身采购体系和管理制度,加强对市场的预防和控制,采取有效的措施来防范采购风险,确保采购安全。

　　采购风险是指采购人员在采购行为中,因不确定因素给企业造成损失或未达到企业采购目标。

　　采购风险贯穿于整个采购过程,采购人员无时无刻都应有采购风险的意识。采购风险在采购过程中多表现为供应商欺诈、企业采购管理失控、采购人员的工作失误等。采购风险行为更细致的描述则为,采购成本超支或过大、采购产品质量不合格或与合同要求不符、采购商品的交货期延迟等一系列问题。企业应尽最大可能减少采购风险。

　　采购风险防范主要有三个阶段。

1. 采购风险预知与分析

　　采购策划时企业应对采购的物品、供应商、市场进行充分调研。针对调研资料采购人员应共同进行研讨,各抒己见。采用头脑风暴法进行采购风险预测,在采购行为发生前洞察一切因素,做到"知己知彼",做到"万无一失"。

采购风险预测讨论是企业采购过程的重要组成部分,尤其是采购大宗物品或资金数额较大的商品时,企业管理决策者和采购人员要共同参与讨论,充分分析和控制,找出所有不利因素,将采购风险降低为"零"。

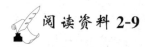
阅读资料 2-9

头脑风暴法

头脑风暴法(Brainstorming)由美国广告策划人奥斯本(Alex Osborn)在 20 世纪 40 年代首先提出。它采用会议的形式,引导每个参加会议的人围绕某个中心议题,广开思路,激发灵感,毫无顾忌地发表独立见解,并在短时间内从与会者中获得大量的观点。

头脑风暴法是一种激发个人创造性思维的方法,它常用于解决问题方法的前三步:明确问题、原因分类和获得解决问题的创新性方案。针对问题,我们可以应用头脑风暴法来提出所有可能的原因。

应用头脑风暴法必须遵守 4 个原则即畅所欲言、强调数量、不作评论、相互结合。

2. 采购标准化

企业在市场经营过程中,有无数的工作内容及事情需要进行处理,企业每天的工作运营,其实质就是问题的处理。企业在处理解决问题时,因受周边因素的影响(人为因素、环境因素、时间因素、市场因素、企业变化因素),会使相类似的问题采用不同的方法,结果也不尽相同,使企业管理工作不可控。

同理,企业采购也是如此,同样的物资采购,由于人员、环境、时间、市场等因素不同,采购的最终结果可能也不同。这样的采购流程及管理方法势必造成企业采购风险的增大。为了降低企业采购风险,降低企业运营成本,提高企业运营效率,企业必须推行采购流程作业标准化。

标准化采购流程如图 2-2 所示。

通过推行采购标准化流程,可以使企业采购作业规范化,每一项工作过程实现可控性,使企业采购成本进一步降低。

3. 采购评估、改善

采购工作受市场变化的影响非常大,企业对某些不确定因素控制较小,因此企业应尽力掌控市场的变化,同时应"以动制动",不断对本企业的采购过程进行评估和改善,以适应市场的变化。

企业在大宗采购活动以后,要对采购活动进行评估、总结。企业管理者及采购人员应就此项采购活动进行分析,总结优势和不足。

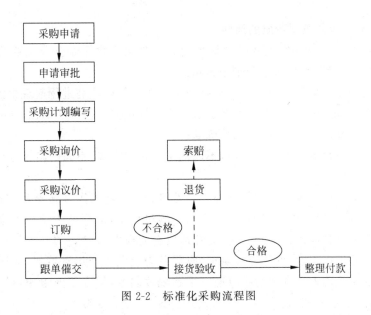

图 2-2　标准化采购流程图

将总结的内容加以分析,将优秀的工作方法制定成标准化作业,让日后的采购工作可以有章可循。不足之处可以进行改善,也可以制作成警示条例,提醒、督促日后的采购工作,避免采购工作重蹈覆辙。

企业采购工作经过这三个阶段的细致而长久的推行,将会不断进步,不断趋于完善,采购风险自然得到控制。

2.3.5　采购风险分类

产生生产企业采购风险的成因有很多。针对采购风险的影响,可以将采购风险归结为以下几个方面。

1. 供应商造成的风险

这是指在与企业合作经营过程中,供应商提供的原材料(零部件)给企业造成损失的影响。

供应商是市场交易的一个独立体,是买卖双方的一方,是独立的企业,追求的也是低成本、高利润,其自身发展及目标与采购方(企业)也是相同的。随着市场因素的变化,供应商在产品价格上也将发生变化。这种价格的波动有可能造成采购方(企业)成本的增加,增大企业运营成本。

随着市场竞争的加剧,供应商提供的产品的价格不断下降,造成供应商无利可图时,供应商势必在产品的质量、材料、数量、类型等方面做文章,以次充好,降低供应标准使采购方(企业)蒙受损失。

另有一些供应商为了打击竞争对手,垄断市场,依靠自身的实力或不正当价格手段在市场中倾销产品。当达到将竞争对手逐出市场时,又将独家经营、提高价格,达到控制产品的经销权,这时也将给采购方(企业)带来不利影响。不利影响可能是价格提高、服务质量下降、供货不及时等,给企业造成生产负担。

2. 企业本身运营机制造成的风险

企业本身的采购及战略规划的制订将给企业带来风险。如企业采购策略的制定失误、采购人员个人素质都会对采购带来影响。

采购人员的个人素质及业务水平对企业采购工作能否顺利进行起着很大的作用。采购人员应掌握国家政策、相应的产业制造过程、贸易（国内、国外）的知识，同时采购人员还应对采购的一些新的方法、技能加以熟练掌握。

采购人员应对财务制度加以了解，不同的采购付款方式、不同的结算过程都有可能给企业带来不必要的损失。

采购人员对专业技术性知识的掌握与学习对企业采购工作影响较大。采购人员对专业的制造过程、原材料可能了解不深，在采购实施过程中，应积极主动与工程（专业）人员沟通或请专业人员共同进行采购分析，避免造成企业损失。

采购人员的工作态度、责任心应端正，应积极为企业生产运营着想，规避目前社会供销的不良风气。采购人员应主动积极遵守采购规章制度，遵守职业道德，做到清廉不贪、不营私谋利。

采购人员素质提高与培养的同时，企业在采购体系及制度上也应完善。为减少企业采购工作的失控，采购管理应尽可能采用公开招标、公开议价、共同讨论，避免出现一人定价、一人拍板的现象。

采购商品（大宗）货物时，应对采购项目进行论证，从技术参数、材料、数量、品种、市场信息及生产需求出发，严格、科学地论证分析，避免盲目地追求高、精、尖、时尚、品牌。应以企业实际应用出发，推行精益生产思想，以最小的投入、最实用的方法实现企业采购成本的最低化。

企业在采购过程中应培养采购人员准时化意识，改变落后的采购思维。现代的采购理念为"采购订单，而非采购库存"。采购人员应积极主动与生产（需求）部门沟通，减少采购库存，降低企业的运营成本。

3. 市场变化造成的风险影响

市场竞争及市场商品在现实的社会中千变万化，市场产品的价格、材料、用途等因素瞬息万变，企业在采购过程中应针对不同的采购商品建立采购战略、方法。应将采购物品进行分类，采用 A、B、C 分类法进行采购以减少采购市场变化对企业成本的影响。

企业应不断地在采购过程中求新、求发展来应对市场因素的变化，小到时间、供给量及使用量对采购的影响，大到国家政策、国际政治变换、自然灾害及季节对采购的影响。企业针对市场的种种变化应做好充分准备，以求市场因素变化对企业采购带来影响的风险降低到最低限度。

4. 不可控因素造成的风险

企业采购风险有很多，其中不可控因素对企业造成的风险较大。不可控因素包括可预测及不可预测两大类。

针对可预测因素，企业应做好应急方案。例如，企业采购运输（海运）受台风影响、企业采购运输(陆运)受暴风雪、暴风雨、严寒、冰冻的影响。可预测因素不可控,应积极采用科学的方法进行规避。具体的方法有实施增加采购库存、增加暂时供应商中间库存量等。对不可预测的因素,企业应尽最大可能将企业采购风险降低到最小。

针对企业采购风险,企业应积极面对,想办法避免风险的出现和保证企业不受损失。

防止采购风险发生,企业应建立和健全采购制度、建立和健全采购人员岗位规范、建立和健全采购机构及监督机制、建立自主完整的采购供应链系统,与供应商建立长期有效的伙伴关系,实施公正、公开的招投标方式进行采购,建立采购项目合同制,依法进行采购合同签约,只有这样才能使企业采购风险降低到最低。

2.4　生产企业采购物流管理

采购物流不仅仅是商品(物料)采购成功即可,还要将采购的商品(物料)运输到企业生产现场或仓库,也就是企业采购活动中,针对商品从供应方到需求方的商品(物料)的转移过程。采购物流运输可以在采购活动的合同中签订、约定,也可以将物料的运输委托给第三方物流公司进行输送。

生产企业采购商品的物流运输形式有三种。

1. 供应方承担物流运输

物料在采购过程中,经过供应方与采购方的谈判,在采购合同中约定,采购的物料(商品)运输由供应商来承担,供应商负责将物料(商品)运送到需求方(企业)需求地。其好处是由于供应商对物料(商品)的性质更加了解,其采用的运输方式及运输工具可能更适合物料本身,避免运输时对采购物料(商品)的损坏。

2. 需求方承担物流运输

某些生产企业自身具备物流公司(车队),企业在采购物料时,经过物料采购谈判,可能采购方运用自有的车队,将物料(商品)自行组织运回企业。

3. 第三方物流承担运输过程

采购方与供应商都不承担物料的运输任务。采购合同签订以后,采购方将物料的运输承包(委托)给更加专业的第三方物流公司,由第三方物流公司负责将物料保质、保量、准时送达到生产企业。

2.4.1　采购运输

采购运输是指采购的物料(物资)通过一定的运输手段及工具,从供应地运送到企业需求地点的过程。商品采购运输是采购物流的一部分,主要有两大功能即商品的转移、位移和商品的储存、仓储。在商品物料的移动过程中,企业强调的是运输效率,也就是用最少的时间,最低的移动成本将物料(商品)转移到企业需求的地方。

商品的运输(物流)是企业采购物流活动的课题之一,目前我国企业采购运输(物流)的形式有以下五种。

1. 船舶运输

水路运输是以船舶为主要运输工具、以港口或港站为运输基地、以江、河、湖、海等为运输活动范围的一种货物运输方式,是目前兴起最早、历史最悠久的运输方式。

船舶运输的优点是载重量大、成本低、投资少;缺点是灵活性小、连续性较差、受自然因素制约大,适应于担负大宗、低值、笨重和各种散装货物的中长距离运输。特别是海运,更适于承担各种外贸货物的进出口运输。

水路货物运输至今仍是世界许多国家最重要的运输方式,在综合运输体系中占有重要地位,为我国市场经济和对外贸易发展提供了强大的支撑和保障。

根据航行水域的性质,水运分为海运和河运两类。

海运按其航行范围和运距,分为沿海海运、近洋海运和远洋海运。

河运按其航道性质和特点,分为天然河流的内河运输,人工开挖的运河运输,以及利用水面宽阔的湖泊与水库区域等。

水路运输具有占地少、运量大、投资省、运输成本低等特点,在运输超长、大型、超重的货物时,与铁路、公路相比而言更具突出优势。对过重、过长的大重件货物,铁路、公路无法承运,而水上运输都可以完成,对于大宗货物的长距离运输,水路运输是一种最经济的运输方式。但水路运输速度通常比铁路运输等运输工具慢,而且受自然条件的限制较大,冬季河道或港口冰冻时即须停航,海上风暴也会影响正常航行。

较公路运输而言,绝大多数的水运无法实现公路运输所能实现的"门对门"的服务。水运在相当多的情况下需要公路运输相配合,才能实现物流运输的完整性。

阅读资料 2-10

水　运

人类在古代就已利用天然水道从事运输。最早的运输工具是独木舟和排筏,以后出现木船。帆船出现于公元前 4000 年,15～19 世纪是帆船的鼎盛时期。19 世纪蒸汽机驱动的船舶出现后,水路运输工具产生了飞跃。当代世界商船队中已有种类繁多的各种现代化运输船舶。

中国是世界上水路运输发展较早的国家之一。公元前 2500 年已经制造舟楫,商代有了帆船。公元前 500 年前后,中国开凿运河,公元前 214 年建成了连接长江和珠江两大水系的灵渠。京杭运河则沟通了钱塘江、长江、淮河、黄河和海河五大水系。

唐代对外运输丝绸及其他货物的船舶直达波斯湾和红海之滨,其航线被誉为"海上丝绸之路"。明代航海家郑和率领巨大船队七下西洋,历经亚洲、非洲 30 多个国家和地区。

中国水路运输在相当长的历史时期内,对经济、文化发展和对外贸易交流起着十分重要的作用。

2. 铁路运输

铁路运输具有强大的运输能力,能够负担起大批量的客货运输。2019 年全国铁路旅客发送量完成 36.60 亿人,增长 8.4%。2019 年全国铁路货运总发送量完成 43.89 亿吨,增长 7.2％。时速 160 公里至 350 公里复兴号系列动车组全部投用,标志着中国铁路科技创新迈出重要步伐,中国高铁技术将持续领跑世界。

铁路运输成本比公路、航空运输低。运距愈长,运量愈大,单位成本就愈低。铁路运输一般可全天候运营,受气候条件限制较小,具有安全可靠,环境污染小和单位能源消耗较少等优点。由于铁路运输具有上述特点,因此铁路运输适合运送经常的、稳定的大宗货物,适合运送中长距离的货物运输。

生产企业采用铁路运输的物资多为大宗货物、原材料(板材、钢材、木材等),也有零星的零部件、机床备件。

铁路运输是我国物流的重要运输工具,由于我国地域辽阔,物产丰富,东西、南北的经济发展水平不一样,物资的调动、运输量较大,加上我国目前的铁路布局和资源短缺,使我国的铁路运输相对紧张。

铁路运输不仅低成本、高效率,而且是运输工具中最为环保的运输工具,我国正在大力进行铁路基础建设,不远的将来铁路运输将能够满足国家的物流运输需求。

3. 公路运输

公路运输是现代运输的主要方式之一,它的主要优点是机动、灵活性强,而且对运量大小变化具有很强的适应性。由于汽车运输灵活方便,可实现"门对门"的直达运输,因而不需要中途倒装,既加速了中短途运输的送达速度,又加速了货物资金的周转,有利于保持货物的质量和提高货物的时间价值。公路运输还可负担铁路、水路、航空运输达不到的区域内的运输,是补充和衔接其他运输方式的运输,经常与其他运输方式组合形成复合式运输。

短距离运输时,汽车运输速度明显高于铁路运输,但在长途运输业务方面,有着难以弥补的缺陷。首先是耗用燃料多,造成运输成本过高;其次是机器磨损大,折旧费和维修费用高;再次是公路运输所耗用的人力多,若运送同样重量的货物,公路运输需配备几百名司机及车辆,因此汽车运费远高于铁路运输和水路运输。此外,公路运输对环境污染较大,汽车尾气的排放越来越被人们所重视,绿色环保、绿色运输逐渐被企业所认同。

公路运输与其他运输方式相比,投资少、资金周转快、投资回收期短,且技术改造较容易。汽车运输在载货吨位、品种、技术性能、专用车种类等方面都有了很大的改进与提高,满足了社会经济发展对运输的需要。

公路运输与其他运输方式相比较,其安全性较低。公路运输由于运输环境复杂,涉及设备、人员、道路、时间、气候等因素的影响,其不可控因素往往容易造成安全事故的发生。当前我国的公路运输事故发生量及恶性交通安全事故频率逐步提升,这与我国物流行业对运输工具的选择有着重要联系。

4. 航空运输

航空运输最大的特点是速度快,飞机的高速性具有无法比拟的特殊性。航空运输是运输业中发展较快的行业,2019 年全行业完成运输总周转量 1 239.25 亿吨公里,比 2015 年 851.7 亿吨公里增长 45.5％。航空运输不受地形地貌、山川河流的阻碍,只要有机场并有航路设施保证,即可开辟航线。如果用直升机运输,则运送物品的机动性更大。

航空运输的优点逐步被人们所认知,物流行业的快递业务大多数是采用航空运输,体现的就是"时间就是金钱,效率就是生命"的理念。

航空运输的缺点是载运能力相对较小、能源消耗大、运输成本高。

生产企业采用航空运输多为对紧急产品构件的运输。急件的采购多为时间短,没有采购计划或采购时间不充分等。企业在选择航空运输时应注意时间、资金、利润的性价比。企业只有全面地进行成本核算,才会慎重地选择航空运输。

5. 管道运输

管道运输是使用管道输送流体货物的一种运输方式,主要以石油、天然气、成品油等为输送对象,具有输送能力大、效率高、成本低及能耗小等优点。管道运输占用土地少,且不受地形与坡度的限制,易取捷径,可缩短运输里程,基本不受气候影响,可以长期稳定运行。由于节能和高度自动化,用人较少,运输费用较低,是一种很有发展前景的现代化运输方式。管道运输也存在一些缺点,它适于长期定向、定点、定品种的输送,运输物料范围较窄。生产企业采用管道运输的基本是天然气、石油、高压气体等物料。

管道运输有成本低廉、物资运输速度较快、使用寿命较长、物资可保质保量地运输到需求方,日常维护及安全较为方便等优点。但管道运输在开始基本建设期间一次性投入较大,且管道运输的建设周期及技术要求较高,其前期的投入性较大。

采购物流的运输及供应,其特点为即时性、安全性、方便性、经济性。企业在采购订单确定以后并不意味着采购任务已成功,这仅仅是采购任务的一部分,更多的是如何将优质、廉价的物料准时、准确地运送到企业需求地。这时需要的是采购人员对物料的运送路线、车辆、人员、包装要求等进行有效的选择和规划。采购物流更重视的是物料的输送效率,是物料的准时、保质、保量的送达。

2.4.2 采购物流的装卸与搬运

装卸搬运是指在同一地域范围内进行的,以改变物料的存放状态和空间位置为主要内容和目的的物流活动。无论在流通领域物流的装卸搬运还是生产领域物料的装卸搬运都是影响物流速度与物流费用的重要因素。装卸搬运具体包括装上、卸下、移动、分类、堆垛等活动,在物流活动中起承上启下的作用。

装卸搬运是物流工作的一种辅助作业,物流作业中若没有装卸搬运就不可能构成一个完整的物流作业,因此生产企业物流的装卸搬运合理化是物流工作的组成。

装卸搬运实际是两种生产活动的定义,但由于装卸搬运在生产实际工作过程中往往同时出现,不可分割,因此现阶段经常将两者并为统一体,称为装卸搬运。

国家的标准定义是:装卸是指将物品在指定地点以人力或机械装入运输设备或从运输设备上卸下的活动;搬运是指在同一场所内将物品进行水平移动为主的物流作业。

装卸搬运效率的高低,质量的好坏,成本的大小,都与企业物流活动关系密切。装卸搬运的合理化、科学化、规范化是加快运输工具周转、加快物品运转、减少企业资金占用、减少货物损失的重要手段。

1. 装卸搬运的特点

（1）装卸搬运的伴随性

装卸搬运是物流活动开始及结束时必然发生的活动。物料的运输势必要产生物体在空间的上下、水平位移。装卸搬运是物流操作时不可缺少的组成部分。

（2）装卸搬运增加企业成本

物料采购运输过程中，装卸搬运次数增加，势必使企业在用工及设备使用，劳动生产时间及效率上产生成本支出，造成企业成本加大。

（3）装卸搬运的起讫性、制约性

装卸搬运的途径、距离有限，有开始点和终止点，因此装卸搬运距离不宜过长，且受库房、堆场条件的制约。

（4）装卸搬运对象的复杂性

在企业采购物流过程中，企业需要的物料品种、数量、规格、重量、包装、体积各不相同，而且运输工具也各不相同，造成物流搬运的对象及工作方法不尽相同，因此装卸搬运选用的设备设施也各不相同。

2. 装卸搬运的分类

生产企业对装卸搬运作业的方法有人工装卸搬运和机械装卸搬运两大类。人工装卸搬运主要是靠人的体力来进行物料的装卸搬运，受物料的大小、数量、搬运距离的限制，随着科学技术的发展，逐步被机械装卸搬运所取代。机械装卸搬运适用于较为宽阔的物流场地，其特点是速度快、效率高，可以全天候进行。

按搬运的物品分类可以把装卸搬运分为普通物品装卸搬运、危险物品装卸搬运两类。普通物品的装卸搬运可以按正常的作业方式进行；而针对危险品的装卸搬运应启动特殊作业程序，针对危险品的特性，应采用专门的运输工具、专用的方法来进行。

按物料的包装形式可以把装卸搬运分成单件物品装卸搬运、单元物品装卸搬运和散货的装卸搬运。

单件物品装卸搬运大多采用人工装卸搬运方法。除特殊单件的体积、重量超标而采用机械装卸搬运外，基本采用人工搬运，适用于对贵重、易碎、体积较小的物品或特定场合的装卸搬运。

单元搬运一般指把物品集中在一起作为一个运输搬运的单位，借助托盘类、货筐类包装的物料装卸搬运。此类货物的装卸搬运多采用叉车，牵引车与人工配合进行。例如，托盘作业法、集装箱搬运法、货捆搬运作业法。

散货的装卸搬运是指散装货物（煤炭、矿石、稻谷等）的装卸搬运，多采用抓斗、自动装卸机或人工的装卸搬运方法进行。例如，重力法、倾翻法、机械法（抓斗、铲车）。

生产企业在制造的过程中，装卸搬运工作可根据作业性质分为堆垛、码垛、货物位移。堆垛、码垛是装卸搬运工作的一部分。生产企业的采购物料送达验收时，企业理货人员对货物进行验收、入库必然会产生相应的堆垛、码垛、上架的工作程序。堆垛、码垛工作基本在库房及堆场进行，就是将采购的物料从运输工具上卸下验收，同时将验收合格的物料在库房中进行存储的方式。

　　生产企业在生产制造的过程中针对物料定期进行货物盘点作业时经常产生物料(货物)移位。企业为了更有利于物料的盘点工作,将物料从相应的存储区移位到物料盘点区的工作,也就是盘点货物移位搬运。

3.装卸搬运的设备与设施

（1）物料在装卸搬运过程中经常使用机械设备进行辅助工作

　　机械设备的引入可以加快装卸搬运的效率,减轻工人的劳动强度,使装卸搬运工作的质量也有所提高。生产企业常用装卸搬运的设备有叉车(如图2-3所示)、牵引车(如图2-4所示)、推车(如图2-5所示)和台车(如图2-6所示)。

图2-3　叉车　　　　　　　　　　　图2-4　牵引车

图2-5　推车　　　　　　　　　　　图2-6　台车

（2）托盘

　　托盘是指为了便于货物装卸、运输、保管和配送等而使用的可以承载若干数量物品的一种基本的物流搬运器具,在商品流通中具有广泛的应用价值,被誉为"活动的地面"、"移动的货台"。托盘常用的材料有木质、铁质以及塑料。托盘如图2-7所示。

（3）输送机

　　输送机主要应用于物料的水平位移,有时水平及垂直同时进行。其特点是运输搬运速度快、省时、省力、省人工。输送机的应用,可以使材料的装卸搬运速度加快,常用于集装箱掏箱、散货短距离搬运工作。输送机如图2-8所示。

图 2-7　平托盘和柱式托盘

图 2-8　辊道式输送机和带式输送机

（4）起重机

主要应用于物料的垂直位移，也可以根据生产的需要将物料进行角度转移和水平位移。起重机应用于体积和重量较大的物品。起重机如图 2-9 所示。

图 2-9　悬臂式起重机和电动葫芦

4. 搬运活性指数

在进行物料的装卸搬运的过程中，企业为了更好地描述和管理装卸搬运工作，将被装卸搬运的物料划分成不同的现实存在状态，并将各状态赋予固定数值，以便于科学分析和总结。搬运活性指数的应用，可以使企业生产工作更加均衡，使企业生产管理更加数据化和更加有说服力，对员工的劳动工作强度进行更好的评估、改善。

人们把货物及物品的存放状态,对装卸搬运的方便难易程度叫搬运活性。

用来表示各种状态下的物品搬运活性的参数叫搬运活性指数。

物料的装卸搬运活性指数如表 2-1 所示。

表 2-1　搬运活性指数

物品所处状态	作业种类				需要的作业数目	搬运活性指数
	集中	搬起	升起	运走		
散放在地上	√	√	√	√	4	0
在集装箱中	×	√	√	√	3	1
放在托盘上	×	×	√	√	2	2
已放在车中	×	×	×	√	1	3
运动的运输机上	×	×	×	×	0	4

搬运活性指数的应用可以使配送中心的运营数字化,装卸和搬运的过程可以用具体的数字来评估,计算某材料装卸搬运的平均指数,可以分析、总结搬运过程的细节,减少浪费,进而提高劳动效率,降低成本。

5. 装卸搬运合理化

企业在生产管理过程中,物料装卸搬运的效率是企业生产成本、生产效率的重要支柱,其效果直接影响企业生产运营,因此企业应重点关注此项工作,应制订科学合理的管理方法进行管理。

(1)搬运路线的制订与策划

根据企业生产现场、仓储中心及生产需求,合理制订装卸搬运路线来减少装卸搬运的距离以及车辆路线的交叉的运行对效率的影响,保证企业生产计划的顺利运行。企业内部装卸搬运路线应设计合理,减少叉车、牵引车的空驶,道路交叉等因素。

(2)合理选择装卸搬运设备

充分合理利用现代装卸搬运工具,不仅可以提高装卸搬运的效率,同时可以保证物料的完好质量。搬运设备与人工的搭配及选择,还应注意到企业成本的投入,设备设施过多或使用不当,会造成企业运输成本的增加,装卸搬运效率的降低。

(3)装卸搬运的单元化

装卸搬运的单元化不仅仅是为了更好、更快地运输及搬运,同时物料的单元化包装设计可以使生产企业提高劳动效率,降低企业成本。

例如,企业与供应商共同设计物料包装,使物料包装既可以满足物流运输的需求,又可以符合供应商以及生产企业生产线的需求,物料可以直接运送到生产工位投入生产,满足了生产企业的需要。

(4)减少装卸搬运次数

企业生产过程中,装卸搬运是不产生效益与利润的。严格地说,装卸搬运是属于生产企业工作过程中的浪费。我们应尽量减少物料的装卸搬运次数。物料的装卸搬运次数过多,在产品质量上势必产生物料的损伤,多一次装卸搬运,就多一次可能损坏产品的机会,就会使企业成本增加一次,相应使企业的人工数量、人工成本增加,使企业设备磨损增加。

因此,企业在物流管理过程中应尽量减少物料的装卸搬运次数。

(5) 提高物料的装卸搬运活性指数

物料的存放状态和运输状态对物料的装卸搬运起着很大的影响作用。企业在采购散装货物时,散装物料的装卸与搬运的劳动量增大、劳动效率降低、装卸搬运成本自然增大。企业在购买散装货物时,尽可能地将货物袋装化、罐装化,增大物料的装卸搬运指数,这样可以降低物料的数量损失,同时也可以降低物料的运输成本。

企业采购物料包装单元化,可以促使企业物流运输效率提高,并且已在运输工具上或托盘上的物料,其装卸搬运的效率、质量、成本相对散货更加优越。

2.4.3　采购物流的评估

每一项重要采购任务结束后,企业管理层应对该项目进行一系列的评估和审核。企业日常采购任务异常繁杂和琐碎,针对每一项采购任务进行评估与考核是不现实的,企业只能针对一些资金额度较大、长期供应的采购和大宗(大批量)采购项目进行评估、改善。

企业针对采购项目评估,其目的就是要总结本次采购的优点,建立标准化采购程序,总结本次采购的不足以防止类似现象再次发生。

企业要对某一采购项目进行评估,就要严格、科学地认真对待,要建立一个评估、考核的标准流程及具体的评估指标,要建立组织一个评估团队进行具体操作与评审,最后给企业管理层提交一个评估报告。

一般情况下,采购项目评估团成员由财务控制部、生产控制部、采购部、用户(提计划部门)、审计部、纪委等部门派员组成。评估报告由评审团成员共同进行讨论,逐项评审,最后确定意见,指派一人进行编写,各参与人员签字,提交企业管理层。

在评审过程中,采购部应积极组织配合,进行有效汇报,并对评审团提出的问题据实回答,应正确面对评审和考核。采购的评估与考核目的是对采购任务进行认真总结,对成功的经验建立标准作业流程以利于推广,对不足之处建立规范以警示日后工作并加以防范。

评估团成员也应积极面对采购评估工作,明确采购评估不是"鸡蛋里挑骨头",而是在肯定采购工作成功的基础之上(因为采购任务的完成,已满足生产需求)对采购质量的完善和提高,是帮助采购部门进行积极的工作总结。

采购评估标准流程如图 2-10 所示。

企业对物料的采购评估考核内容具体有以下五个方面。

(1) 是否保质、保量、准时将原材料(零部件)采购到企业生产需求地。

(2) 采购过程中是否本着精益思想,用最少的资源(人员、资金、时间、设备等)实现了采购目标。

(3) 采购过程中是否有新的、更优秀的供应商得以发现和开发,为日后企业生产所用。

(4) 在采购过程中,是否应用了新的采购方式、采购方法及新的采购理念。

(5) 采购中是否符合公司的采购制度要求,各文件(合同、票据)是否齐全。

由于采购活动与市场变化息息相关,针对市场的变化,采购评估重在督促和促进采购工作,要积极鼓励采购人员采用更先进、更科学的方法进行采购。评估是总结经验,评估是为了更好地规避采购风险,同时也是企业对采购工作的有效管理方法。

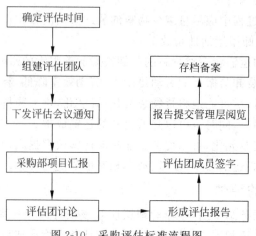

图 2-10　采购评估标准流程图

采购评估不仅仅是针对采购物料进行价格评估，而是针对生产企业采购过程及采购物流（流程）进行有效的评估，使生产企业在采购管理工作中能够吸取教训、总结经验，更好地为生产服务。

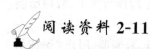

阅读资料 2-11

公司采购管理规定

第一条　请购单

（1）应按照存量管制基准、用料预算，并参考库存情形开立请购单，逐项注明材料名称、规格、数量、需求日期及注意事项，经本单位主管审核后按规定逐级呈核并编号，最后送采购部门。

（2）来源与需用日期相同的物品材料，可以一单多品方式提出请购。

（3）特殊情况需按紧急请购办理时，可在《请购单》"备注"栏注明原因，以急件递送。

（4）公务用品由物管部门按每月实际耗用状况，并考虑库存条件，填写《请购单》办理请购。

（5）以下总务性物品可免开清单，而以《总务用品申请单》委托总务部门办理，例如，贺、奠用物品，招待用品，书报、名片、文具、报表等，以及小额采购的材料。

第二条　批准权限

请购批准权限规定如下。

（略）

第三条　采购规定

（1）内购由国内采购部门负责办理，外购由国外采购部门负责办理，其进口事务由业务部门办理。采购重要材料应由总经理或经理直接与供应商或代理商议价。对于专项用料，必要时由经理或总经理指派专人或指定部门协助办理采购。

（2）采购部门应按材料使用及采购特性，选择最有利的方式进行采购。

集中计划采购：对具有共同性的材料，应集中计划办理采购。经核定材料项目，通知各请购部门提出请购计划，报采购部门定期集中办理。

长期报价采购：凡经常使用，且使用量较大的材料，采购部门应事先选定厂商，议定长期供应价格，报批后通知各请购部门按需提出请购。

（3）采购部门应按采购地区、材料特性及市场供需状况，分类划定材料采购作业期限，并通知各有关部门。

第四条　国内采购作业

1. 价格

采购人员接《请购单（内购）》后应按请购事项的缓急，并参考市场行情、以往采购记录或厂方提供的报价，精选三家以上供应商进行价格对比。

如果报价规格与请购单位的要求略有不同或属代用品，采购人员应检附有关资料并于《请购单》上予以注明，报经主管核签，并转使用部门或请购部门签注意见。

属于惯例超交者（例如最低采购量超过请购量），采购人员应在议价后在《请购单》"询价记录栏"中注明，报主管核签。

对于厂商报价资料，经办人员应深入整理分析，并以电话等方式向厂方议价。

采购部门接到请购部门紧急采购口头要求后，主管应立即指定经办人员先做询价、议价，待接到请购单后即按一般采购程序优先办理。

2. 呈批

询价完成后采购经办人员应在《请购单》详填询价或议价结果，拟定"订购厂商"、"交货期限"与"报价有效期限"，经主管核批，并按采购审批权限呈批。

3. 订购

采购经办人员接到已经审批的《请购单》后应向厂方寄发《订购单》，并以电话确定交货日期，要求供应方在《送货单》上注明"请购单编号"及"包装方式"。

分批交货时，采购人员应在《请购单》上加盖"分批交货"章以便识别。

采购人员使用暂借款采购时，应在《请购单》加盖"暂借款采购"章，以便识别。

4. 进度控制

国内采购部门可分询价、订购、交货三个阶段，依靠《采购进度控制表》控制采购作业进度。

采购人员未能按既定进度完成采购时，应填制《采购交货延迟情况表》，并注明"异常原因"及"预定完成日期"，经主管批示后转送请购部门，与请购部门共同拟定处理对策。

5. 单据整理及付款

来货收到以后，物管部门应将《请购单》连同《材料检验报告表》（其免填《材料检验报告表》部分，应于收料单加盖"免填材料检验报告表"章）送采购部门与发票核对。确认无误后，送会计部门。会计部门应于结账前，办妥付款手续。如为分批收料，《请购单（内购）》中的会计联须于第一批收料后送会计部门。

内购材料须待试用检验后，其订有合约部分，按合约规定办理付款；未订合约部分，按采购部门报批的付款条件办理付款。

短交,待补足者,请购部门应依照实收数量,进行整理付款。

超交,经主管批示后方可按照实收数量付款,否则仍按原订货数付款。

第五条　国外采购作业

1. 价格

外购部门按照《请购单(外购)》需求急缓加以整理,依据供应商报价,并参考市场行情及过去询价记录,以电话(传真)方式向三家以上供应商询价。特殊情形(比如独家制造或代理等原因)除外,但应于《请购单(外购)》注明。在此基础上进行比价、分析、议价。

请购材料规范较复杂时,外购部门应附上各供应商所报的材料主要规范并签注意见,再转请购部门确认。

2. 呈批

比价、议价完成后,由外购部门填具《请购单》,拟定"订购厂家"、"预定装运日期"等,连同厂方报价,送请购部门按采购审批程序报批。

采购金额在8 000元以下者由经理核决;采购金额超过8 000元者由总经理核决。

采购项目经审批后又发生采购数量、金额等变更,请购部门须按新的情况所要求程序重新报批。若更改后的审批权限低于原审批权限时仍按原程序报批。

3. 订购

《请购单(外购)》经报批转回外购部门后,即向供应商订购并办理各项手续。

如需与供应商签订长期合约,外购部门应将签呈和代拟的长期合约书,按采购审批程序报批后办理。

4. 进度控制

外购部门依照《请购单(外购)》及《采购控制表》控制外购作业进度。

外购部门在每一作业进度延迟时,应主动开具《进度异常反应单》,记明异常原因及处理对策,据以修订进度并通知请购部门。

外购部门一旦发现外购"装船日期"有延误时,即应主动与供应商联系催交,并开立《进度异常反应单》记明异常原因及处理对策,通知请购部门,并按请购部门意见办理。

第六条　价格品质复核

1. 价格复核

采购部门应经常调查主要材料市场行情,建立供应商资料,作为采购及价格审核的参考。

采购部门应对企业内各公司事业部所列重要材料提供市场行情资料,作为材料存量管制及核决价格的参考。

2. 品质复核

采购单位应对企业内所使用的材料品质予以复核,并形成完整资料备查。

3. 异常处理

审查作业中若发现异常情形,采购单位审查部门应即填写《采购事务意见反映处理表》(或附书面报告),通知有关部门处理。

第七条　本办法呈总经理核批后实施,修订亦同

本 章 小 结

采购物流是生产企业物流的开始,首先,本章从企业采购开始讲起,讲解了企业采购的内涵、意义、分类,通过阅读资料、案例解读学习了解采购人员的职责、规定、流程等生产企业制度;讲解了企业现代采购方法定点采购、JIT 采购法等;详细讲解了采购成本以及成本控制方法来确保生产企业采购能够满足生产需求。

其次,本章详细讲解了企业采购物流中的供应商管理,包括供应商分类、选择、质量管理等;还进一步讲解了生产企业采购流程及风险、风险控制的方法;讲解了企业采购计划的编制、采购合同的建立、采购风险的分类,从而对企业生产采购物流有一个更好的了解。

最后,本章详细介绍了采购物流中的运输管理及物料的装卸搬运管理;讲解了物料装卸搬运的设备;讲解了企业采购物流的评估及方法,使学习者对生产企业采购有一个全面的了解。

练习与思考

1. 练习题

(1) 什么是采购?采购如何分类?

(2) 什么是定点采购?什么是 JIE 采购方式?

(3) 影响采购价格的因素有哪些?

(4) 供应商类型及管理方法有哪些?

(5) 陈述供应商开发、选择及评估步骤。

(6) 陈述采购合同、分类及采购合同内容。

(7) 什么是采购风险?如何分类?控制方法有哪些?

(8) 采购运输有哪几类?

(9) 装卸搬运有什么特点?

(10) 什么是装卸搬运活性指数?

2. 调查思考题

(1) 详细陈述企业采购成本及其控制的方法。

(2) 描述企业生产采购流程。

(3) 如何实现装卸搬运合理化?

要求:

(1) 以 6~8 人为一小组,共同完成作业。

(2) 每小组指定一人进行汇报、交流。

(3) 以小组为单位进行评估、记分。

(4) 小组汇报内容要以书面形式进行展示,进行各组间的交流沟通。

第 3 章

生产物流管理

学习要点

☺ 了解企业生产、生产类型及生产管理。

☺ 丰田生产方式及其经营理念。

☺ 生产企业的浪费与识别。

☺ 什么是准时化、准时化生产的前提、准时化生产看板工具。

☺ 什么是自働化，丰田公司的自働化特点。

☺ 企业生产计划的编制与应用。

☺ 企业物料需求计划编制与应用。

☺ 生产现场物流管理及意义。

☺ 生产现场物流的人员、物料、安全、设备管理方法。

☺ 企业生产物流的现场 5S 管理、目视管理。

☺ 企业生产现场的准时化物流管理。

　　企业生产过程是产品的生产制造过程，也是从原材料的投入到企业成品产出的物流伴随供应过程。生产物流管理是企业管理者从产品生产过程中以物料需求、组织、供应为切入点而进行的生产管理以及如何组织生产的管理方法。

　　生产物流管理是企业生产正常运营的关键环节，认真研究企业生产物流管理有利于企业物料管理的控制及优化，有利于提高企业生产效率，降低企业生产成本，从而提升企业在市场中的竞争力。

　　不同的生产企业，生产物流管理的侧重点也不尽相同。制造业的生产物流管理侧重于物料的供应，也就是针对企业的生产节拍和生产需求而组织物料的准时采购、及时供应及企业生产线物料配送等活动。

　　如何做好企业生产物流？如何使生产物流满足企业生产、服务于生产现场？如何更好地从物流管理入手，使企业生产得以顺利进行并降低企业的运营成本是目前生产企业着重研讨的课题。

　　企业生产物流的研究和应用，必须立足于本企业生产的需要，服务于本企业生产需求。生产物流管理必须符合本企业的生产方式，要想做好企业生产物流管理，必须深入探讨企业生产管理过程，了解企业生产管理模式并掌握企业生产模式、管理方法、员工素质，才能更好地进行物流管理与实施。推行生产物流管理只有做到知己知彼,对企业全面了解,才能更好地使物流管理服务于企业生产。

3.1　生产概述

学习生产物流管理必须对企业的生产过程有所了解和掌握,也就是要想做好生产物流管理,首先要认真学习、掌握企业生产的运作及管理。不懂得企业生产运作过程,不懂得生产计划的制定,不懂得生产装配流程、工艺,空谈生产物流管理对生产有指导和帮助作用,将成为"海市蜃楼"、"空中楼阁"。

做好一名生产物流管理人员,自身必须具备多种企业生产管理的知识与技能。例如,生产计划的制定、产品销售计划的制定及预测、生产物料供应计划的编制、生产节拍、生产现场管理、生产现场目视管理等一系列生产必备知识。

1. 生产

对于制造业而言,生产即为制造(加工)产品,也就是从原材料投入到制造出合格产品的过程。

企业生产组织就是企业管理者将企业一切可利用的资源(人员、资金、设备、环境、材料等)进行充分调配,使之发挥出最大的功能,使企业获得更大的利润。企业生产组织是企业管理的重要课题,是企业获得利润的主要管理方式。

生产企业组织生产每天面临的问题大致可归结为以下三个方面。

(1) 交货期。根据用户(市场)的要求,在规定的时间内,制造出合格的产品交付给用户。交货期能否如期完成,将关系到企业在市场的发展与生存。

(2) 质量。企业生产的产品必须符合国家标准、行业标准,满足市场、用户的需求。企业的产品质量是企业的"第一生命",企业的产品质量能否满足市场的要求,将决定企业产品在市场中的占有份额,将决定企业的生命力。

(3) 成本。企业在生产过程中所需的一切费用总和。商品社会是一个市场经济竞争异常激烈的市场,企业产品的价格将决定产品在市场的销售情况。市场(用户)需要的是物美价廉的产品,优质优价,同质低价是产品在市场竞争中的法则。

企业生产的物品为产品,是为满足社会需求而服务的。企业生产过程的实质是充分利用 4M(人员、机器、材料、方法)来保证产品的质量、成本、交货期,从而达到企业获利的目的。

2. 管理

管理是对一种有组织的活动所进行的有序规划和控制。随着社会的进步,人类的发展,人类生存从个体走向了群体,从群体生活走向了有组织的集体活动(劳动)。自从人类有了组织的活动,就相应地产生了管理。初期的管理仅仅是为了能够组织在一起或是某种经验的传授,进入到 19 世纪末期,管理思维、方法才渐渐形成,进入到理论阶段,形成了管理理论及科学的管理思维。

当今世界上对管理的定义很多,早期的管理学者玛丽·帕克福莱特给管理下的定义,就是"通过他人来完成工作的一门艺术"。

这一定义充分说明了管理的一个重要特性,即管理者不是亲自独立完成某项工作(作业),而是通过将任务(工作内容、工作量)委托给他人来完成,也可以理解为工作的目标下达或分解。同时,管理被定义为一门艺术,其含义广泛,包括管理者如何配备和使用企业的有效资源(人力、资金、设备、时间);如何更合理地应用企业资源,使工作目标分解后,能够按预期、计划完成;针对工作的实施,管理者本身应具有的控制能力。

该定义既简练又含义深邃,既给管理者指明了方向,又给管理者工作以适时充分发挥个人能力及魅力的空间。没有给人以更多的条条框框,没有限制人的思维,可以使管理方法不断得到创新、发展。

3. 生产管理

生产管理是指企业针对产品的制造过程而进行的一系列管理行为。企业生产管理内容繁多,包括企业生产安全管理、人事管理、产品质量管理、成本管理、交货期管理、生产设备管理、技术与研发管理等。

生产管理是企业管理科学的一部分,是针对企业产品的生产过程而进行的控制,又称为生产控制管理。生产管理就是为了达到企业的目标(产量、质量、交货期),设置技术上可行、经济上合算、物质技术条件和环境条件允许的生产系统和规范。通过企业生产计划,制订和管理生产系统优化运行的方案。通过生产控制工作,及时有效地调节企业生产过程的各种关系,使生产系统的运行符合既定生产计划的要求,实现预期生产的品种、质量、产量、出产期限和生产成本的目标。

生产管理的目的就在于做到投入少、产出多,合理使用企业有效资源,使企业生产经营取得最佳经济效益。

生产管理是从订单管理、生产计划管理、采购计划管理、生产投产管理、物料需求计划管理、采购管理、应付款管理、仓库管理、材料管理、半成品管理、生产过程管理、不良品管理、外协管理,到最终产品入库、订单完成的管理过程。有效的生产管理,可以高效地控制企业生产流程,降低企业物料及资金占用,提高企业生产运作效率。

4. 生产企业类型

(1) 预估式生产

预估式生产,就是企业针对市场产品的需求、样式、数量、规格进行预测,并针对预测而进行的生产计划编制、组织生产的方法。

预估式生产的关键在于企业对市场销售预测的准确性把握,需要企业的销售部门对产品市场有极其准确的掌握。另外,企业的产品在市场消费过程中有主导用户的消费或者引导消费者的能力。

采用预估式生产的企业,多是产品在市场中占有额度较大的知名企业。这样的企业对市场有着充分、细致的掌握。它们的产品大多数是领导市场潮流,并引导消费者如何进行消费。

预估式生产方式有以下特征。

① 容易实现均衡生产。

② 产品的类型、样式基本固定(在一定时期内)。

③ 产品制造多应用专业机床进行组织生产。

④ 容易采用流水线生产方式生产。

⑤ 产品生产过程分工较细,操作技能要求不高(熟练工种)。

⑥ 生产效率高,制造成本较低。

⑦ 制造工艺成熟化、标准化。

预估式生产多适用于家电、服装、汽车等行业。

预估式生产组织流程如图 3-1 所示。

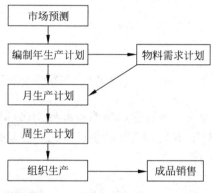

图 3-1　预估式生产组织流程图

（2）订单式生产

订单式生产就是企业针对市场的需求,根据用户订单对产品品种、数量、质量的要求而组织进行生产来满足市场(用户)的需求。

订单式生产要求企业有一定的应变能力(柔性生产能力),其工作条件与加工生产的技术能力较强。订单式生产多为多品种少量或单件生产,工作量不易均衡。

订单式生产具有以下特征。

① 产品种类较多,数量较少,不易大批量生产。

② 以销定产,库存积压较少。

③ 生产产品的设备多为万能设备。

④ 产品制造周期较长。

⑤ 由于生产品种较多,工艺复杂,生产员工技能要求较高。

⑥ 可以快速地满足市场(用户)的需求。

订单式生产多应用在船舶、桥梁、大型设备的制造。现阶段由于订单式生产方式可以减少库存,降低企业运行成本,逐步演变到汽车制造业,尤其是日系汽车制造厂。

订单式生产流程如图 3-2 所示。

（3）混合式生产

混合式生产就是生产企业既采用预估式生产方式,又采用订单式生产方式组织生产。企业根据市场对产品的需求不同,采用不同的生产方式。混合式生产方式最大的特点就是能够满足企业对市场的变化,以订单式生产降低库存量,同时也以预估式生产降低企业的生产成本。

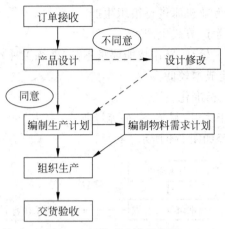

图 3-2　订单式生产流程图

混合式生产可以使企业更好地适应市场的需求与变化,但需要企业有更好的管理团队,有一支素质高的员工队伍,有更加良好的生产工艺和质量保证体系,只有同时具备这些条件,才能使生产顺利进行。

3.2　先进的生产管理

人类科技的发展与进步,市场全球化贸易的开展,促使市场产品的交易量空前增长。人类对商品需求的增加,市场交易量的增大,促使企业在产品制造过程中不断提高生产效率。企业要不断地探索更好、更快、更低的成本生产产品的方式。

科学技术的不断发展,社会的进步,使产品的制造从手工作业走向了流水线生产,人类在生产产品的方式和工艺不断得到更新与改善。生产作业从个体逐步走向了集体、群体,乃至现代的自动化生产。

3.2.1　生产制造发展阶段

制造业是工业社会发展的主体部分,制造业的发展问题是经济社会发展中的一个永恒主题。随着经济全球化的进一步深化,世界制造业产业结构调整、升级和转移的步伐进一步加快。

人类生产制造产品的历程随着人类的进步与社会的发展经过了几个重要阶段,每个阶段都有其重要的特色,每个阶段的发展都使人类社会向前迈进一步,每一个进步都预示着人类又一次向文明社会、高科技社会迈进一步。

1. 个体手工制造阶段

个体手工作业阶段主要是以个人技术为主,生产单一,生产产品的数量及生产规模较小,制造者负责从产品的原材料寻找开始,贯穿产品的制作,产成品的销售各环节,产品生产人员贯穿在整个过程,既是制造者也是销售者。

个体手工加工阶段,更加注重的是制造者的个人生产技能。其生产的产品样式设计、质量控制仅靠生产者的技术水平和责任心。由于产品的销售量小,生产人员少,不存在管理与生产计划、生产组织的过程。

2. 集体规模化生产阶段

人类社会的不断发展,商品贸易区域的逐步扩大,社会的繁荣使商品交易对商品的需求量不断增大,个体手工制造的产品已远远不能满足社会对产品的需求量,同时社会的进步使社会的组织结构发生了改变,产品生产逐步走向了集体规模化阶段。

集体规模化生产方式一直延伸到 18 世纪 70 年代工业革命,一直是工业生产组织的基本形式,它有以下特点。

首先,集体规模化仍以手工劳动为基础,操作者集中在一起进行产品加工。这是与后来机器生产的主要区别。

其次,集体规模化不同于以前家庭手工业(个体手工制作),它已经是较大规模批量制造产品了,并逐渐实行了生产制造过程的分工。

生产制造分工,使操作者经常从事某一生产环节的操作,技巧更加熟练,不仅提高了劳动生产率,增加了生产制造改进技术的机会,同时产品生产的数量也大有提高。生产制造过程的分工,给日后大规模组织生产以及流水线方式生产做好了准备。

3. 大规模生产、流水线阶段

制造企业的生产管理模式随着时代的变迁,社会的发展、科学技术的提高而不断更新变换。20 世纪 20 年代开始出现了"第一次生产方式革命",即单一品种(少品种)大批量生产方式替代手工制造单件生产方式。

企业产品分工序生产加工,企业员工操作加工零部件的某一工序,形成了产品生产流水线加工方式。流水线生产方式的出现是制造业生产加工方法的一次革命,流水线使产品的制造速度、质量大有提高,生产制造成本显著降低,流水线的生产方式更适合单一品种大批量生产。

4. 精益生产阶段

"精益生产"是美国麻省理工学院数位国际汽车专家对日本丰田汽车制造公司进行细致考察研究后对"丰田生产方式"的赞誉。

精益生产的精,即少的意思,企业生产制造过程中不投入多余的生产资源(人员、资金、设备、材料等),只是在恰当的时间生产必要数量的市场急需产品(或下道工序急需的产品)。

精益生产的益,即指企业所有生产经营活动都要获得效益,具有经济性。

精益生产就是以最少的投入,获得最大的利润。这是当前制造业最为推崇的一种生产组织形式和方式,是企业获得更多利润的最佳方法。

精益生产是第二次世界大战后日本汽车工业遭到的"资源稀缺"和"多品种、少批量"的市场制约的产物,它是从丰田公司创始人丰田佐吉开始,经丰田喜一郎、大野耐一以及无数丰田公司优秀管理人员等人的共同努力推行、总结,才逐步完善而形成的企业管理体系和文化。

精益生产既是一种以最大限度地减少企业生产所占用的资源、降低企业管理和运营成本为主要目标的生产方式,又是一种企业管理的理念和企业文化。实施精益生产既是决心追求完美的历程,也是追求卓越的过程。它是支撑个人与企业生命的一种精神力量,也是在永无止境的学习过程中获得自我满足的一种境界。其目标是精益求精,尽善尽美,永无止境。精益生产可以帮助企业追求的是最后实现七个"零"的终极目标。

精益生产的实质是管理过程，包括人事组织管理的优化，大力精简中间管理层，进行组织扁平化改革，减少非直接生产人员；推行生产均衡化、同步化，实现"零"库存与柔性生产；推行全生产过程（包括整个供应链）的质量保证体系，实现"零"不良品，减少和降低企业生产环节上的浪费，实现"零"浪费，最终实现拉动式准时化生产方式。

精益生产的特点是消除一切浪费，追求精益求精和不断改善。精益生产就是消除掉生产过程中一切无用的工作环节，每个工人及其岗位的安排原则是必须增值，撤除一切不增值的岗位。精简是它的核心，精简产品开发设计、生产、管理中一切不产生附加值的工作，旨在以最优品质、最低成本和最高效率对市场需求做出最迅速的反应。

3.2.2　丰田生产方式

改革开放以来，我国的制造业在不断地高速发展，我国已然成为世界的工厂。制造业在产品制造过程中的竞争异常激烈，既要生产优质的产品，又要满足市场的个性化需求，还要降低企业生产成本，种种竞争因素促使制造业必须以更加优秀的生产方式及管理方式对企业进行管理，使企业能够在竞争的市场中站稳脚跟。

市场表面竞争是产品价格、质量，而实际企业的竞争更主要表现在以下三点。

其一，企业能否快速响应顾客的需求。

其二，企业产品成本能否不断下降从而降低产品的价格。

其三，企业管理方法能否不断改善、创新。

制造业的发展历程告诉我们，企业目前适应市场竞争的管理方法已进入了"多品种、少批量、柔性生产时代"。"丰田生产方式"已逐步被世界很多企业所接纳，各行各业都相应的在丰田生产方式中寻找适应本企业的应用方法。今天丰田生产管理在制造业中正以其骄人的业绩而光芒四射。

丰田生产方式是世界公认的、科学的精益生产方式，吸收、借鉴丰田生产方式，结合实际形成科学、高效的管理体系，大幅度降低企业的生产运营成本是至关重要的。

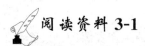 阅读资料 3-1

丰田生产方式的应用

长春一汽轿车股份有限公司通过推行丰田生产方式（TPS）给企业生产运营带来了巨大的变化。

一汽轿车股份有限公司原来的一个焊装车间通过重新规划改造分为两个焊装车间，人均劳动生产率提升 90%；公司在组织红旗焊装车间搬迁的过程中，通过科学论证，合理布局与规划，将原生产使用面积减少 56%，人员使用量减少 26%，保证了原来单班年产 1.5 万辆的生产能力。

通过推行丰田生产方式（TPS），一汽轿车股份有限公司直属油漆车间经过不断地更新改善，不断地发动员工积极提合理化建议，车间的产能从 3 万辆提升到 6 万辆，单车材料成本降低了 31%，车身脏点降低了 97%。

一汽轿车公司下属的一轿厂红旗生产线在没有增加人员和设备的情况下,从年产量 3 千辆提高到 1.5 万辆,产能增加 400%;公司下属第二发动机厂 I4 发动机新装配线方案优化了三次,共减少投资 1 337 万元;公司下属长春齿轮厂运用丰田生产方式(TPS)中一个流理念改善 41 条生产线,共搬迁设备 303 台,节约生产使用面积 270 平方米,减少生产线在制品 9 721 件,降低人工成本 347 万元。

1. 什么是丰田生产方式

丰田生产方式就是关于生产系统设计和运作的综合体系,它包含着制造产品、生产管理、物流管理的思路,既是先进的思想观念(企业文化),更是工作实务、问题处理的优秀方法。也就是说,丰田生产方式既是在产品设计、生产计划编制、生产运作、企业组织与管理、物流等方面非常有用的普遍处理问题的思想体系,又是为了实现它而进行研究、实践并验证有效性的许多实务要素技术过程的实际系统。

丰田生产方式是丰田公司从长期实践中总结和开发并体系化了的生产管理方式。其目的是要通过在企业生产管理过程中彻底消除浪费,提高生产效率,提高产品质量,使企业获得利润。长期以来,丰田生产方式已成为丰田公司的核心竞争力,现在已经被世界各企业经营管理纷纷效仿。

丰田生产方式是丰田公司在企业生产运营及企业组织生产的过程中逐步建立和完善起来的完整体系,其主要经营理念就是通过消除企业运营中的浪费来降低产品制造成本,缩短生产周期,提高企业生产效率,提升企业的竞争力。

丰田生产方式中不断提出要消除企业生产中的浪费,丰田公司给浪费下了一个严格的定义,包括两个方面。

(1) 不为顾客创造附加价值的活动,都是浪费。

(2) 尽管是创造附加价值的活动,但所消耗的资源如果超过了"绝对最少"的界限,也是浪费。

基于对浪费的严格定义,丰田公司认为,企业在生产制造过程中,有相当大的一部分工作活动属于浪费现象。企业要认真分析和对待浪费现象,从工作中识别浪费现象并加以改善,从而减少企业成本支出。

2. 丰田生产方式经营理念

丰田生产方式的核心理念就是消除浪费,而它的管理理念也都是围绕这一核心理念展开的。企业生产运营的目的是要获得利润,要通过获得利润来保障企业的生存、员工的福利及企业对社会的责任。

企业获得利润的方式各不相同,不同的企业经营模式使企业获得利润的方法也不尽相同。

一般情况下,企业获得利润的思路有三种模式。

(1) 提高产品售价

$$售价 = 成本 + 利润$$

在市场经济中,当商品的供应量不能满足市场的消费需求时,时常出现货物供不应求,出现卖方市场时,市场中产品的售价将由生产企业制定。企业提高产品售价,产品成本保持不变,这时可以获得相对较高的利润,其产品的生产、营销利润可观。

（2）降低企业生产成本

$$利润＝售价－成本$$

市场营销过程中,当市场产品（商品）数量供大于求,出现买方市场时,市场中的产品售价（价格）将由市场供需决定,产品的价格将由市场而定。这时企业要想获得利润,只得降低企业产品的制造成本。

（3）提高产品生产数量

企业产品在市场竞争中,可以通过提高产品生产数量来获得利润。但是,社会的消费市场所能容纳的产品数量是一定的,当生产企业不断提高产品生产数量而使得市场产品数量达到饱和或供大于求,产品将会出现更激烈的价格竞争,这时企业将不能获得利润。

现实社会处于改革开放的时代,是市场激烈竞争,产品流通极其便利的时代。全球化贸易使产品在市场销售中的大多数产品处于买方市场,生产企业要想获得利润,只有降低生产制造成本。

丰田公司认为产品的售价是由市场决定的,企业获得的利润就是用产品的售价减去成本获得的,所以丰田生产方式的核心理念就是要消除企业生产过程中的浪费,减少一切成本支出,降低企业运营成本,以求得企业获得更大的利润。

丰田生产方式是彻底追求生产的合理性、高效性,能够灵活地生产适应各种市场需求的高质量产品,其基本管理原理和诸多方法对制造业具有积极的意义。

丰田公司是目前汽车领域最能够获得利润的公司,丰田生产方式也是目前企业管理获得利润最为丰厚的管理方法之一。

丰田生产方式的优越性主要表现在以下几个方面。

① 聘用最少的人员。企业的开发、生产、管理、辅助等部门聘用的人员与其他企业相比减少了 $1/3\sim1/2$。

② 最短的时间。企业新产品开发周期短,可减少 $1/2\sim2/3$ 的开发时间。

③ 最小库存及在制品。推行"零库存"概念,企业库存量约为一般企业库存量的 $1/4\sim1/2$。

④ 最小的使用面积。丰田公司生产所占用面积是其他企业生产占用面积的 $1/2$。

⑤ 最好的产品质量。丰田公司将产品质量列为生产管理第一位,不生产不合格产品就是减少企业最大的浪费,就是降低企业成本。

3.2.3　浪费的识别

企业生产制造过程中,要降低企业运营成本获得更大利润,首先要识别企业中的浪费现象。只有识别企业的浪费现象,才能更好地加以改善,使企业降低生产制造成本。

用丰田生产方式的思维考核企业制造过程,工作中的浪费现象比比皆是。企业在现有的状况下继续生产,很多企业针对浪费现象还无法进行识别。没有识别,就没有改善。没有改善,企业就没有降低产品成本,提高产品在市场竞争能力的办法。

市场化竞争异常激烈，产品价格的定位是靠市场而决定的，产品价格高低不完全取决于企业。企业如果将产品价格定位过高，则在市场中将会出现产品滞销或其在市场中的竞争能力被减弱的现象。产品价格定位过低，企业生产成本过高，使企业在产品制造和经销过程中无法获得利润，同样企业产品也将不能顺利在市场进行营销。企业要想在竞争市场中生存，要想获得利润，必须对生产过程中的成本进行改善。只有降低企业的生产成本，才能使企业获得利润。

企业生产过程中，任何工作过程都可以分成两大部分。一部分是指有效的工作，即对产品的价值有附加值的工作；另一部分是对产品的价值没有起到附加值的工作。对于企业生产经营来说，要把这两部分生产过程严格区分开来。

增值是一种能够满足客户需求或特定要求的，在物理上改变形态，而且客户愿意对这种改变付钱的活动，是每一个企业生产要获得的目的。增值工作对企业活动是一个有效的肯定和支持。浪费有两种判断标准，其一是不为顾客创造附加值的活动；其二是创造价值但所消耗的资源不是"最少"。

企业生产制造过程中，企业员工的工作活动没有给企业生产的产品增加附加值，或者增加了附加值但消耗的企业资源较大，使企业生产获利能力减弱，这样的生产组织活动将被视为企业的浪费现象。

生产制造业对企业的浪费现象进行了有效的分类，以便于企业对浪费现象进行有效的管理。

浪费类型有两种。

Ⅰ型浪费：生产活动对产品不增值，但是生产制造过程中必不可少的活动。

Ⅱ型浪费：生产活动对产品不增值，是需要尽可能消除的活动。

根据工业工程学科研究以及对操作者的活动进行统计，工作活动中对产品有增值的活动仅占操作者活动总时间的大约20%。而浪费，无论是Ⅰ型浪费，还是Ⅱ型浪费，约占操作者活动总时间的大约80%。由此可见，消除企业生产制造过程中的浪费现象，使企业在生产经营的过程中降低成本，还有很多工作去做。

丰田生产方式的最终目的就是通过降低成本提高企业效益。为了降低成本必须消除企业经营、管理过程中的一切浪费，也就是消除企业经营、管理过程中所有不合理的现象，实现"零浪费"。

生产企业生产现场的浪费现象大致分为以下七种。

1．制造过剩的浪费

制造过剩的浪费是最严重的浪费，也是所有浪费产生的根源。丰田生产方式强调的就是准时化生产，就是"在必要的时间，按必要的数量，生产必要的产品"。

所谓必要的时间，就是指在市场（用户）或下道工序需要的时间段。必要的数量就是市场（用户）或下道工序需要的产品（在制品、原材料）数量。必要的产品，就是指市场（用户）需要的产品品种。

"在必要的时间，按必要的数量，生产必要的产品"就是强调生产计划性，强调的是准时化生产。任何生产部门不能擅自更改生产时间、数量、品种（包括提前或滞后生产）。

制造过剩的浪费有两个方面：一是超需求量生产；二是超需求速度生产。很多企业或个人认为生产过剩不是浪费，仅仅是库存量增大而已。产品迟早要供应市场，仅仅是销售（使用）时间早晚的问题。很多企业认为，生产过剩相对体现的是生产能力的提高。这种思维方法是错误的。企业利润来源于产品的销售，生产出的产品只有销售出去，产品转化为商品，企业才能获得利润。如果企业生产出的产品仅仅是在企业的库房中，没有销售出去，企业是不能得到利润的。产品的库存量越大，造成产品积压数量越多，给企业造成的是企业流动资金短缺，产品销售价格调整下降（过时的产品价格将下降）。企业没有流动资金或流动资金不足，将会使企业无法进行有效的原材料采购和组织生产，甚至造成企业的破产与倒闭。

企业缺少流动资金不得不向银行进行贷款购买原材料维持生产，企业贷款就要产生利息。也就是说，企业产品生产过剩的结果是没有给企业带来预想的利润，相反却给企业带来偿还贷款利息，从而导致生产企业成本增大，利润下降。

生产过剩带来的后果有以下五项。

① 较早地消耗了生产原材料，提前支付了企业生产成本费用。

② 制造出库存，掩盖了企业生产组织过程中的不足。

③ 造成产品积压，企业流动资金被占。

④ 造成库房面积增加，增加了搬运次数，使企业运营成本加大。

⑤ 造成管理成本增大，生产现场混乱，不安全因素增多。

2. 等待的浪费

企业生产过程中，企业员工由于种种原因造成工作流程不连续，出现等待的现象。例如，人等人、人等原材料供应、等待设备维修、等待指令等。等待现象的出现将给企业造成生产效率降低，生产不协调，生产成本增加一系列不良后果。

企业一部分生产现场过热，高效率生产，一部分生产现场过冷，等待装配，出现生产不均衡性。企业生产出现等待，将造成企业生产出现"瓶颈"，不能使企业有限的资源得以充分利用。

企业生产中的等待将使生产过程出现停滞，整体生产出现不均衡。企业管理者要充分重视生产加工过程中的等待现象，尽最大可能消除等待现象。

造成企业生产过程中出现等待现象的原因有以下几点。

① 物料没有及时到达生产工位，操作者停工待料。

② 工件（零部件）正在加工，操作者等待机床加工完毕更换材料。

③ 企业生产设备出现故障，操作者等待维修。

④ 企业生产的产品质量出现问题，等待问题解决。

⑤ 企业生产计划编写不准确，没有均衡生产或节拍生产，出现等待协调。

⑥ 企业生产设备出现"瓶颈"现象，无法节拍生产，工序间在制品断档。

等待的浪费是一种隐性浪费，往往造成企业的管理成本不断增加。很多管理者不知道员工为什么停止工作，为什么加班加点。每当管理者询问和了解等待的原因时，似乎每个员工的等待和生产加班都是合情合理的，因此企业管理者应对生产中的等待现象重点进行分析和解决，杜绝生产制造过程中的等待现象。

3．搬运的浪费

搬运已被视为企业生产过程中的浪费,这种意识被越来越多的企业及员工所接纳。企业生产过程中的搬运并不为企业产品创造价值,而更多的是在消耗企业成本。如果搬运能够为企业生产的产品增加价值,那么企业就不用生产产品而去搬运产品了。

针对企业生产过程中的搬运活动,每一个员工要正确对待和分析,既不能一概而论,又要认真科学地分析。只有这样才能更加科学、合理地运用和看待企业生产过程中的装卸搬运。

企业生产过程中的搬运形式有两种。

(1) 拥有附加价值的搬运

企业生产过程中,工序与工序之间、工段与工段之间、车间与车间之间、库房与加工车间之间多存在着空间距离,空间距离的形成势必存在生产原材料(零部件)的相互传递与搬运。这种在生产过程中必须存在的传递和搬运,是产生附加价值的工作活动,是企业生产加工过程中必须存在的。

针对拥有附加价值的装卸搬运,企业应科学论证、分析,尽量将该种搬运活动距离缩短到最小的范围,使搬运活动的时间为最短,或企业采用更好的运输工具或机械化操作使装卸搬运消耗的企业资源最少。企业为了减少这种生产过程中的装卸搬运,应更好地进行生产工艺、生产设备、生产流程设计与布局,尽可能地减少此种搬运活动。

(2) 纯属浪费的搬运

企业生产运行过程中,往往由于不合理的设计,不适当的设备摆放、不恰当的生产时间安排、不科学的生产工艺流程、不合理的生产现场管理,在生产过程中出现了一些不应有的装卸搬运过程,这种搬运在企业中应视为纯浪费。

例如,准时化生产时,工序与工序之间的在制品可以在生产线上短时间内的快速流动,实现一个流,满足生产需求。但是企业由于没有按准时化生产,或者人为地造成生产过程没有按生产计划或者生产节拍进行,造成工序间的在制品必须入库、从库房中领取或者在制品出现堆放、停滞,产生了不应有的物料管理过程。或者生产出的在制品不及时流向下道工序,而是进入库房,这样的入库、领取、上线、再入库、再领取的搬运工作为纯浪费活动。

针对纯浪费搬运现象,企业的改善不是减少该种搬运活动,而是积极改造、改善生产制度与生产工艺,坚决剔除该搬运过程,杜绝该项工作的产生。

4．过度加工的浪费

过度加工浪费往往不被企业管理者所发现,很多管理者没有注意到过度加工的浪费,甚至有些管理者认为过度加工浪费是必要的。企业只有认真地对生产产品过程进行重新评估才能使过度加工浪费显现出来。

生产企业过度加工浪费的体现形式有两种。

(1) 产品质量标准过高的浪费

企业生产产品的过程中,产品质量标准的制定跟企业生产成本息息相关。产品生产质量要求制定得过高,虽然能够得到市场及用户的认可,但势必会造成企业的生产投入增大（包括设备的投入、人工成本投入、检查成本的增加等）。产品质量标准，应根据市场对产品的要求及产品在销售市场中的定位而制定。

（2）产品制造作业程序过多的浪费

企业产品加工工序过多，原因有以下几点。

① 企业设备加工精度不够。一些企业多年没有对设备进行更新换代，一直沿用20世纪60、70年代的生产设备，甚至使用新中国成立初期或者更早的机械加工设备，造成企业生产出的产品质量难以保障。企业在制造过程中，只能采用增加工序的办法来保障产品的质量，导致过度加工浪费。

② 企业员工技术能力较差。企业对员工的技能培训不重视，没有及时针对设备的使用及生产产品工艺、加工方法进行有效培训，导致生产制造产品废品率增大，加工工艺路线增加，导致过度加工浪费。

5. 库存的浪费

丰田生产方式认为"企业的库存是万恶之源"，企业的一切浪费现象皆来源于企业的大量库存。

传统的企业管理认为企业的库存仅仅是在制品或产成品的积压，随着时间的推移，企业和市场就可以消耗掉库存量。企业没有更深入地探讨库存给企业带来的深层危害。

丰田生产方式则不同，丰田公司针对企业库存的浪费有其独特的见解。这也是丰田生产方式与传统生产方式的不同点。

丰田生产方式认为库存就是浪费，其造成的不良管理现象如下。

（1）增加了企业库房面积，增大了企业管理费用支出。

（2）增加了无谓的搬运、仓储、保管，增大了企业成本支出。当库存增加时，随之带来的是搬运量的增加。企业生产过程中，如果实现"一个流"的生产制度，企业上下工序（工段、车间）可以通过传送链（轨道）将在制品（产品）相互传递。

（3）在制品和产成品由于积压造成"呆滞品"，使企业利润降低。企业在制品、产成品、原材料的库存量增加，势必会造成库存管理任务的加大与繁重，库存的正常存放与保管秩序被破坏，库存管理的先进先出原则会因库存的增大（胀库）而无法实现，最终造成产成品、在制品、原材料的积压损失。

库存量的增加，造成产品长期的积压。当产品进行升级换代时，过大的库存量带来的问题就会显现出来。为了盘活库存积压物资，企业就要投入改造或者削价处理，使企业蒙受损失。

（4）企业库存掩盖了企业生产管理出现的问题，导致问题扩大化。企业生产过程中，很多管理者热衷于在制品、产成品库存的增加，其理由是"不怕一万，就怕万一"，为的是给其生产管理加大保险系数。实际生产过程中，库存量的增加不仅仅是预防万一，更多的是通过库存量的增加掩盖了企业生产中的种种问题，使生产现场出现的问题无法得到及时解决。

例如，在制品库存量的增加，掩盖了生产设备的不良，掩盖了由于设备故障造成的生产停滞。当生产设备由于维修、保养不及时，造成设备生产期间停止，设备停台时间加大时,由于有在制品库存可以顶替需求,没有影响到企业的生产进度和交货期,造成企业管理者(操作者)的错觉,管理者没有将设备维修与保养重视起来,最终导致企业设备维修状况恶化,出现更大的设备损害与企业停产。

设备不良问题的经常出现,势必造成企业生产管理者加大库存保险系数,这种加大库存量以应对紧急状况的方式,造成企业库存与生产的恶性循环。

企业库存的增加,掩盖了企业很多问题(员工身体素质下降导致的出勤率降低、产品质量下降、原材料不合格、加工工艺不合理等),只要企业问题出现,造成企业生产停止,那么企业就拿库存量来顶替。

(5) 企业库存增大,造成利息增加。企业在制品及产成品的库存增加,很多企业认为仅仅是原材料的提前消耗而已,甚至认为是企业生产能力、效率的提高而沾沾自喜。丰田生产方式提倡准时化生产,强调的是"必要的时间,按必要的量,生产必要的产品"。提前生产出来的产品,不仅仅是费用及原材料的提前支出,也是企业流动资金数量的加大。如果企业没有更多的流动资金,就要向银行进行贷款,也就是说,库存量的增加与库存保管给企业带来的不是利润,而是贷款利息的增加,是负增长,只会造成企业生产成本的加大。

丰田生产方式(TPS)提倡的是"零库存",是将企业库存逐步降低,实现"零库存"的理想目标。丰田生产方式将生产中的一切库存视为"浪费",同时认为库存掩盖了生产系统中的缺陷与问题。

丰田生产方式一方面强调供应对生产的保证;另一方面强调对"零库存"的要求,从而不断暴露生产中基本环节的矛盾并加以改进,不断降低库存以消灭库存产生的"浪费"。基于此,丰田生产方式提出了"消灭一切浪费"的口号来实现"零浪费"的目标。

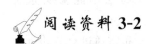 阅读资料 3-2

"零 库 存"

"零库存"就是将企业库存量降低到最少,直至降低到库存量为"零"。企业"零库存"是一种理想状态,是企业生产管理的方法与目标。库存为"零"不能单纯地理解为"完全没有",而是要将库存"尽量减少到最少"。

目前,如果企业库存真的为"零",企业风险也势必加大。企业在生产过程中没有缓冲,有可能造成企业停产损失。

6. 不良品浪费

丰田生产方式推行全面质量管理,强调质量是生产出来的,而非检验出来的。产品质量由过程质量管理和控制,保证最终产品质量。

丰田生产方式要求生产过程中在每一道工序中都进行对质量的检验与控制,重在培养每位员工的质量意识,保证及时发现质量问题及解决问题。如果在生产过程中发现质量问题,根据情况可以立即停止生产,直至解决问题,从而保证不出现不合格品。

丰田公司对于出现的质量问题,一般由相关的技术与生产人员组成一个小组来一起协作,尽快解决。

企业在生产制造过程中,任何不良品的产生都会造成人工、原材料、机器、管理、辅助等浪费的产生,都会使企业生产成本增加。零部件不良品的制造,不仅仅是原材料的浪费,相应地伴随着生产工时的浪费、机床磨损、材料损失等,使企业生产成本加大。

不良品浪费在企业中存在的形式有两种。

(1)制造产品出现废品,即企业生产制造过程中,产生了产品不合格(废品)的现象,造成企业的生产成本增大。

(2)制造产品出现返修品,即企业生产制造过程中,产品出现缺陷、不合格(但可以返修)的产品,企业需要聘用人员,花费时间、材料、设备对产品进行维修,使之合格,如此的工作使企业增大了对生产成本的投入。

7. 动作浪费

动作浪费在某些企业中还没有得到重视,企业还忙于宏观的管理及制度的建立与执行,忙于产品质量的提高与企业安全的防范,忙于产品在市场的竞争和占有,对动作浪费还没有意识。

企业在市场的竞争中赢得了市场,但并没有因为获得更多的订单而增长相应的利润。为什么企业获得大量订单,而利润却在下降?为什么企业员工数量在不断增加,而产量却不能成正比地增加?员工工作的动作浪费就是其中很重要的原因。

企业员工加工产品的工作过程没有进行标准化规范,尽管生产同样的产品,生产操作者的操作步骤却各不相同,可以说是"五花八门"。这种加工方法首先是产品质量不可保障;其次是产品数量不可控制;最后是企业的生产加工方法不能实现标准作业。

对动作分析及工作方法的研究始源于19世纪末,是泰勒和吉尔布雷通过对劳动者作业研究而提出的科学管理方法,现阶段归于 IE 工程范畴。

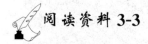

阅读资料 3-3

IE

IE 是英文 Industrial Engineering 的简称,直译成中文为工业工程,是针对人员、物料、设备、原材料、能源和信息组成的集成系统为研究对象,综合应用工程技术、科学管理和社会科学的理论与方法等知识,从而达到降低成本,提高产品质量和效益的目的的一项活动。

简单地说,IE 就是改善效率、成本、品质的方法。

企业生产实际活动,是人与机器相互配合,针对原材料进行加工和制作。所有的加工与制作都是由一系列的生产动作所组成,这些动作的快慢、合理、科学直接影响着企业生产效率的高低。

　　企业生产动作往往是以个人的判断为主,科学合理的生产动作并不是现实企业生产的状况,现实的员工生产动作,仅仅是员工的习惯而已,不是正确的、科学的、合理的。日常的动作包括动作停滞、无效动作、动作顺序不合理、动作范围过大、动作的不均匀性等一系列的问题。我们要正确理解和分析动作的浪费,减少企业生产动作浪费带来的低效率、高成本。

　　企业生产中常见的动作浪费形式有以下几点。

　　① 生产行走距离过长。

　　② 单手、双手空闲。

　　③ 重复动作。

　　④ 左右手交替、交换。

　　⑤ 动作幅度过大。

　　⑥ 转身、弯腰、伸背拿取工件。

　　⑦ 动作不连贯、动作方向改变。

　　生产操作过程中的动作浪费识别,可以减少企业的浪费成本,提高生产效率,提高生产产品的质量,更好地实现操作的标准作业。

　　改善动作浪费流程如图 3-3 所示。

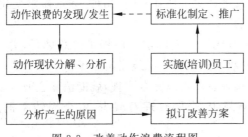

图 3-3　改善动作浪费流程图

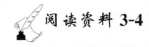阅读资料 3-4

丰田公司的“零目标”

　　“零目标”为丰田生产方式终极目标,具体表现在生产管理的七个方面。

　　(1)“零”转产工时:将加工工序的品种切换与装配线的转产时间降为“零”或接近“零”。

　　(2)“零”库存:将加工与装配相连接流水化,消除中间库存,变市场预估式生产为订单式生产,将产品库存降为“零”。

　　(3)“零”浪费:消除多余制造、搬运、等待的浪费,实现制造成本最低。

(4)"零"废品:企业在生产中不制造不良品。

(5)"零"故障:消除机械设备的故障停机,减少停机时间,实现"零"故障。

(6)"零"停滞:最大限度地压缩前置时间。为此要消除生产中间停滞,实现"零"停滞。

(7)"零"灾害:企业不断改善生产现场,实现企业安全事故为"零"。

3.3 丰田生产方式——准时化

丰田生产方式是目前世界公认的生产产品的合理方法,这里所说的合理是针对它为企业产生的最终效益而言,对企业的生产运作是行之有效的。为了使企业产生效益,丰田生产方式将降低成本作为根本目标,企业的管理行为多围绕着该目标而运作。为了达到这个基本目标,丰田公司通过各种相应的方法进行控制,准时化生产就是企业生产控制方法之一,也是丰田生产方式的两大支柱之一。

3.3.1 准时化生产

1. 什么是准时化生产

准时化生产就是"在必要的时间,按必要的量,生产必要的产品"。

生产的连续运行以及生产对市场在时间、品种、数量需求变化的适应能力,是通过企业的过程控制能力实现的。

以汽车装配为例,总装线所需要的前工序提供的总装件、总成、零件,在必要的时间(生产计划),仅按必需的数量送达到装配线指定位置。

如果准时化生产方式在企业得以完全实现,就能消除企业里多余的库存,生产浪费也就不存在,库房面积就会减少,仓储管理费减少,资金周转率提高,成本必然会大幅度下降。

2. 准时化生产与传统生产的不同点

伴随着市场的变化,生产企业需不断地调整自己的目标以适应市场的需求。目前市场对产品的个性化需求逐渐突出,企业产品的制造应不断地迎合市场(用户)的消费理念,势必要推行"多品种,少批量"的生产模式。

为了更好地适应市场多品种小批量的需求,同类产品,不同型号以及不同类型产品在企业生产制造线上同步混流进行组装,这样的生产组织给企业生产带来了相当大的麻烦。过多的产品零部件、原材料,在无控制的状态下进入生产组装车间,造成极其混乱的生产现场。

传统的生产方式是每一个操作者(班组、工段、车间、分厂)接到生产计划以后自行组织生产。他们的生产目标是以最快的速度、最好的质量、生产最多的产品。传统的生产模式中各生产单位各自为战,没有统一的生产协调,造成企业的零部件、半成品库存增加,企业生产成本增大。

例如,企业某一生产车间由于某种原因(缺员、设备维修、产品质量、原材料等)造成停产时,其前、后工序(车间)还在正常生产,这就造成了很多半成品(零部件)的库存。

企业某一生产环节出现问题时,传统的生产管理方式容易造成很多弊病。

① 前、后道工序的生产对于后道工序来说就是提前使用原材料。

② 造成了库存的增加,搬运次数的增加,产生浪费。

③ 库存的增加,使企业流动资金减少,管理费用增大。

④ 产品质量出现问题时不能及时发现,失去了改善的机会。

⑤ 产品换型改造时,其库存量将增大企业的改造成本。

准时化生产的理念是从生产线相反的方向观察、引导生产及需求,即用生产线的最后工序拉动生产线组织生产。只有生产线上的后工序(班组、工段、车间、分厂)在需要产品的时候,前道工序才能进行组织生产加工;否则前道工序不能进行生产。

推行准时化生产的企业,其生产计划仅对生产最后工序进行下达。生产线开始生产时,后道工序到前道工序领取零部件(用看板方式)进行生产,前道工序发现零部件减少(看到生产指示看板)时才开始生产,并且生产的数量、品种与被领走的数量、品种相对应。如果当天没有发现零部件减少(没有生产指示看板),则前道工序不能进行生产。这种方式的生产,就是丰田生产方式中提到的准时化(拉动式)生产。

准时化生产,使企业生产现场只存放有用的物品,可以减少企业的在制品库存量,使生产现场更加整齐化,是解决"多品种,少批量"、"低成本,高利润"的最佳生产方式,可以解决生产当中的同步生产、减少库存(在制品)积压的问题,解决企业运营成本增大的问题。

阅读资料 3-5

拉动式生产

拉动式生产就是根据顾客(用户)的需求拉动生产安排,即订单驱动生产方式。拉动式生产各环节的生产指令直接由后工序下达,后工序直接督促前工序执行生产指令。生产指令由后工序直接向前工序下达,与生产实施的时间差距最小。每一生产环节中,后工序在向前工序下达生产指令时,可根据本工序当前的在制品数量及生产进度情况进行调整,相当于将生产计划与生产进度控制的两项功能合二为一,这也是丰田公司能将生产过程的在制品数量控制在最低水平的关键。

如果生产出现延迟,造成企业生产停滞,各工序自己均应负延误生产的责任,这样就形成了生产线环环相扣,环环拉动的链,有效地保证了生产进度的完成。在制品数量与生产进度的最佳控制保证了企业资金占用最小、交货最准时。

3. 准时化生产的前提、方法

(1) 均衡生产

企业推行准时化生产,首先应均衡生产,只有均衡生产才能实现"用最少的人,最少的设备,最少的资金投入,获得最大的利润"。

企业的均衡生产是指企业生产产品总量的均衡和生产过程中产品品种与数量的

均衡。

①　产品总量的均衡。产品总量均衡就是将连续两个时间段(日、周、月)生产的总产量的波动控制在最小。例如,某公司生产汽车,其年销售量为 30 万辆,生产计划在排产时,月生产量大致为

$$30 \div 12 = 2.5(\text{万辆})$$

2.5 万辆的生产计划就是企业生产的均衡计划。但 2.5 万辆的月均衡计划不是固定的,企业可以根据销售情况(市场的需求)进行微量调整,其调整幅度量占总生产量 20%,如此生产安排也可称为均衡生产。企业生产需要的可能是月生产总量的均衡,也可能是周生产总量的均衡,而更多的是日生产总量的均衡。

 案例解读 3-1

+·+

企业生产总量的均衡生产

某公司月生产产品的数量根据销售计划、订单的要求为 400 台套,月生产日为 20 天,其每日的平均生产量为 20 台套。

企业生产没有推行准时化生产时,企业安排的生产计划及生产记录如下。

日期	1	2	3	4	5	6	7	8	9	10	11	12	13	14
生产量	30	29	22	20	22	休	息	20	16	15	16	13	休	息
日期	15	16	17	18	19	20	21	22	23	24	25	26	27	28
生产量	14	15	25	28	23	休	息	15	13	16	25	25	休	息

假设生产资源与企业生产产品台套按 1∶1 进行配置。

企业为了保证生产的需求,生产资源按生产量最大的一天进行了机器与人员的配置,也就是 30 台机器,30 名操作者。如此资源配置,当产量达到 30 台套时,生产资源满足了企业生产的需求。而当企业生产为最低量 13 台套时,企业人员与设备就出现了等待、富余(有 17 量份的资源闲置),出现浪费现象。

如果企业推行准时化生产(均衡生产作业),生产计划应相对进行调整。这时的生产资源的使用与安排将以均衡生产为主题,以生产所用人员、设备数量最少为目标,达到企业生产控制、生产成本、交货期的最佳点。

准时化生产计划调整安排如下。

日期	1	2	3	4	5	6	7	8	9	10	11	12	13	14
生产量	24	24	22	20	20	休	息	19	19	18	17	17	休	息
日期	15	16	17	18	19	20	21	22	23	24	25	26	27	28
生产量	20	20	22	22	22	休	息	17	17	16	22	22	休	息

企业经过推行准时化、均衡化生产,对生产计划调整以后,每天的生产产品数量同样是平均为 20 台套,而企业使用资源(人员、设备)仅为 20,减少了企业生产成本的投入,增大了企业在市场中的竞争能力。

企业推行均衡生产调整生产计划后,每天的最大生产量为 24 台套,最小为 16 台套。如何只使用 20 台机器和 20 名人员就可完成生产呢？企业如何调节生产量 20% 的变化？

企业短期生产可以利用加班、加点工作的方法进行生产调节,20 台机器、20 名员工,每天加班两小时将完成每天 24 量份的生产任务。

企业长时间的生产则不能靠员工每天加班来完成,而是需要企业增加操作者人数和设备台数,或增加生产班次来保证提高每天的生产平均数量。

② 产品品种与数量的均衡。企业生产过程中,多个品种的产品在同一个生产线上进行混流生产时,不同品种的产品应该交替生产,实现产品品种与数量的均衡生产,使企业生产各部门实现精益生产。

产品品种与数量的生产均衡较单一品种生产总量的均衡生产而言更加复杂,这时的均衡生产不仅是简单的数量平均,而是品种与数量的全面均衡生产。

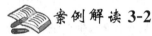 案例解读 3-2

产品种类与数量的均衡生产

某企业生产产品品种为三种,三种产品在一条生产线上进行混流生产,产品名称分别为 A、B、C。

A 品种产品的生产节拍为 4.2 分钟/台。B 品种产品的生产节拍为 3.8 分钟/台,C 品种产品的生产节拍为 4 分钟/台。

没有实现准时化生产即均衡生产时,根据销售(产量)需求,产品组装线的生产节拍定为 4 分钟/台,如果采用连续生产的方式,A 类产品在装配时经常出现由于加工时间不足而造成的工序生产越位现象,也就是生产 A 类产品时,在生产节拍内不能完成装配任务,操作者必须进入下一道工序生产位置进行继续装配才能完成产品的装配任务。

而生产线在生产 B 类产品装配时,操作者有富余的加工时间,造成生产现场出现等待浪费现象。

改善前生产计划如图 3-4 所示。

推行准时化生产(均衡生产方式——产品品种、数量均衡生产),生产节拍同样为 4 分钟/台,各品种生产过程中就会减少浪费,满足生产的需求。

改善后生产计划如图 3-5 所示。

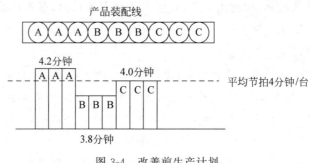

图 3-4 改善前生产计划

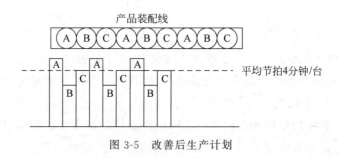

图 3-5 改善后生产计划

③ 为什么需要均衡生产。企业生产过程中,如果没有实行均衡生产,生产的产品数量波动很大,会给企业造成很大的浪费。

首先,企业生产量不均衡时,企业生产出现波动。企业在编制生产设备、人员调配、库存控制及生产计划时,为了满足生产最高量的需求,往往就要按生产量最高需求进行企业资源(人员、设备)配置。在企业生产量降低到最小时,会出现资源过剩,导致浪费现象,造成企业生产运营成本增加。

其次,当企业生产组装线不实现均衡生产(出现波动)时,前、后道工序为了满足生产组装线最高峰的要求,不得不加大库存量来应对最高的生产产量需求。库存量的增加,就是企业浪费产生的原因,这种不均衡生产造成企业制品、库存量的增加,产生了成本浪费。

企业要避免不均衡生产造成的浪费,首先应针对生产总装线实行均衡生产,针对销售部门进行绩效考核,尽最大可能实现市场订单的预测准确性,减少企业生产量计划波动。

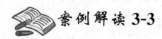
案例解读 3-3

均 衡 生 产

某汽车生产制造厂,在进行汽车"四门两盖"的涂装生产时,对生产涂装线进行了有效的准时化生产改善。推行均衡生产方式,将大批量生产改为小批量混流生产方式,给企业带来了巨大的变化,同时为企业创造了巨大的利润。

企业没有推行均衡生产前存在以下几方面的问题。

（1）采用单品种、大批量的压合和烘干方式，每个品种烘干完毕，需要更换下一品种的吊具。

（2）生产线在制品数量过多。压合处 12 量份前后盖，烘干炉处车门 72 量份，前后盖 36 量份。

（3）"四门两盖"占用工位器具数量过多达到 64 个。

（4）生产占用面积过大，共使用 126 平方米。

（5）生产人员为 16 人。

（6）批量生产导致大量资金占用。

（7）在制品过多，造成质量衰减。

（8）工件质量出现问题时难以追溯，难以查找原因。

（9）生产现场摆放器具过多造成管理困难。

（10）制造过剩，掩盖了生产计划、人员、设备的管理问题。

改善前生产布局如图 3-6 所示。

推行准时化生产，改善后生产布局如图 3-7 所示。

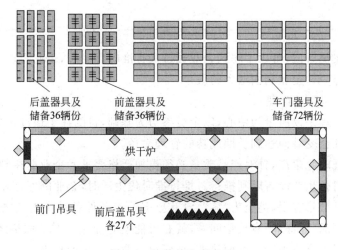

图 3-6　改善前生产布局

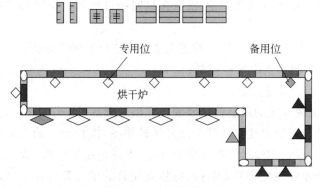

图 3-7　改善后生产布局

企业生产改善前后数据对比如图 3-8 所示。

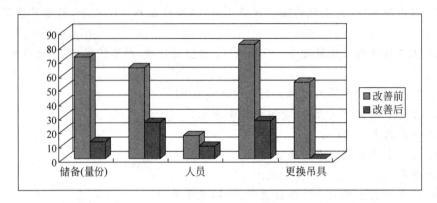

项　目	储备(量份)	工位器具	人　员	吊具(个)	更换吊具
改善前	72	64	16	81	54
改善后	12	26	9	27	0

图 3-8　改善前后对比图

通过以上案例解读，可以了解到企业通过推行准时化生产，企业实现了生产效率的提高，生产成本的降低，企业利润增大的效果。

（2）推行全面质量管理

全面质量管理是以质量为中心，以全员参与为基础，目的在于通过让顾客满意和本组织所有成员及社会受益而达到长期成功的管理途径。

企业推行准时化生产，针对产品质量必须更加严格要求。企业的在制品、零部件质量的好坏决定准时化生产能否顺利推行。推行准时化生产时，企业的库存在制品数量，供应商提供的零部件数量有限，甚至为"零"，没有更多的零部件备品供生产之用，一旦生产线装配时发现在制品（零部件）有质量问题，就有可能使企业生产总装线因零部件供应不及时或零部件质量不合格不能装配而停产，从而给企业造成生产损失。

在制品（零部件）的质量关系到生产线的节拍控制和准时化物流供应。操作员工在发现不合格零部件时，由于标准化作业，没有多余时间进行不合格零部件的更换，因此无法向下一道工序流通。

推行准时化生产，企业产品质量控制主要体现在以下两个方面。

① 本厂制造在制品生产质量控制；

② 外协（外购）件质量控制。

如何实现以上两方面的质量控制就要注意以下两方面工作。

首先，针对产品质量要建立和健全质量管理体系，推行企业的全面质量管理制度，建立员工的质量第一意识和质量检查制度与规范，保证企业生产的产品质量。

其次，针对企业外协生产的零部件，应建立完善的供应商管理制度，对供应商提供的零部件，认真按照供应商管理条例进行质量检查，定期进行质量抽查和对供应商的质量考核与评估,督促供应商对产品质量的保证。

(3) 标准化作业

丰田生产方式的标准化作业,主要是指企业员工为完成一项工作(生产加工零部件),在操作不同生产设备生产时,其操作过程处理的一系列各种作业顺序。

标准化作业推行的主要是对企业生产操作者工作的顺序、时间、工作内容的制定和规范。标准化作业的制定与执行,可以使企业内部的生产过程实现可控,产品质量得到保证。

没有推行标准化作业的企业生产,100 个员工加工同一种工件,最终的结果可能是100 样,加工的零件可能是合格的,也可能是不合格的,用的工作时间可能是一样的,也有可能是不一样的。

推行标准化作业的生产企业,100 个员工加工同一种工件,最终的结果是一样的,在加工所用的时间上、流程上、加工方法上都是统一的。企业推行了标准化作业就可以使产品生产质量可控,可以使生产组织管理可控。

标准作业用两种票证来表示,一种是"标准作业组合票";一种是"标准作业票"。

"标准作业票"上注明"作业循环时间"、"作业操作顺序"、"在制品手持数量"三项指标。

所谓作业循环时间,就是操作员工在完成一个作业操作顺序所应用的时间。该时间不是因人而定,而是根据生产计划、生产时间、生产工艺安排而定。一般情况下,企业对某一道工序的生产作业循环时间的制定是由企业工业工程科人员、技术科人员、现场工程师、操作员工共同完成。

所谓作业操作顺序,就是员工为完成某一项工作而进行的标准作业内容的排序。

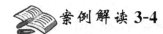 **案例解读 3-4**

物流标准作业时间测定表

姓名:　　　　　　　　　　　　　　　　　　　　　　　班组:

作业内容	时间(分钟)							累计时间
走动	1	2		2				5
送件		3						3
集货			8					8
回收空箱				2				2
取信息					1			1
前期准备						2		2
调整周期							1	1
等待								1	1
时间总计								23

（4）"一个流"

"一个流"是企业准时化生产的物流形式，是实现准时化生产的基础。"一个流"生产方式的生产线是按产品类别布置的，是一个多加工工序的生产线生产方式，产品在生产过程中实现在制品单件流动。从毛坯投入到成品产出的整个制造加工过程，零件（在制品）始终处于不停滞、不积压、不超越的状态，按节拍一个一个地有序流动。

"一个流"生产方式在实际操作过程中呈现以下特点。

① 每道工序加工完一个制件后立即流到下一道工序。

② 工序间的在制品数量不超过前道工序的装夹数量。

③ 在制品在各道工序生产过程中不间断、不超越、不落地。

④ 生产工序、检验工序和在制品物流合为一体。

⑤ 只有合格的产品才允许送往下道工序。

"一个流"生产方式在每个制造循环时间（节拍）内生产一个成品。企业在生产过程中尽量减少半成品在生产线的积压，实现物流的快速流转。过多的在制品积压，不仅占用了公司大量的资金，同时也延长了产品的生产周期。

为了实现"一个流"生产的目标，企业可以通过改变作业现场的设备布局，改变零部件的加工工艺，培养员工的多技能操作来使多道工序操作成为可能。企业推行"一个流"生产过程中，应尽可能地将每个操作者的生产用时均衡化，要求每个员工在同一时间内都能完成本工序的加工，这样企业生产线上各设备间的在制品就只有一个，"一个流"生产和搬运的目标也就得以实现。

在制品库存水平被压缩到最小限度，产品生产周期也被压缩到最短时间，企业自然能够迅速地应对市场（用户）需求的变化和顾客的订货。

"一个流"生产方式使企业的作业场地、人员和设备等生产资源得以更加合理地配置，使企业生产线内任何两道工序之间的在制品数不超过下道工序的装卡数（一般是一个）。

"一个流"生产是准时化生产的核心，它要求企业每一个生产员工都必须严格按节拍生产，严格执行工艺纪律，操作工人严格按照标准作业进行操作。由于"一个流"生产方式中的产品是一个一个地在流水线上被加工，生产线上没有更多地在制品（库存）可供利用，因此它对于减少不良品的产生、降低库存、消除浪费起到重要作用。

"一个流"生产方式具有其独有的生产特点和要求。

① 按产品类别布置的生产线。企业应尽最大可能按照生产产品的加工工艺进行生产设备的有序布局，这样产品在加工过程中，零部件（原材料）可以一道工序一道工序地加工和流动，避免生产过程中材料的折返物流运输。

② 多道工序加工的生产方式。"一个流"生产方式适用于零部件制造工序较长的产品生产，加工工序较多的零部件可以更好地体现"一个流"生产方式的优越性。加工工序较少的零部件若不采用"一个流"生产方式，可能更有利于批量生产的模式。

③ 生产线物流单一、简单。采用"一个流"生产方式，各道工序间内的在制品数量为一，其生产线上各工位的零部件物流方向一致并且单一、简单，因此推行"一个流"生产方式的生产线多采用滑道、悬链、输送带等设备设施进行物流的运输与流动。

④ 采用稳定性好的小型设备。采用"一个流"生产模式的生产线，其生产线上零部件

工序生产加工方法、工艺及产品品种相对固定,并且零部件的加工工序较长,每道工序加工内容固定,因此多采用简单设备,实现零部件一道工序或几道工序的加工。

⑤ 容易实现"一人多机"操作。"一个流"生产线,其生产加工的设备简单,多为一道工序的加工,因此容易实现"一人多机"操作,即实现一个操作者操作多台机器的装卸、加工、检查工作。

⑥ 占用生产面积少。由于生产设备布局紧凑,各道工序(机床)之间距离短,多采用轨道、悬链相连方式(便于工序之间在制品的传递),因此企业的生产厂房占用地面积较小,有利于企业投资建设。

⑦ 有利于生产产品质量的提高。由于生产过程中,流水线生产中只有一个在制品在流动,一旦生产线出现生产质量问题,整条生产线将出现停线的状况。"一个流"的生产方式强化了企业员工的质量意识,使员工在生产加工过程中不断地对生产设备、加工工艺、加工方法进行改善、完善,确保生产产品质量的合格,以避免生产线的停产现象发生。

企业实现"一个流"生产,要求每一道加工工序生产的产品都无缺陷,每一台生产设备在生产过程中都无故障才能确保生产顺利进行。若生产产品出现缺陷、生产设备出现故障,企业整条生产线都将出现停产。因此,"一个流"要求每一道加工工序都要严格控制工作质量,做到"质量在过程中控制";要求企业生产设备必须进行全员维护,才能保证生产设备不出现故障,减少停台时间。

丰田生产方式的准时化生产、"一个流"生产模式都是当前世界生产制造企业所要学习的楷模。各企业都认识到了丰田生产方式的优越性,但在推行的过程中却因为生产的产品不同,企业文化、地理区域、国情、操作人员技术不同,在推行丰田生产方式时,势必出现这样或那样的问题。

企业要想推行"一个流"生产方式,必须具备以下几个前提条件。

① 生产线按产品类型、加工工艺进行设备布置。

② 企业各道加工工序必须实行标准作业。

③ 各道工序加工时间应均衡。

④ 职能部门、服务部门要以现场为中心,全力以赴地支持生产活动。

⑤ 企业信息的收集、传递、处理和反馈要及时、准确、畅通。

⑥ 企业员工多技能操作,实现一人多机。

⑦ 具备完善的质量检查、保障体系和制度。

"一个流"生产方式流程如图 3-9 所示。

4. 准时化生产的目标

准时化生产是丰田生产方式的一大重要支柱,要求每一名企业员工都具备积极主动思维的方式,积极主动地为企业准时化生产进行改善。

企业推行准时化管理目标包括以下几点。

① 在制品及产成品库存量降低到最少。

② 产品制造的废品率最低。

③ 生产前准备时间最短。

④ 减少无谓的搬运活动。

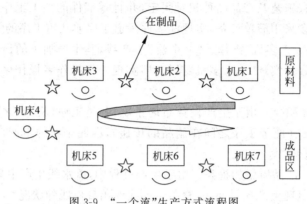

图 3-9 "一个流"生产方式流程图

⑤ 降低设备停机时间。

3.3.2 准时化生产的工具——看板管理

看板就是传递企业生产管理信息的载体,是实现准时化生产管理的手段和工具。

丰田生产方式是采用拉动式生产管理方式,思维方式属于"从相反的方向观察生产流程"的逆向思维方式。它是根据市场订货信息和订单的需求编制生产计划,安排生产,并且生产计划只下达到企业最终装配线。最终装配线上的作业人员按照生产所需要的数量,在需要的时间到上道工序去领取所需要的零部件。上道工序为了补充被领走的零部件,只需生产被领走的那部分就可以了。作业人员领取零部件的凭证——传递、领取、生产信息的载体就是看板。

1. 看板的作用

(1) 传递物流信息与生产信息

在生产过程中,企业的作业人员只按照看板指示的数量进行生产或搬运。看板具有作业指导信息的功能与作用,它是表明"将何种产品、在何时、何处生产或搬运多少"的作业信息指示单。

看板体现了多种信息,如图 3-10 所示。

看板编号	14-01	车型	2C
零件名称	ABS 控制元件	零件号	GJ6E-437Z0-G
零件数量	5	零件代码	Y-9043
送货位置	Y-29R	时间	2021.2.3

图 3-10 看板

(2) 目视管理的工具

目视管理是通过视觉信号,改变操作人员的意识及行为的管理办法。目视管理的作用之一就是对现行工作正常与异常进行有效地判断,做到一目了然。为此,在组织生产过程中,看板与实物同时移动,具有目视管理工具的作用。

零件或产品所在的工位器具上有看板,作业人员可以清晰准确地判断产品名称、产品编号、数量、目的地等信息是否符合生产的需求,能够既准确又及时地将生产零部件送达到工位。

(3)改善的工具

生产看板在使用过程中,作业人员通过不断地应用与总结,可以发现企业生产信息内容、信息量是否能够满足企业生产的需求。看板枚数的变化可以有效地使企业生产在制品及产成品的库存数减少或增加。企业根据市场的需求及生产总量的变化,进行看板顺序的调整,可以改变生产产品型号的生产顺序,实现最优化的产量与品种生产组合。正确地理解、使用看板,可以进一步发挥它的改善作用,调节生产。

2.看板的种类

企业生产看板按用途可以分为生产指示看板和领取看板两大类。按看板的材质组成可以分为纸质生产指示和电子显示两种。一般情况下,纸质生产指示看板多应用在生产现场零部件的制造、领取、物流运输的应用上,而电子显示看板更多地应用在企业生产组装线、生产指令、仓储管理信息的公布上。

(1)领取看板

领取看板包括工序间领取看板和外协件领取看板两种。这两种看板在企业生产运营过程中经常使用。看板上标明的信息包括:生产工序编号、工件存放位置编号、供货厂家编号、供货厂家名称、条形码、零件号、产品数量、零部件名称、看板编号等。

领取看板上的信息视企业生产需求而定,企业生产工序简单,生产线不复杂,则看板内的信息量也相对较少;反之较为复杂。

(2)生产指示看板

生产指示看板主要是指示前道工序应该生产的物品种类、数量、时间。生产指示看板包括工序内看板和信号看板,两种指示看板的信息均来源于领取看板信息的转换。当领取看板出现在本工序的零件库存区时,就意味着零部件已被领走使用,库存中缺少相对应的零部件,这时生产车间则按照缺少的产品型号、数量等信息进行补充生产。

3.领取看板的使用方法

企业生产看板的使用是一个循环过程。企业物流人员在使用看板管理时,本次拿到前道工序(中间库)的看板上面注明需要的零部件是下一次领取所用,而本次领取的零部件的数量、品种、型号是上一次回收看板上所注明的。

看板使用流程如下。

(1)当企业生产员工接触到零件箱的第一个零件时(或者零件箱中的零件数量达到规定的数量时),生产员工将取下看板,并将看板放在看板收集箱(存放处)中。

(2)当看板收集箱中的看板达到一定量时,物流人员(搬运人员)拿着看板,去前道工序(中间库)领取必要的零部件。

(3)物流人员(搬运人员)将领取看板放在领取地的看板回收箱中,取走相应的零部件,并将领去的零部件装在物流运输工具上。

(4)当前道工序物流人员看到领取看板,将其转化成生产指示看板,并下发到有关生产工位、工段。

（5）前道工序按照生产指示看板内容进行组织生产。

看板使用流程如图 3-11 所示。

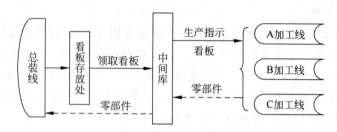

图 3-11　看板使用流程图

4. 生产指示看板的使用方法

企业生产车间的物料管理员工(或物流人员)在看到中间库存的零部件减少,同时也看到相应的看板在看板收集箱中时,员工就会收集看板,并且将看板信息转换成生产指令(或生产指示看板),加工车间的员工将按照看板上注明的信息进行生产。

生产指示看板使用方法如下。

（1）生产计划人员(管理人员)将看板分发到相关生产员工工位。

（2）生产车间(前道工序)员工,只能按照看板信息,顺序进行生产。

（3）生产指示看板与生产实物必须一起移动。

5. 看板管理的五项原则

看板管理在企业生产,尤其推行准时化生产的企业中极为重要。看板的使用及收集方法应在每个员工的头脑中形成必要的规则和行为规范,避免看板使用时出现差错。看板在使用过程中要坚持以下原则。

（1）后道工序必须在必要的时间,只按必要的数量,从前道工序领取必要的物品。

① 如果没有看板,领取不能进行。

② 只能按照看板数量领取零部件。

③ 看板必须附在实物上。

（2）前道工序仅生产被后工序领取数量的产品。

（3）不合格品绝对不能送到后道工序。

（4）必须将看板数量降到最低程度。

（5）看板必须适应小幅度的需求变化。

6. 实施看板管理的条件

（1）生产作业以流水作业为基础

看板的管理及使用,为的是提高生产效率,保证准时化生产。推行看板管理的企业必须是流水作业线,生产计划下发到生产最后一道工序,推行的是拉动式生产方式。若是单一生产,手工独自完成作业的方式,则无法实现其优越性。

（2）生产作业可实施标准作业

企业员工在生产制造零部件时,其操作应推行标准作业,才能满足实施看板管理的条件。只有每一道工序、每一道员工的作业时间固定,产品质量固定,企业才能计算出每一个时间段的生产产品数量,才能推行拉动式生产;否则生产将面临物料断链的危险。

（3）企业实现均衡生产

企业实现均衡生产是推行看板管理的有利前提条件。企业在组织生产中,生产计划应将生产产品的数量、品种、型号均衡化(可以理解为每天的产品生产量及其品种数量相对固定),使企业每一个工作小时、每一道工序的工作任务大体相当,避免各工序之间出现在制品积压或断货的情况。

（4）工序质量受控,产品质量稳定。

产品质量的稳定可以保障看板管理的实施。当后道工序从前道工序按看板的信息要求领取相应的零部件以后,如果出现零部件质量问题,后道工序将无法进行组装生产。这时前道工序没有生产出零部件,势必造成生产线停产,给企业造成经济损失。

3.4　丰田生产方式——自働化[①]

自働化是丰田生产方式的第二大支柱,是丰田生产方式管理的精华之一。丰田生产方式的自働化理念来源于丰田公司创始人丰田佐吉的管理思维,他在发展丰田公司及纺织机械制造过程中,力主产品质量控制的自働化。

丰田生产方式的自働化包含两大意义(两部分):其一,产品制造的自动化;其二,生产产品质量控制的自働化。

1. 产品制造的自动化

产品制造的自动化可理解为生产制造过程从手工作业到生产机械作业的自动化。这种情况下,操作人员一按设备开关,设备将自动生产工作。该自动化实现了生产效率的提高及大批量生产时操作者劳动强度的降低,产品质量将有所保障。

自动化生产时,如果产品质量出现问题,设备将无法识别与调整,将继续生产直到操作者发现后停止。该阶段生产的产品将出现批量的不合格品,产品质量问题的改善滞后。

2. 生产产品质量控制的自働化

生产产品质量控制的自働化是丰田生产方式中提到的第二种自働化,也就是"赋予机器以人类智慧的自働化"或"机器具有人的判断能力的自働化"。该自働化体现的是"自律控制不正常情况",是机器能够识别与判断在产品制造过程中产品质量是否出现问题,出现问题后机器应如何对应的自働化。

该自働化更强调的是,机器如何能够实现不生产不合格品,企业员工如何更好地改善设备设施,使企业的设备设施具有"人类的识别与判断、解决与改善的能力"。

丰田生产方式的自働化使机器具有人类的智慧,能够监测异常并能及时地自动停止,

---

① 自働化与自动化的区别:自働化在丰田生产方式定义为"赋予机器以人类智慧的自働化"或"机器具有人的判断能力的自働化"。自働化实现的是"自律控制不正常情况",是机器能够识别、判断产品制造过程中,产品质量是否出现问题,并自动报警或加以改善,提高产品质量。自动化是生产制造过程的从手工作业到生产机械化的自动化。操作人员只需控制设备开和关,设备将自动生产工作。自动化实现的是生产效率提高、操作者劳动强度降低,产品质量稳定控制。

能够保障产品的质量,实现的是人机分离和企业生产"省人化"。

(1) 人机分离,实现"省人化"

通常在企业生产制造过程中,操作者在加工零部件时,其操作步骤多为将原材料装卡在机床卡具上,启动机床开关,机床自动加工,这时操作者处于等待机床加工状态。待机床自动加工完毕,操作者将零部件取出,重新填入新的原材料进行下一工件的机械加工,如此循环往复。这时的生产制造方式是每人一台机器,操作者在加工过程中出现了等待的浪费。

操作者的工作流程如图 3-12 所示。

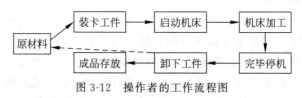

图 3-12　操作者的工作流程图

该操作过程中,操作者在机床加工时期,基本处于对机床进行监控状态,即操作者处于双手空闲等待机床加工零部件的状态。

操作者之所以双手空闲等待,是因为机器无法自动停止、企业没有进行加工流程改善和机床的合理布局。

丰田生产方式的自働化针对此问题进行了有效的改善,提出了人机分离概念,其方法如下。

① 改善机床。将机床进行一系列地改善,加装一些相应的必要的控制装置(例如光敏开关、机械行程开关、挡块、加工程序等),使机床在加工完毕时能自动停止,等待操作者恢复控制装置,进行下一步操作指令。

② 机床合理布局。对企业机床进行有效的合理布局,形成 U 形线生产方式、单元生产方式。U 形线生产方式、单元生产方式可以使操作者在 A 机床加工零部件时,进行 B 机床的工件装卸操作,当 B 机床进行零部件加工时,操作者可以对 C 机床进行装卸操作,当 C 机床加工零部件时,操作者回到 A 机床进行装卸。以此类推实现了机器与操作者的高效率生产,减少了企业的浪费现象。

单元生产方式如图 3-13 所示。

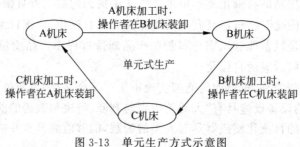

图 3-13　单元生产方式示意图

③ 推行多技能操作。以往的企业操作者,多为单一工种的操作技能,劳动效率低下、工作范围狭窄。操作者的工作内容长期不变,员工对工作产生疲劳感。同时由于操作内容单一,企业员工不能相互替代等原因,造成员工人数不断增加,当某种产品不能满足市

场需求时,企业员工出现了多余的现象。

丰田生产方式的自働化,需要企业员工必须具备多技能操作,也就是要面对 A、B、C 三类可能不同的机床操作,以适应企业生产产品的品种的变化。企业员工不但会使用一种机床及产品的加工,同时还会使用其他类型的机床加工不同种类的产品。企业员工在多技能操作的过程中得到了技能的扩展,得到了新知识的培训,个人素质也得以提高。

（2）企业生产的异常管理

异常管理就是为检测、控制、解决生产过程中的错误、突发、失控状况而制定的一系列措施和管理手段,是自働化体系的一个系统。

生产现场中,每天都会出现各种不同的问题,需要企业员工对异常事件进行快速的反应和处理。企业针对异常管理是企业管理项目的重要一项,需要大量的自働化技术进行具体的支持。自働化异常管理包括自动警报系统装置、操作异常管理目视看板、设备设施能力监控表等一系列方法和设施。

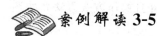

案例解读 3-5

汽车生产线"安东"设施的使用

汽车生产装配制造在原有的生产过程中,如果出现装配问题,需将问题车辆转移出生产装配线进行下线解决。这种生产管理方式造成生产问题不能及时解决,问题也不能及时反馈到生产组织者面前,造成企业信息闭塞,失去了对问题及时解决的机会。

丰田生产方式在汽车总装配线进行整车装配的过程中,如果操作者在装配时发现,如零部件质量不合格无法装配、设备损坏无法使用,物料没有及时供应影响装配节拍等情况,操作者将及时启动"安东"警报设施。这时生产线上的警报装置会同时联动,报警灯闪烁、警告目视管理板上的工位灯点亮,这时有关人员将及时到达出事工位进行事故处理,解决问题。这种"安东"装置,就是丰田生产方式自働化的体现。

"安东"呼叫系统使用流程如图 3-14 所示。

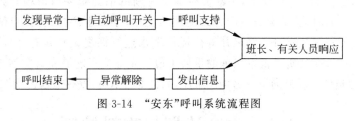

图 3-14　"安东"呼叫系统流程图

（3）自働化的防呆、防错系统

自働化的防呆、防错装置是针对不良品或操作失误等不正常现象所采取的预防措施,可以确保操作者或机器不生产不良品,或在出现不良品时能使机器及时地停止工作。

防呆、防错在企业实际生产制造过程中,有其特有的功能。

① 作业操作失误时,工件无法进入设备进行装卡。

② 出现不良产品时,机器自动停机。

③ 加工产品出现失误时,自动报警。

④ 不合格无法组装,不能被使用。

3. 自働化的优点

企业生产通过实现自働化,机器能够保证产品质量,确保生产设备不生产不良品。如果发现不良品将自动停机,这样可以使产品质量得以提高。生产设备的防呆、防错的使用,使操作者出现的失误被杜绝,突发事件降低,保障了产品质量和生产的安全。自働化生产简化了人工的控制内容,使生产效率得以提高。

自働化的推行,企业实现了"一人多机"操作,提高了员工本身的技能,实现了人员减少,降低了企业的运营成本,企业从中获得效益。

企业如要推行自働化生产,首先,要对企业员工进行有效的培训,培训员工具有精益生产的理念,使每一个员工对精益生产管理有深入了解,并接纳精益生产思想;同时还要对员工的操作技能进行培训,培训员工具有多技能操作的能力,并且操作方式方法要按照企业的标准作业严格执行。

其次,企业应建立对生产设备进行全员维护制度。建立一系列的设备维护管理条例,督促员工对设备的维护和保养,逐步从设备的专业维护转向设备的自主维护,保证生产设备的完好率、可动率,实现和达到生产要求的嫁动率,使生产设备满足生产的需求。

自働化的实现是生产准时化的保障和前提。企业生产要实现准时化,其生产物料的供应必先实现准时供应,也就是企业生产物流的现代化管理必须科学管理,企业必须重视物料的供应环节,企业物流必须得以重视和发展。

最后,企业自働化的实现,要求企业供应商供应的零部件、原材料的质量必须达到满足生产的需求,不能出现不合格品流向生产线的情况。逐步鼓励供应商提供的产品从百分之百的检查走向产品免检。

准时化生产强调的是企业实现"零库存",强调的是减少企业生产成本,因此企业必须对生产现场进行科学的组织与管理,全面推行生产现场 5S 管理制度,全面推行企业生产现场、设备、管理等的改善与创新,不断使企业具有新的活力来参与市场的竞争。

"自働化"和"准时化"是丰田生产方式的两大支柱,丰田生产方式的"自働化"是要使生产设备具有"发现问题及时自动停机并等待操作者来进行恢复正常状态"的功能,是丰田生产方式生产体系中,产品质量得以保证的重要手段。企业为了能够完善实施准时化生产,必须让百分之百合格的产品流向下一道生产工序,而且要有节奏,没有拖延;否则组装线将停产。

3.5 生产计划与物料控制

企业的生产、经营活动是按计划执行的,企业没有计划就无法进行正常的生产与经营,计划是企业生产管理的首要职责。

现代化企业生产中,由于企业生产产量的规模化、社会化,产品品种的多样化,生产产品技术的专业化,促使企业生产各部门必须相互协调合作,才能满足企业生产的需要。任何部门都必须严格按照企业的总体规划认真执行生产计划的要求,并且相互支持和帮助,才能完成企业生产任务。

企业的生产运作需要组织和调配多种资源(包括人员、材料、零部件、资金等),需要企业各部门在规定的时间内,按生产计划的需求提供资源或服务。为了将企业资源按需求进行有效分配,使资源利用最大化,企业要制定周密、合理、科学的生产计划。生产计划既是企业组织生产的依据,也是企业生产执行、管理、考核的重要内容。

企业生产计划是根据企业经营战略、市场需求预测、市场对产品需求的订单来确定的,是规划企业生产哪种产品、生产产品的速率、产品生产的时间(交货期)、人员使用量、设备使用需求配置等的计划。企业生产计划必须对以上生产要素进行合理的调配,使企业生产要素的组合处在最佳状态,才能确保企业生产的顺利进行,确保产品能够满足市场的需求。

3.5.1　生产计划

生产计划是企业生产、组织、管理的指导性文件,具有很强的严肃性,是企业内部人员不可忽视和怀疑的。企业生产计划是企业决策层讨论并确认的,根据不同的切入点,可以分成不同的种类。

首先,从时间观点来分析,企业生产计划有长期计划、短期计划和应急计划之分。

长期计划的目的是制定企业在较长时间段的目标,可以是企业的战略规划,或是企业生产组织五年、三年或一年以上的生产计划,是对企业资源的合理使用的规划。

短期计划基本是指生产周期在一年以内、几个月或者几周的生产计划。短期计划同样也是对企业资源的合理使用。

应急计划基本是指一周或者几天的生产计划,是企业为了某一短期的生产目标而制定的临时性生产计划。

其次,企业生产计划可根据在生产中的重要性、关键性分成主生产计划、辅助计划。

主生产计划是指生产企业针对某一种产品或几种产品在某一时间段的生产产品的数量、质量、交货期的规划。主生产计划制定的依据来源于企业的战略规划与市场对产品的需求和用户的订单数量。

辅助计划是指针对主生产计划之外的工作进行的规划,是主生产计划的补充,也可以是主生产计划的调整计划或预备方案,可以帮助企业员工更好地完成企业主生产计划。

1. 生产计划的编制

生产计划的编制是依据企业的战略规划、市场的需求、用户订单数量而制订的,需要企业收集很多相关的信息,包括用户订单、企业战略规划、市场预测、企业生产能力、企业员工工作能力、技术能力、设备信息、企业资金状况等一系列信息。企业生产计划是企业纲领性文件,一旦制定将是企业生产运营的规则,各部门必须按照生产计划进行组织生产。

生产计划编制的目的是为企业如何生产而进行指导的,是为企业进行生产管理而服务的。作为一个企业生产管理人员,必须对每一时间的生产计划进行充分的了解和分析,做到对生产计划"了如指掌",并且认真按照企业的生产计划来执行。

生产计划是企业生产组织和运营的规范和依据,是企业决策层制定的企业目标、生产产品战略规划的具体实施方案。编制生产计划时必须严肃、认真、缜密。

生产计划的编制有其独有的特点。首先,生产计划具有时限性特点即企业生产计划都有一定的时间范围要求,都是在一定的生产条件、市场需求状态下编制出来的。其次,企业生产计划对如何组织生产、需要何种资源(人员、设备、资金、场地等)都有具体详细的表述及说明。

编制企业生产计划时必须包含以下内容。

(1) 做什么

做什么就是指企业该生产计划是为生产何种产品而制定的,要写清该产品的名称、数量、质量要求、生产周期、生产频率以及生产所需的支持。

(2) 谁来做

谁来做是指该生产计划中,产品的制造有哪些部门参与生产或支持生产,有哪些人员参与生产加工制作。

(3) 时间段

时间段是指在该生产计划中生产该产品所需要的生产周期,也就是生产的起始时间和结束验收时间。

(4) 做多少

做多少是指生产计划中一种或几种产品生产的各自生产量或某一种产品在某一时间段生产的数量等。

企业生产计划需要编制的内容很多,在此不能一一列举,生产计划编制内容应根据企业的需要,写清楚其中的诸要素,以便于生产人员执行。

生产计划编制流程如图 3-15 所示。

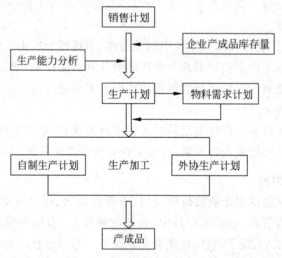

图 3-15　生产计划编制流程图

2. 企业生产能力分析

企业在生产计划编制时必须对企业自身的生产能力进行分析、评估,以便于考核企业生产能力是否能够满足生产计划的需求。过高的企业生产能力评估,将使企业编制出来的生产计划无法按时完成,造成交货期的延迟,无法满足市场的需求。过低的企业生产能力评估,会造成企业生产资源的闲置浪费,使企业生产车间没有满负荷的生产任务,将会产生企业生产能力的浪费。因此,在编制生产计划时必须针对企业的生产能力进行科学、认真、严谨的分析与核算。

企业生产能力也被称为企业生产负荷能力,体现的是生产产品制造能力,可以理解为制造工时计划或机器、人员、设备相结合的工作负荷承受能力。只有做好对机器、人员的负荷能力的分析和评估,才能更有效地编制企业某一产品的生产计划,才能使生产计划切实可行,做到"知己知彼,百战不殆"。

企业生产能力计算公式为

企业生产能力＝月工作日×工作时间×开工率×人员数量或设备数量

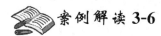 案例解读 3-6

企业生产能力评估

某一汽车零部件制造厂,拥有机械加工设备 20 台,每月有效工作日为 20 天。每天以白班、夜班两班制进行生产,工作时间各为 8 小时,生产班次的开工率均为 80%,则该企业的生产能力(生产负荷能力)为多少?

企业生产负荷能力＝20(台)×8(小时)×2(班)×20(人)×80%＝5 120(小时)

企业生产能力(生产负荷能力)的分析要点如下。

① 生产某一种产品时,每一道工序的制造工时。

② 生产某一种产品时,所需要的员工数量、操作技能水平。

③ 工序之间的加工节拍要实现均衡生产,避免上下工序出现等待现象。

④ 销售计划的交货时间是否能够满足企业生产需求。

⑤ 紧急订单对生产能力的冲击。

3. 企业生产能力的调整

企业生产过程中,当订单数量大于企业生产产量负荷能力或由于紧急订单对正常生产能力进行冲击时,企业应对生产能力进行有效的调整,以满足市场对产品的需求。

(1)加班(或延长工作时间)

企业接受订单后,尤其是接受紧急订单后,受订单的时间(交货期)限制,给企业生产造成短时产能(负荷)不足的现象。这时企业可以通过加班加点,延长企业生产工作时间来提高企业的短时间内的产能。

(2)外包生产

当企业接受的订单严重冲击企业现有生产秩序或严重超出企业自身的生产能力时,企业要将部分订单或瓶颈工序的加工外包给相应的企业进行外协加工,以提高本企业的自身生产负荷能力,满足市场订单的时间需求。

(3)增加临时用工及设备

企业如果长期处于生产能力不足时,就应考虑是否需要增加员工数量及机械设备台数来提高自身的生产能力。企业计划通过增加员工人数和设备台数提高企业生产能力(企业生产负荷能力)时,要重新对市场信息进行收集、评估和分析,避免盲目生产能力的扩张,造成企业生产能力过剩,成本增加,利润下降。

 案例解读 3-7

生产能力调整

某机械加工企业接到生产订单,生产 A 产品 300 件,生产 B 产品 500 件,生产 C 产品 200 件,交货时间为 30 天。

(1) A 类产品的加工工序及工时

工序号	机床名称	工时/小时
1	车床	0.32
2	铣床	0.24
3	车床	0.18
4	磨床	0.15

(2) B 类产品的加工工序及工时

工序号	机床名称	工时/小时
1	铣床	0.34
2	磨床	0.08
3	车床	0.25

(3) C 类产品加工工序及工时

工序号	机床名称	工时/小时
1	车床	0.43
2	磨床	0.25

该企业拥有车床 3 台,铣床 1 台,磨床 2 台,企业生产计划工作生产日为 25 天,5 天为准备和发货时间,企业工作效率为 90%。试分析企业生产能力是否满足生产需求?如不能满足生产需求,应如何调整生产计划?

解题:

计算车床、铣床、磨床 25 天工作日的各自的总工作能力

车床工作能力 = 3(台) × 8(小时) × 25(天) × 90% = 540(小时)

铣床工作能力 = 1(台) × 8(小时) × 25(天) × 90% = 180(小时)

磨床工作能力 = 2(台) × 8(小时) × 25(天) × 90% = 360(小时)

A 类产品使用机床能力需求

车床: (0.32 + 0.18) × 300 = 150(小时)

铣床: 0.24 × 300 = 72(小时)

磨床: 0.15 × 300 = 45(小时)

B 类产品使用机床能力需求

车床：　　　　　　　　$0.25 \times 500 = 125$（小时）

铣床：　　　　　　　　$0.34 \times 500 = 170$（小时）

磨床：　　　　　　　　$0.08 \times 500 = 40$（小时）

C 类产品使用机床能力需求

车床：　　　　　　　　$0.43 \times 200 = 86$（小时）

磨床：　　　　　　　　$0.25 \times 200 = 50$（小时）

A、B、C 三类产品共用机床能力需求

车床：　　　　　　　　$150 + 125 + 86 = 361$（小时）

铣床：　　　　　　　　$72 + 170 = 242$（小时）

磨床：　　　　　　　　$45 + 40 + 50 = 135$（小时）

机床能力分析数据表如下。

机床类型	工作能力（小时）	能力需求（小时）
车床	540	361
铣床	180	242
磨床	360	135

机床能力分析柱状图如下。

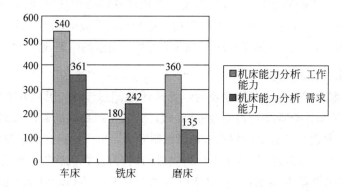

通过以上数据计算与分析，得出只有铣床不能满足生产需求，实际与订单生产的生产能力相差 62 小时，其他机床的生产能力才能够满足生产计划的需求的结论。

调整办法：

将铣床加工时间延长，安排铣床操作者每天加班生产，总计加班 62 小时，以满足生产需求。

这样企业生产能力的调整，就可以满足市场订单的需求，使企业获得利润。

3.5.2　物料需求计划

在企业生产运营过程中，生产计划的编制与执行体现的是生产如何按时间节点要求交货的基本保障。满足生产正常运行，需要涉及对企业资源的合理利用。生产计划应完整、清晰地写明具体内容，企业员工针对生产计划，只要认真执行就可达到生产目标。

企业生产计划的准时实施,生产的产品能够准时交货是在生产物料及时供应的前提下完成的,是企业生产资源(人员、设备、资金等)的合理安排和科学利用保障的。企业生产能够正常运营,首要的是企业生产物料必须准时达到生产的要求。

企业对生产物料的管理能力,直接关系到企业生产能否顺利运营。企业对物料的管理方法及措施直接影响企业的生产成本、产品质量、企业资金的使用、企业空间的利用等一系列问题。

企业生产物料管理是企业生产物流的重要内容。企业物流的管理首先要做到物料供应不断料,即企业生产用料应连续不断、及时地供应到生产现场。企业生产现场出现断料,就有可能出现生产等待的浪费,就会导致生产无法顺利进行,使生产计划落空,生产现场出现混乱。

其次,物料供应在生产现场不能出现"呆料"现象,即生产原材料应及时准确地供应生产现场,不能出现生产原材料在生产现场中过多堆放,占用有限的生产现场空间。如果由于生产计划的临时更改造成原材料没有及时消耗或者组装,企业生产部门应及时将延迟应用的物料进行回收入库,等待生产用料及时供应到生产工位。

最后,企业生产"不囤料"。企业生产用料在正常情况下,原材料的消耗应采用准时化生产供应制,不应出现大批量的生产原材料在企业库房中或生产现场堆放和保管的现象。企业原材料的大量"囤料"会给企业生产运营造成很大的负担,会使企业的生产成本上升、资金占用量增加、企业库存面积增加、管理成本及生产现场管理的难度增加,从而造成企业生产管理成本的浪费增大,即企业原材料的"囤积"给企业带来的是浪费,是负增长。企业生产物流的管理应坚持保质、保量、及时供应原材料,满足企业生产需求的原则,避免以上情况的发生。

1. 物料需求计划的编制

企业生产物料需求计划是依据企业的年营销计划、生产计划、用料清单、企业库存量的大小等信息编制而成。企业生产控制过程(流程)注明,生产物料的需求计划是企业生产计划编制并确认后,针对生产计划的要求来加以编制并确定生产物料的供应与采购情况。

在企业实际生产运营过程中,生产计划生成的同时,计算机软件就已将企业生产用料的数量、品种、时间等基本确定,企业生产所需的原材料报表(BOM表)也制定完毕。这时,企业生产计划、物料需求计划都已成形。

企业生产部门、采购部门、物流部门根据现有原材料库存量、在途库存量,并针对本次生产计划及物料需求计划进行对比,就可生成企业物料的采购计划。

2. 物料需求计划编制步骤

企业生产物料计划编制大致有两种情况,一是预估式生产方式下的物料需求计划的编制;二是订单式生产方式下的物料需求计划的编制。下面就预估式生产方式下的物料需求计划的编制进行分析讲解。

预估式生产(大批量生产)方式的企业,其生产品种基本固定,生产计划的编制中考虑更多的是如何将各品种生产的顺序、生产产量的安排调整到最佳点,使企业在生产运营过程中,始终保持精益生产的理念,做到用最少的资金、最少的员工、最少的场地,生产最多的产品,使企业获得最大的利润。

由于预估式生产方式的企业是大批量生产产品,并且每月、每周的生产产量相对均衡,因此其物料需求计划的编制具有可代表性。

　　针对以上的分析,企业在对生产物料需求计划制定时应充分考虑对原材料的使用频率、数量、成本、价格等因素的需求。

　　(1) 生产信息收集

　　编制物料需求计划时应根据生产计划的安排,进行有效的原材料统计与分析。统计分析包括生产用料的名称、数量、品种、产地、规格、现生产用量、库存拥有量、生产采购在途库存量、使用时间等信息。

　　(2) 确定生产用料性质

　　根据生产用料表(BOM 表)进行生产用料分析,确定有哪些物料为常用物料,哪些物料为特殊用料。常用物料一般指企业生产运营过程中,经常使用、长期使用或生产制造过程中通用或共用的原材料。特殊用料一般指企业不经常使用的原材料,或购买价值较大、库存量较少的原材料。

　　(3) 编制采购计划

　　针对不同原材料的需求时间、数量、价格、库存量来编制企业生产用料的采购计划。企业可以采用库存管理的 ABC 管理方法,根据企业采购原材料的采购原则、企业生产的需要(时间限制)、供应商生产提供时间来编制企业生产物料的采购供应计划。

　　企业生产计划与物料控制更多地依赖于企业生产管理的制度与方法。生产企业采用何种生产组织管理制度(推动式生产方式、拉动式生产方式)对生产计划及生产物料需求计划的编制起着决定性作用。

　　例如,企业只有推行标准化作业,才能实现生产计划的可控性,才能使企业物料采购、供应得以满足生产的需求。若企业员工生产操作随意,没有节拍意识,生产计划则无法按时实施,企业物料供应势必会造成生产现场的呆料、断料,使企业生产无法顺利进行。

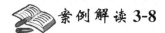 案例解读 3-8

-+-

物料计划单

物料计划单编号:　　　　　　　　　　　　　　生产计划单编号:

序号	物料编号	物料名称	规格型号	单位	计划数量	利用率	实发数量	备注

审批:　　　　　　复核:　　　　　　　制单人:　　　　　　　日期:

-+-

3. 企业生产物料运作流程

在现代企业生产组织过程中,劳动力成本支出占企业生产成本总支出的比重越来越小。企业生产所用的原材料和外购件的成本约占企业生产总成本的 70%~80%,企业生产物料控制和库存管理在生产组织和经营管理过程中显得越来越重要。企业所有的生产活动必须以保证生产顺利进行,满足生产物料准时供应作为基础方可执行实施。因此,重视和研究物料运作流程与物料库存管理成为企业生产管理的一个重要内容。优秀的物料运作流程管理对提高企业的生产率、降低成本、提高效率和效益都是至关重要的。

企业生产物料需求计划的实际应用是以满足企业生产现场需求,降低企业运营成本,提高生产效率为目的的生产组织过程。该流程的制定应使生产物料在生产过程中既能满足生产需要,也能在生产组织过程中简便易行。

企业生产物料运作流程应由企业销售部、生产控制部、物流管理部、质量保障部等部门结合本公司的生产运营模式共同编制而成,是企业生产物料控制的标准作业,企业员工应严格按照此流程完成物料的采购、仓储、保管、发料、配送等工作。

编写生产物料运作流程,可以更好地为企业标准生产作业打基础,更好地对生产进行组织管理,使企业管理实现标准化、规范化。

企业物料运作流程如图 3-16 所示。

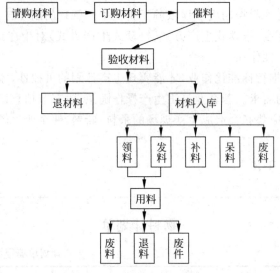

图 3-16　企业物料运作流程图

3.6　生产现场物流管理

市场经济的全球化、全球信息技术的不断发展,使得企业生产运营所需资源获得与产品销售量及区域逐步扩大。过去以国家、地区为销售界限的生产经营思维早已被"地球村"的销售经营意识所代替。社会物资的大流通,带来了商品交易及企业生产经营管理的大变革。

现代生产企业物流是指从原材料的采购到企业产成品的销售及信息传递的全过程，是将采购、运输、存储、加工、组配、配送、销售、服务等一系列有效工作与信息相结合，形成一个完整的供应链系统，是为用户提供多功能、一体化的综合性服务。

企业生产物流是指生产制造企业在生产运营过程中的物品实体流动、信息传递及与企业生产运营相联系的活动。企业生产物流从企业的生产、服务范围角度来分，可分为企业内部物流和企业外部物流两大部分。

1. 企业内部物流

企业内部物流主要是指在企业内部的生产组织管理、经营过程中所发生的物料配送、加工、检查、搬运、仓储、包装、配送及其生产过程中的信息传递活动。

一般情况下，企业内部物流是指从原材料（零部件）进入企业生产现场到产成品销售出库的工作范围，是企业管理的重要工作项目。企业要想实现稳定生产，必须先组织好内部物流的工作。

2. 企业外部物流

企业外部物流是指在企业生产经营活动中与企业供应链中的各企业或相关联的各部门之间的实体物流及信息活动。

一般情况下，企业外部物流被分成两个部分。其一，生产前物料、原材料、零部件的采购运输物流过程。其二，产成品出库到产成品销售及售后服务及某些企业回收物流的工作过程。企业外部物流是指企业与外界的物料实体及相关信息的流动过程，是企业生产正常运行的保障，某管理更加复杂、烦琐，影响因素也更加广泛。

企业生产物流分类如图 3-17 所示。

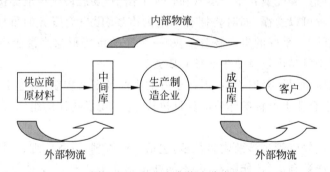

图 3-17　企业生产物流分类图

3.6.1　生产现场物流管理意义

随着改革开放的发展与进步，中国逐步成为世界的加工中心。加工制造业所需的原材料和产品在国内外输入、输出量越来越大，强化现代化物流管理便成为企业管理的重要任务。

传统的制造业物流通常只负责自身生产过程中的物流运输及相关的仓储保管业务，至多涉及采购物流和销售物流的一部分。但是现代物流已发生了很大变化，不仅具有以上的物流业务,同时涵盖物流的信息管理、物流设计、物流成本核算、帮助用户物流改善等诸多项目。因此,我们要认清现代物流及制造业物流管理的新意义和新目标。

首先是生产企业物流管理提出了新的目标,即JIT物流。JIT物流意味着在需要的时间、按需要的量、供应需要的产品,这对物流管理理念和管理手段提出了新的要求。物流管理与生产管理的一体化发展,大大促进了准时化生产管理的推广。现代物流被称为企业"第三利润"来源,大型制造业的物流资源管理应当更多地为企业产生效益。

企业物流管理创造利润首先体现在库存管理的成本降低方面。JIT物流管理实现的是"零"库存概念,体现的是科学的库存管理方法。将物料库存与生产用料时间、采购时间、运输时间有效结合,实现的是需要的时候,供应所需要的量。降低库存量本身,就降低了企业的库存管理成本和运营成本,以及企业人员及物料保管等一系列成本支出。

其次,企业物流的合理运输降低企业生产成本的投入,提高企业物流的生产效率。企业物流路线的不断完善与改善,使物流人员数量和设备数量得以降低并使设备的使用率得以提高,物流路线得以缩短,使企业物流生产效率不断提高。

生产企业物流的管理、改善,不仅仅体现在企业生产成本的降低,生产效率的提高,更主要的是促使员工积极主动地为企业生产高效率、低成本进行改善,形成了优秀的企业文化,这是企业生产物流管理的重要意义。

最后,生产企业物流的管理与改善,减少企业物流使用生产面积,降低企业的生产投入,减少企业生产运营的成本。企业生产计划性强,人员、设备、原材料购入及时,生产物流顺畅,企业闲置资产转换,使企业在银行的利率减少,增大企业创造利润的机遇。

生产加工、制造、装配业在生产运营和管理工作中,要想使生产能够按计划完成,首先要有一个好的流程可以遵循,同时要拥有一个为市场、用户而服务的目标。常言道:"没有规矩,难成方圆。"一个好的生产制造企业、一个好的市场形象来源于企业良好的信誉,按时、保质、保量交货是市场竞争中的核心要素。

企业能够保质、保量、及时交货,得益于好的生产计划及控制,得益于企业员工尽心尽力的工作,得益于企业生产标准作业的认真执行,生产现场物流的组织与管理也是其中重要的项目之一。

生产企业现场物流管理涉及内容很多,包括人员管理、设备管理、计划管理、物料管理等。保障企业生产顺利进行,能够有序、不间断地给企业生产线及时配送物料,必须有良好的标准流程管理。

生产现场物流管理标准流程作业如下。

① 物流人员对入场的原材料(零部件)进行外包装的初步检验,合格者接收入库。

② 入库的原材料按生产需求和生产企业要求不同,在生产现场暂存区、分区分类进行存储。

③ 物流人员按照生产计划以及生产指示看板的要求,对物料进行拆包、分拣。

④ 物流人员将分拣的物料按生产产品品种的顺序或生产指令进行分拣、组配。

⑤ 物流配送人员按生产现场指令(节拍)将物料配送到生产工位(工序)。

⑥ 物流人员将生产现场空置的工位器具及回收物料带回物流场地进行处置。

生产现场物料管理标准流程,如图 3-18 所示。

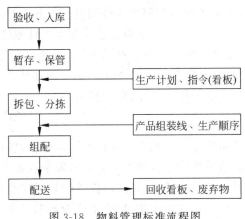

图 3-18 物料管理标准流程图

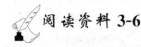

入库、验收人员标准作业

(1) 部品、零部件车辆来货后引导车进入厂房。

(2) 进入厂房后车尾不允许超过停车位置线。

(3) 车辆停好位置后将发动机熄灭,打开车辆一侧的飞翼及箱板。

(4) 首先要检查货物、托盘等外观有无破损或散包。

(5) 卸货时要单层卸货。

(6) 将卸下来的部品摆放到开捆场,待卸完货物时,进行开捆处理。

(7) 卸完一侧的部品后,将要返回的规格箱清点好数量放到车上,关好箱板及飞翼。

(8) 将车辆另一侧飞翼门打开,检查货物有无损坏,进行卸货作业。

(9) 卸货完毕后,要进行部品数量、品种的核对,完毕后在单据上签字。

(10) 检查车辆飞翼门是否关好后,打开厂房大门让车离开厂房。

3.6.2 生产现场物流管理要素

企业生产制造过程中,更多的企业管理都体现在生产组织与质量控制方面,针对企业生产现场物流管理的任务及内容,有很多企业还没有将其提升到议事日程之中。

生产现场物流管理对企业生产运营起着重要作用。物料的准时供应,是企业生产运营的基础保障,物料的库存影响企业的运营成本,物料在生产现场的存放方式,关系到企业生产现场的管理与准时化生产的运行。

生产企业应高度重视生产现场物流管理,拥有一个好的物流生产管理制度,将是企业生产管理好的开端。

企业生产现场物流管理关键要素包括以下三个方面。

1. 物流速度

企业生产现场物流速度是指物料在供应中的准时性、高效率,物料供应是否及时到位。在生产组织过程中,企业各部门按照生产计划进行组织生产,如果生产用物料(零部件)没有及时供应到生产工位(工序),那么将无法按照生产计划进行。企业生产物料的供应,要求的是物料供应速度既不能落后于生产需求,也不能提前供应堆积在生产现场,应针对生产需求实现准时化供应,满足生产的需求。如果企业生产物流速度不能满足生产需要(超前、滞后供应),将使企业生产停止,蒙受损失。

2. 物流质量

企业生产重视的是产品质量。影响产品质量的因素很多,包括人员、机器、操作方法、原材料、制造环境等,其中造成质量不合格因素就是来源于企业生产物流的质量。生产企业物流质量包括生产原材料的供应质量、供应商提供的零部件的检验质量、合格产品是否及时供应到生产工位(工序)的物流速度质量、企业库存物料的保管质量和生产物流装卸搬运质量等。

企业生产物流的质量作为企业生产的"大后方",势必要备受重视。企业生产物流必须加强管理,做到物料的供应保证在生产要求的时间准时到达,保证供应的物料为合格物料满足生产之用,保证供应生产装配所需的物料数量。做到不合格产品不验收,不合格产品不配送,不合格产品不流通,不合格产品不上线。只有保障生产物流的工作质量,使物流供应质量达到企业和满足企业生产现场的需求,才能使企业生产顺利进行。

3. 物流流量

企业生产物流提到了生产物流速度和生产物流质量,这仅仅是生产企业物流管理的一个方面,而物流的流量控制是企业生产物流效率控制的主要方面。

生产企业物流必须重视物流的流量,在物流运输、搬运的路线设计上要充分考虑如何减少运输和搬运距离,在运输搬运的过程中要考虑如何使物流搬运量为最大,增大企业物流的运行效率。

例如,在进行企业生产物流路线设计时,应充分考虑人员的使用数量,物流运输及搬运的行走路线图,物流设备使用率,物流运输工具的积载率等。

生产企业物流流量的管理,主要是针对在物流过程中,如何使运输、配送、搬运量最大化。如果企业生产物流流量最大化,就能够减少物流搬运次数,提高物流效率,降低物流成本。

物流流量的最大化可以充分考虑运输、搬运、配送是采用物资的单元化包装或集装箱包装,可以充分考虑物资包装采用专用工位器具,可以充分考虑运输工具的机械化,这样就可以提高生产企业的物流流量,满足生产需求。

生产物流管理不仅仅是针对物流的经营进行管理,更多的是要参与到企业生产的管理之中。只有站在一定的生产管理运营高度上去分析物流的经营与决策,才能使企业物流更好地适应企业生产。

企业物流管理在企业的设备、设施布局上应积极为企业出谋划策,只有好的生产工艺、优秀的生产组装线,优秀的生产设备布局,才能有更好的物料供应路线配置。

企业生产物流管理最重要的是如何降低企业生产成本,提高企业生产效率,保障企业生产正常运行。

3.6.3　生产现场在制品(物料)管理

生产现场在制品(物料)管理就是对在制品(物料)进行计划、协调和控制的过程,是企业生产物流的工作内容之一。在企业生产过程中,做好在制品管理工作有着重要的意义。在制品管理是调节各个车间、工段和工序之间的生产及组织,是各个生产环节之间均衡生产的重要杠杆。科学合理地控制在制品、半成品的数量,做好在制品保管工作,及时发放在制品,可以保障企业生产的顺利进行,保证企业生产的产品质量,节约流动资金,缩短生产周期,提高企业在市场中的竞争力。

企业生产现场在制品的管理工作,要求对在制品的投入、产出、领用做到有记录、有管理。在制品的发放要记录数量,有领用凭证,出入要及时登记入账。在制品管理应井井有条,做到有序管理。

1. 建立和健全收发领用制度

在制品和半成品的收发领用,要有入库单、领料单等原始凭证。在制品的库房管理应严格按制度进行验收、入库、发放。在制品和半成品的收发应遵循"先进先出"的原则,使库存的半成品经常新旧更迭。

在制品(物料)在生产现场暂存区进行配送时,物流人员应根据生产指示看板进行零件配送,做到没有生产指令看板,不拆包、不分拣、不配送。

案例解读 3-9

材料领用单

领用单位:　　　　制造单号码:　　　　发料日期:　　　　领料单号码:

材料类别	材料名称	规格	单位	领用量	实际投入量	结余量	说明
用途说明							

经手人:　　　　　　　审批人:　　　　　　　签字日期:

2. 正确及时地进行记账核对

企业生产过程中，车间与车间、工段与工段之间、工序与工序之间的中间在制品（半成品）的收发必须及时登记，并将信息及时传递到有关部门。登记的同时还要做到定期对物料进行盘点，做到账面、实物相符。

在制品和半成品在生产过程中数量有增有减，为了精确地掌握它们的数量，除了要经常登记核对以外，还要做好在制品的盘点工作。企业盘点工作根据企业生产任务及规定进行，一般有季度盘点和月盘点两种形式。

 案例解读 3-10

在制品材料报表

材料类别	原料	材料	呆料	废料	制表时间： 第　　页　共　　页							

材料编号	材料名称	规格	单位	上月库存		本月入库		本月领出		本月结余		备注
				数量	金额	数量	金额	数量	金额	数量	金额	

审核签字：　　　　　　　　　　　　　　　　　制表人：

3. 合理地存放和保管

企业生产现场在制品库存管理有两种形式。其一，企业生产现场有物流库房的情况下对在制品及半成品的管理。其二，企业推行 JIT 生产方式，生产现场只有物流暂存区的管理模式。

企业生产现场有库房的情况下，按 ABC 分类法进行仓储管理。ABC 库房管理原则是数量上占比重为 20% 左右但资金占用量占比重 80% 左右的零部件，作为"A 类零件"给予重点管理。对数量及资金占有量一般的零部件，作为"B 类零件"给予普通一般性管理。资金占比重为 20%，数量占比重为 80% 的在制品，则作为"C 类零件"给予经常性盘点发放管理。

在制品管理工作中，仓库起着十分重要的作用。在制品仓库往往是几个生产单位的联结点。仓库不仅要做好保管、存放、分拣、配送等工作，而且要协助生产控制部及采购部进行物料的跟踪管理。

企业推行 JIT 管理模式的生产现场在制品管理，其物料的暂存区容量较少，企业生产用料基本按生产厂家、在制品种类进行分区仓储保管。体积较小的零部件进行仓储暂时保管，并且二次分拣，体积较大的零部件由供应商直接配送到生产工位。JIT 模式物流重点的工作是完成及时、保质保量的配送任务。

企业推行 JIT 生产管理方式,一般情况下生产现场物料暂存区存放的物料数量有限,仅仅是维持生产 2~3 天的供应量,个别零部件存储量可能达到 1 周的生产用量。

企业生产现场物料(在制品)的管理是企业生产现场管理的重要项目。生产现场物料存放数量关系到生产现场 5S 管理,关系到生产成本的投入,关系到企业生产面积的应用。

3.6.4 物流人员管理

在国家实施宏观调控政策,经济持续快速增长的推动下,中国物流业延续了进入新世纪以来的良好发展势头。但是也应该看到,我国物流服务的供给能力和服务水平还难以满足经济发展的需求,业务水平还有待提高。物流企业的业务水平体现在物流服务质量、业务范围、人员素质、业务管理制度、物流设备更新等方面。

目前我国的物流市场是全球发展最快最具有发展潜力的市场。物流业务在市场中各个领域快速发展。物流企业既面临着严峻的挑战,又有着令人羡慕的广泛市场。如何学习和借鉴国外先进的经营理念、管理技术,提高物流业管理和服务水平,成为加快我国物流发展的核心问题。

生产企业物流在企业运营管理过程中对人员的管理极为重要。生产企业物流的科学管理及发展,必须对员工进行有效的培训和严格的考核。物流企业的发展,其核心是人才培养与人才利用问题,要调动每一名企业员工的积极性,使每一个员工能够自觉地融入本企业管理文化之中,自觉为企业而服务。

对于企业物流人才的培养与管理着重在以下几个方面。

1. 人员岗位设置

企业生产现场物流人员组织机构和人员设置是企业管理必不可少的一部分。现代大型生产企业已认识到生产物流对企业生产及市场竞争的重要性,纷纷将企业物流管理从企业组织机构中的生产控制部门分离出来,形成独立部门或物流活动单独核算。

物流部门的独立最主要的是为物流人员建立一个更有利于工作的优秀环境。岗位部门的独立,从发展的角度看使从事物流工作的人员工作重点从原有的制造(销售)领域走向物流领域,工作内容思路更加专业化。企业人才的利用,归根结底是要为人才的发挥建立和开拓一个用武之地,避免人才的浪费。

企业组织机构简图,如图 3-19 所示。

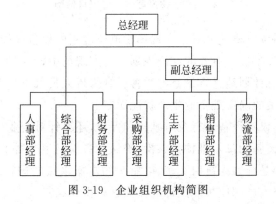

图 3-19 企业组织机构简图

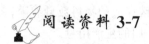阅读资料 3-7

物流经理岗位职责

(1) 根据企业战略规划,负责物流部门的目标建立,确保物流体系正常运行。

(2) 根据市场的需求,负责监督和指导物流计划的编制和物流运行的控制。

(3) 负责审批物流计划并确认。

(4) 建立健全本部门岗位责任书、岗位规范及标准作业。

(5) 充分调动员工的工作积极性,设立员工培训课题及目标。

(6) 负责指定物料仓储库存量,控制物流成本,确保满足企业生产需求。

(7) 维持和改善物流工作流程、设备设施、工作现场环境。

生产企业物流部操作岗位基本由设备维修岗位、仓储保管员岗位、分拣工岗位、信息管理员岗位、技术员现场,工程师工作岗位组成。

物流岗位的设立是根据物流公司组织规模而定,可设立成一个独立部门,车间或者一个工段。人员(岗位)数量的设置大多是根据物流业务量而定,本着用最少的人、最少的设备、最少的资金投入、获得最大利润的精益生产理念进行工作岗位设置。

物流部操作岗位机构如图 3-20 所示。

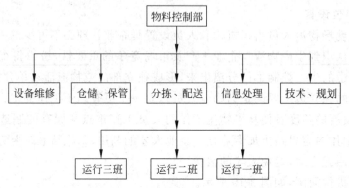

图 3-20　物流部操作岗位机构图

设置设备维修岗位主要是针对生产现场物流所应用的设备设施进行日常的维修与养护,需要针对企业的设备进行有效的维修规划。生产现场中,一些生产用的叉车、牵引车、托盘、物料箱等需要有计划地进行维修与改善。维修班人员可以是专职维修人员,也可以是兼职维修人员,人员的确定视企业生产状况而定。

物流维修人员不仅对设备进行及时维护和保养,还要针对企业生产设备、设施进行维修计划的编制,进行设备的日常维护与点检,确保设备满足生产需求。

下面案例讲解的是维修人员对叉车、电瓶车的电瓶水短缺进行维护补充的标准作业指导书。每一名维修人员都应按照此标准作业进行操作。

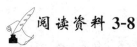 阅读资料 3-8

电瓶水补给操作要领书

序号	作 业 顺 序	操 作 要 点
1	每天充电结束后检查电瓶液量	充电前加注电瓶水可能溢出,会导致电瓶短路,影响周围环境 要关闭电源,拔下蓄电池插头后作业
2	打开加注塞,目视检查电瓶液量	佩戴好劳保用品,禁止徒手作业,避免烧伤 检查电解液是否处于最低液面与最高液面之间
3	用漏斗和量杯对电瓶进行补给	补给时要用漏斗加蒸馏水,禁止直接加注
4	检查电解液液位是否达到规定标准	当加注多了时要用吸管将其吸出
5	加注完毕要对电瓶表面进行清洁,保养	用湿布擦去电瓶表面残留的电瓶液
6	填写记录单	

设置仓储保管岗位是针对企业生产物料的接收与保管。企业生产物料经过采购部订货以后,供应商按规定时间将货物送达企业生产现场,企业仓储人员按计划进行货物验收、入库、临时仓储、分拣、组配、配送等工作。生产现场的仓储多为临时仓储,其存储量极少,仅仅能维持生产线装配用量的2～3小时。

第一,仓储人员针对货物的外包装进行初步质量判断。判断外包装是否有水迹、破损、开包等现象,若没有则基本确定货物为合格;反之,拒绝接收或交质量保障部进行检查。企业接收验货人员的工作岗位十分重要,是企业物料质量控制的第一关,因此应按照标准作业进行操作。

第二,仓储人员将合格货物搬运到临时仓储区,按仓储规定的区域进行分类、分区存储,填写记录单。

第三,仓储人员按照仓储要求(标准作业)及时对物料进行商品养护,保障物料在库质量,同时仓储人员定期对物料进行盘点,确保在库物料没有损失。

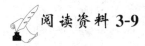 阅读资料 3-9

库管员(入库)岗位职责

(1) 负责集装箱拆箱区的及时清点。

(2) 查验入库集装箱的箱封是否完好,开箱检验箱内货物有无破损或差异。

(3) 严格按照箱单核对箱内的货物,对进入入库区的货物进行分类,并合理利用仓库空间,粘贴入库条码和货物标志。做到四不、六防、三清。

(4) 组织高位叉车司机进行入库作业。

(5) 监督三吨叉车进行作业。

(6) 负责场地越库作业。

> （7）负责建立详细的入库货物明细账，并及时填写各项有关单据与报表。
> （8）经常检查库存物资，防止因人为操作或保管不当造成货物损坏或丢失。
> （9）负责对库内所需集装箱的吊落。
> （10）检查安全、防火、防盗设施和措施，发现问题或隐患及时汇报。

分拣、组配人员的工作内容主要是针对企业生产计划(组装生产线的产品型号、顺序)进行生产前物料的准备工作。

物料的准备是根据生产计划而进行的。生产计划中规定了生产线的产品型号及装配顺序(尤其是产品型号不同，混流生产时)，企业生产线的产品及顺序制定了生产物料需求顺序。分拣、组配人员根据物料清单进行货物的分拣，并且将分拣好的物料组配在一个台车上或存放在发放区，等待配送人员按时进行生产线物料配送。

配送人员将分拣好的物料台车，按照生产线的装配顺序要求进行顺序连接，通过驾驶牵引车按照企业生产节拍的要求，准时将物料配送到生产组装线的工位区。同时将生产线上的空工位台车、回收物带回临时仓储区进行处理。

配送人员各自行走的配送路线是固定的，每一个配送人员的工作路线是各不相同的。配送路线及配送的物料(零部件)是按照企业生产进行设计和科学论证的。企业生产线的物料配送路线及零部件品种，随着生产线生产的产品不同而进行不断的修改。

阅读资料 3-10

牵引车司机岗位职责

> （1）熟练驾驶牵引车，有一定的驾驶技巧。
> （2）保证货物完好，不损坏货物。
> （3）协助检查员进行货物的入库和出库操作。
> （4）要按照车辆使用规定每天进行清洁保养，并会简单的车辆维修。检查设备，发现问题或隐患及时汇报。
> （5）在日常作业过程中如发现货物外包装破损，应及时上报。

企业生产线的信息处理员(微机员)是企业运行的神经中枢，生产线的生产状况完全由信息录入人员将信息传递到企业的各个部门。企业生产现场物流如何与生产线直接对接，重要的就是信息的传递与处理。

信息处理员将生产线的生产计划(产品数量、型号、物料需求)准时打印出来，并且发送到仓储分拣人员手中，确保仓储分拣人员准时拣货，确保配送人员准时将生产线需要的物料(零部件)准时送到生产工位。信息处理员负责日常集装箱单据的收集及录入，负责日常交货单据的收集、录入并及时收回存档，负责建立库内货物的明细账，保证库房内货物、账目、交接单相符，以及账目维护，负责各项单据汇总，与系统账目进行核对，发现问题及时改正。

企业生产物流部门的管理人员，其工作的主要内容是进行企业生产的协调和服务以及针对紧急事件的处理。同时针对企业物流员工的工作情况、生产进度,进行科学的调整与管理。管理人员要针对不同的生产计划,进行设计和规划配送的路线。针对企业生产不同的产量进度,进行人员、设备的调配,同时要针对生产计划安排员工的业务培训任务及生产能力的改善。

2. 员工岗位培训

企业员工培训工作在企业生产及管理过程中是一项非常重要的任务。企业战略规划的实现,市场的开发,企业自身的发展无时无刻不与企业员工素质有关。很多企业感叹员工素质差,不能实现既定目标。但在企业实际生产运营过程中,针对员工个人素质提高的培训进行得非常少,乃至于正常的业务、技能培训为零。

针对这种现状,企业应下大力气对员工进行业务及技能的培训,下大功夫对员工的个人素质及价值观进行有效的培训,使员工能够尽快融入企业自身的文化中。

企业员工的岗位培训是企业对员工培训的项目之一,其目的是尽快使员工能够进行本岗位的操作。以往在很多企业中的岗位技能学习,完全靠师傅带徒弟的做法进行。而很多企业逐步发现,师傅带徒弟的培训方式并不是最有效的员工培训形式,很多的技能加工操作用师傅带徒弟的方法进行培训很慢,并且不能达到企业培训的要求。

当今有效的员工技能培训,更多的是采用专职培训员对企业员工进行的有效培训,他们制定培训大纲、编写培训教材、编写培训计划等,并且实施培训的方案及方法更加科学化、合理化。

企业对员工的岗位培训应重视长期教育的方式,更应重视标准作业的操作培训。提倡企业每个年度都针对员工进行有效的岗位操作标准作业的实训,使企业员工在标准操作的过程中形成习惯化和定式。只有真正实施了有效的员工培训,企业的产品质量才能得以保障,生产计划才能如期完成,成本才能降低,企业在市场中才具有更强的竞争力。

 阅读资料 3-11

发动机入库标准作业

序号	作业顺序	操作要点
1	打开电脑系统"E/G 入库管理"界面	界面中"发动机型号"输入格内横线上方标识点全部是蓝色则为正常
2	扫描枪开始对发动机进行扫描,先扫描发动机侧面的发动机型号,再扫描发动机号码	检查区内一竖行为 4 托盘发动机时,开始进行扫描作业 扫描时,扫描枪要与条形码垂直 扫描枪发射出的红线左右两端要覆盖条形码两端 扫描时听到"嘀嘀"两声为正常
3	扫描结束后,仔细确认现场扫描参数与电脑所显示的扫描参数是否一致	参数包括"发动机台数"、"发动机型号"、"发动机号码"
4	核对一致后,保存系统,将电脑页面返回到"E/G 在库管理"界面	

3.6.5　物流设备设施管理

生产企业物流在运行过程中,有很多设备设施需要在工作中应用。例如叉车、吊车、牵引车、托盘、货筐、微机、条码机、打印机、货架等。生产物流设备设施的维修与保养是物流管理的重要课题。企业在设备维修与保养的问题上应大力推行全员设备效率维修(TPM),即通过全员参与的设备维修管理过程来保障物流设备完好率,保障物流的效率,使企业生产效益最大化。

TPM 是企业设备管理的先进方法与理念,是以设备维修为切入点,带动企业生产的全面管理。TPM 提倡企业员工全员参与到设备维护的工作中,做好设备的自主维护和专业维护,使设备不出现故障,实现"零"故障的目标。

TPM 是 20 世纪 50 年代提出的。最初是针对生产设备不断出现故障,企业生产无法完成订单,不能按时交货,影响企业生产的正常运行的问题而提出的管理方法。

企业针对设备经常出现的故障进行了有效、科学的统计与分析,发现设备的许多故障是周期性的,于是对这类故障提出了设备维护方法——PM 预防维修。

20 世纪 70 年代,PM 预防维修活动被引进日本并得以大力推广,设立了全日本的PM 奖。丰田公司将 PM 预防维护发展成 TPM 全员设备维护并纳入企业生产管理中并成功运用,从此 TPM 设备全员维护在全世界生产企业中被大力推广。

TPM 活动的目标就是消除生产企业的七大损失,即故障损失、准备调整损失、器具调整损失、加速损失、检查停机损失、速度下降损失及废品损失。通过开展 TPM,企业对所有损失事先做好防范,做到"零故障、零灾害、零不良"。

TPM 在企业的推行主要包括如下几种。

1. 自主保全(维修)

保全一词来源于日语,就是设备保养、维修的概念。生产企业根据保全工作的实施责任不同,将企业设备保全分为自主保全和专业保全两大类。自主保全就是设备的使用者自己实施对设备的保全活动。专业保全是指由专业维修人员进行的保全活动。狭义的理解自主保全和专业保全的时候,我们可以认为由设备和场所的使用者本身实施的保全活动为自主保全,由设备管理部门实施的活动叫专业保全。

在 TPM 活动中,最大的特点之一就是自主保全活动。推动自主保全活动的目标就是不断地扩展自主保全的范围,减少专业保全的分量,使生产设备处于随时保养状态,使设备管理实现"零"故障。

此活动是以操作人员为主,对设备、设施、装置依据保养维护的标准来进行检查,并且对设备设施进行给油、紧固等维修保养,对设备故障做些简单的修理。企业开展自主保全活动,主要是要将操作者的积极性调动起来,使他们更加熟悉设备,能对设备进行清扫、紧固、润滑、调整和日常检查确认的工作,并具有早期发现设备故障和进行修复的能力。

自主保全的主要工作就是操作者自主设备点检。企业设备点检基准卡的基本内容包括点检部位、点检内容、点检方法、点检标准、点检周期、点检人员共 6 个方面。

在编制设备点检基准时,首先就要确定该设备需要点检的部位,也就是要确定设备的关键部位、容易出现问题的部位,对这些部位进行故障点分析,来确定点检内容。例如旋转部件、滑动部件、传动部件、连接部件、受力部件、高强度接触部件、紧固连接螺栓、机械限位、密封件等。

确定了点检部位，就要编写点检内容，使操作者能够按照设备点检卡内容对使用设备进行及时维修与保养。设备设施点检卡内容包括设备运行时有无异响、润滑是否良好、零部件有无振动、松动、间隙等。

自主保全的点检主要是依靠人的感官进行外观检查，检查设备的振动、异响、泄漏、异味、松动等方面异常，还包括使用简单工具对设备进行调整、紧固、加油、清扫等方面的工作。

阅读资料 3-12

车辆点检卡

点检项目	点检内容	班次	日期								
			1	2	3	4	5	6	7	8	…
车轮	轮胎有无磨损或损坏，轮缘、轮毂螺帽是否缺失	白									
		夜									
转向	启动后行进过程中要左右转弯试一下转向装置是否好使	白									
		夜									
电瓶水	电瓶水有无泄漏、缺少情况	白									
		夜									
刹车	每天启动车辆后，要试运行前进和后退，将手柄松开检查刹车是否正常	白									
		夜									
仪表	检查仪表盘上的电量指示灯是否正常	白									
		夜									
喇叭	每天启动车辆时鸣笛声音是否正常	白									
		夜									
班长签字		白									
		夜									

2. 计划保全

设备计划保全是企业针对专业保全制定的，每年都制定设备维修计划。企业针对设备的使用年限、生产负荷进行制定设备检修计划。计划保全与自主保全最大的区别在于以专业维修人员为主，生产操作人员为辅的工作方式。

生产企业常用的设备维修一般分为大、中、小修计划。大修计划一般在生产停歇时进行，中期维修计划是在生产间歇时进行，小修计划基本在生产停滞就可以进行。

计划保全是对企业生产设备设施的保障。生产企业针对使用的设备、设施应有固定的专业维修人员进行计划保全管理。

计划保全流程如图 3-21 所示。

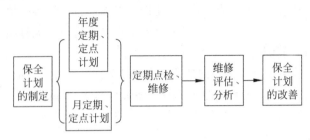

图 3-21　计划保全流程图

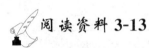 阅读资料 3-13

		车辆维修使用管理	
序号	作业顺序	要　点
1	电量不足	停止使用,立即充电,充电时严格按照充电要领进行作业
2	外观破损	停止使用,作业者及时通知班组长联络厂家维护保养
3	车轮气压少	停止使用,作业者及时通知线外人员对其车轮打压
4	车轮螺栓松动	通知线外人员,拿扳子将松动的螺栓拧紧
5	照明灯泡不亮	停止使用,作业者及时通知线外人员更换灯泡
6	燃油缺少	及时通知线外人员对该车进行燃油补给
7	燃油泄漏	停止使用,通知班组长联络厂家来进行修理,用空桶接漏油点处,阻止油泄漏流到地面,作业者对车或者地面的燃油进行清理,泄漏在外的燃油未清理完毕,禁止一切电源接近漏油区域
8	润滑油缺少	停止使用,通知线外人员对其进行润滑油补充
9	润滑油泄漏	停止使用,通知班组长联络厂家来进行修理,作业者用抹布擦干露在外面的油
10	电瓶水缺少	通知线外人员对其进行电瓶水补给
11	电瓶水泄漏	停止使用,作业者用抹布擦干水溢出的地方,用器具将电瓶内多余的水抽出 马上做 4S,保持电瓶顶部的清洁和干燥,并将出孔罩盖牢 电瓶中有易燃气体,避免靠近火源
12	冷却水缺少	停止使用,作业者对其补给冷却水
13	冷却水泄漏	停止使用,用抹布擦干冷却水溢出的地方
14	刹车不好用	停止使用,通知班组长联络厂家来进行维修
15	刹车油缺少	补给刹车油,不要让杂物进入油罐中
16	仪表功能不正常	停止使用,通知班组长联络厂家来进行维修
17	起重架和升降支撑架不好用	停止使用,通知班组长联络厂家来进行维修
18	铰链伸张度、变形和损伤	停止使用,通知班组长联络厂家来进行维修

3. 个别改善

　　企业生产现场物料运送常用的设备实施应根据生产使用情况、操作者的建议、生产工艺进行有效的个别改善,确保物流设备处于良好状态,使设备能够充分发挥性能,提高生产效率。

　　生产设备的改善与应用是生产运行的必要手段。生产物料的配送经常使用叉车、牵引车、电瓶车、吊车等一系列设备,物流能否正常运行,能否保障生产物料保质、保量、准时送达生产现场与物流设备的良好状态有着密切关系。

 案例解读 3-11

+-+

生产线物料小车改善

　　改善前物料行走小车不能随生产装配线一起运动,造成装配员工反复移动,取料、安装、再取料、安装。生产劳动效率低,操作者劳动强度大,同时生产质量难以保障。

　　改善前物料小车状况如图 3-22 所示。

图 3-22　改善前

　　操作者对物料行走小车进行了改善,在行走小车上加装一块挡板,使行走小车与装配链相连,实现了小车自动行走的目的。该物料设备的改善大大地提高了生产效率,减轻了工人的劳动强度。

　　改善后行走小车状况如图 3-23 所示。

图 3-23　改善后

+-+

物流设备管理首先在设备安装、调制阶段就应严格按照质量标准和技术说明进行,直至安装调试完毕并且试运转正常后才能交付使用。其次,设备使用时应根据设备的技术要求、使用范围进行有效使用,不可超负荷进行运转,同时也要避免空载产生浪费。最后,针对设备的使用应建立完善的标准作业和维修制度,要对使用者进行技术操作培训,只有操作者能够熟练使用设备并经过考核合格后,才能上岗使用该设备。

设备管理应建立责任制。物流工作过程中,任何一台设备、设施都应有主要操作者和准操作人,这两人应对该设备的使用、保养负有不可推卸的责任。

3.6.6　物流现场的安全管理

企业安全管理不是口号,是靠管理细节加以保障的,应从管理人员抓起。企业的安全意识建立,应从企业的高级管理层做起,只有各级管理人员和班组长以身作则,处处以"安全第一"为己任,认真执行标准作业,时刻不忘"安全"二字,才能保障企业的安全运行。

各级主管部门要通过开展经常性的安全生产教育培训、板报宣传、生产安全演练及不安全因素分析等活动保障企业生产的安全运行。企业安全责任重于泰山,直接关系到千家万户的生活与安宁,能否认真推行企业安全制度、建立安全制度是企业生产的首要问题。

各级管理者要认真执行劳动保护方针政策,按照规章制度下达生产工作指令,对员工在生产中的安全和健康负责。管理者应根据生产任务、劳动环境和工人的身体状况具体布置安全工作,做到班前有布置,班中有检查,班后有确认。经常教育和检查员工是否正确使用机器设备、安全装置、个人防护用品等。做到生产设备处于良好状态,保持通道畅通,场地整洁,消除一切不安全因素。

要保证企业安全,首先应对员工进行安全操作方法的指导,开展定期和不定期的检查来检查员工对安全技术操作规程的遵守情况。

其次,管理人员要做到督促班组安全员认真组织每周的安全活动,做好入厂、复工人员的安全生产知识教育。

发生安全事故应立即向上级报告,保护好现场,并积极组织抢救,防止事态扩大。对安全事故要进行分析,吸取教训,举一反三,建立标准作业,避免企业类似事故再次发生。

1. 安全认知及培养确认习惯

简单地说,安全就是在劳动过程中企业员工没有危险,不受威胁、不出事故。企业安全的保障来源于企业员工对工作中的不安全因素的认知。企业的安全工作,应落实在企业员工对不安全因素的识别与判断上。只有正确地认识不安全因素,才能避免和防止不安全事故的发生。

(1) 人的确认

企业安全保障首先是企业员工对自身的确认。也就是说在企业工作过程中,每一个员工针对生产现状、生产环境都要确认对自身没有产生不安全因素,确认自己处在安全位置,自身在操作过程中没有违反安全规定,自身的着装和保护用品佩戴整齐。

其次是在生产过程中对工友人身安全的确认。企业生产制造中,不仅对自身的安全保护要重视,更应重视的是工友相互之间的安全确认。确认工友没有受到不安全因素的威胁,同时要确认工友的生产操作没有对自身产生威胁。

(2) 物的确认

企业不安全因素一是来源于人的因素,另一来源因素就是企业的"物"。企业安全认知及确认,要对物的稳定性进行确认。

首先,要对企业生产现场物品的堆放、摆放、料架存放的状态进行稳定性确认,确认生产现场物料没有对人员及生产现场产生不安全因素。

其次,要对生产现场所应用工具、设备、车辆、料架的稳定状态、完好性进行确认。确保生产使用的设备设施没有给生产造成安全威胁。

最后,要确认生产现场安全目视管理的齐整性,限制标志(危险物品、禁止入内、严禁烟火)等齐备到位。避免人员的疏忽产生不安全因素,实现企业员工的自我保护及自身安全管理。

 阅读资料 3-14

企业员工安全规定

序号	作 业 顺 序	要 点
1	正确穿戴劳保用品	按照标准着装
2	在厂内行走要走人行通道	确认人行道绿色标志,行走 2 人以上不要拉横排
3	在指定地点吸烟	在其他场所禁止吸烟
4	禁止横向穿越生产线	走绿色人行通道
5	不是自己的设备不准随意开动	必须持证上岗
6	工作前四小时不准喝酒	工作期间禁止饮酒
7	不要在厂房内嬉戏、打闹、大声喧哗	容易产生安全事故
8	不得穿拖鞋、凉鞋进入厂房	必须穿安全鞋
9	不要把手插进口袋走路	防止摔倒,手拿不出来,造成伤害
10	未经允许不得进入加工现场	必须经部门批准,有人员陪同

2. 危险预知训练

危险预知训练就是将一些生产活动过程制成相应的图片,企业员工针对图片进行不安全因素分析,将企业潜在的不安全因素由练习者找出来,明确危险的部位及危险形式并运用"头脑风暴法"对其进行改善,达到防止事故发生的目的。

(1) 危险预知活动的目的

首先,在于提高企业员工对危险因素的感知性。使每一个员工对生产现场周围都具备不安全因素的判断能力,养成良好的安全意识。

其次,增强团队意识。员工在针对现场作业图片进行不安全因素分析时,不仅是识别了不安全因素,更重要的是调动了每一个员工自身的博爱之心,积极主动地替他人着想,针对不安全因素认真分析和提出改善意见。

最后,提高解决问题的能力。一个员工的智慧是有限的,团队的力量是无比的。企业班组、工段、车间人员共同针对安全问题进行分析解决,再大的困难也会被解决掉。团队分析和讨论不断激发员工的自身潜在能力,同时增强员工的自信心。

(2)危险预知活动的四个步骤

生产企业做好危险预知训练首先要对员工进行有效的培训,使其建立安全意识,从而认识到生产安全的重要性。

企业危险安全预知训练有以下四个步骤。

① 掌握现状。企业进行不安全因素分析时,应实事求是,采用"现场、现物、现时"进行分析。将现时的生产状况、条件、环境如实取证,以供分析之用。

② 追究本质。针对出现的问题应分析到事情的原因,避免只针对问题的表面现象解决表面问题。问题的真正原因分析,可以采用多种管理工具进行帮助分析,例如鱼刺图、5W1H 等管理工具。

③ 建立对策。针对问题的真正原因,企业员工应找出解决办法,建立标准作业。同时企业要针对标准作业积极培训员工,使问题不再出现。

④ 设定目标。问题的解决,使企业针对安全工作有了新的认识,企业应建立新的安全目标,保障企业生产更加安全。

 阅读资料 3-15

企业危险预知训练记录表

年　　月　　日

组长		组员		记录员	
1	存在的隐患: 图片(照片)				
2	确定主要危险点:				
		序号	在找出的危险点中,相对重要的以○符号标示;特别重要的以◎符号标示		
		1			
		2			
		3			

续表

3	每个组员的解决方法：		
	序号	在解决方法中，相对可行的以○符号标示；特别可行的以◎符号标示	
	1		
	2		
	3		
4	班组统一的解决方法：集体行动目标		
	序号	在解决方法中，相对可行的以○符号标示；特别可行的以◎符号标示	
	1		
	2		
	3		

3. 厂内机动车驾驶管理

厂内物流运输、配送是生产企业内原材料、零部件、半成品、成品传递的重要手段，是联系各作业环节的纽带。随着厂内物流运输、配送的发展，由厂内机动车辆造成的人员伤害事故时有发生。叉车、牵引车、货车造成的人身伤亡事故，不仅使员工的身体受到损害，生命被残酷地夺去，而且给职工家庭造成极大的伤害，给工厂造成严重的经济损失和社会影响。

据有关统计资料表明，近年来，因厂内机动车辆所造成的伤亡事故已占企业因工伤亡事故的10%以上。因此，加强厂内运输车辆管理，保障运输安全，已成为当前企业管理中一项十分重要的工作。

作为产品生产作业的纽带，厂内运输、配送一般使用吊车、叉车、牵引车等机动车辆。吊车负责大型产品、设备的装卸任务；叉车负责产品运输、产品装卸搬运、物料堆垛等任务；牵引车则负责运送原材料、零部件到生产车间、工位。

生产企业机动车安全管理是生产企业物流管理的重要项目之一，加强厂内运输安全管理，保证厂内机动车辆运输安全，首先应从车辆驾驶人员入手。企业应严格按照GB 11342—1989 对厂内运输车辆司机进行培训和考核。

其次，企业应对厂内机动车辆进行年、季、月及日常检查。劳动安全行政部门在企业自检的基础上应对厂内机动车辆进行年度检验和抽查，不合格的车辆由劳动安全行政部门限期整改，并予以复检。厂内机动车辆修复、改装后必须向当地劳动安全行政部门申请检验，合格后方准使用。

最后，企业应建立企业内部的道路及车辆安全技术要求。车辆的整车技术状况、污染物排放、噪声应符合国家有关标准及规定。厂内运输车辆必须加强安全管理，建立并健全厂内机动车辆安全管理规章制度，定期检查，及时整改，确保厂内机动车辆运输安全。做好机动车辆安全检查工作，将事故隐患消灭在萌芽之中。厂内机动车驾驶属于企业生产特种作业范畴，针对厂内机动车的驾驶有其严格的要求，企业应对厂内机动车驾驶人员进行标准化作业培训。

 阅读资料 3-16

叉车驾驶要领书

序号	作 业 顺 序	要 点
1	使用前进行车辆点检（参照车辆点检表）	点检项目：外观、车轮、照明灯、燃油、润滑油、液压油、电瓶、冷却水、刹车踏板、刹车油、停车闸杆、方向盘、喇叭、仪表、载重操作系统、马达、充电器，点检完毕后要填写点检表 检查车辆及周围、地面是否有漏水现象，如有应及时对车辆及地面进行清理 车辆点检和使用中发现异常，车辆立即停止使用，通知班组长进行处理
2	启动车辆	确认周围的安全情况，按照启动说明操作 车辆在启动时，要鸣笛
3	行驶时，前进后退	前进、后退的变更一定要在车停后进行 禁止货叉在升高的状态下行驶和转向
4	叉货时	货叉要距离地面 20cm
5	叉货后行驶时	叉取货物转弯时，车速要慢，避免货物甩出去 车速不得超过 5km/h 叉取货物，叉车正向行驶时，货物高度不能超过作业者水平视线
6	空载时	车速不得超过 5km/h
7	倒车时	要转过头，进行周围安全确认，转头倒车行走
8	在狭小的空间内作业	要设有专人指挥
9	车辆使用完毕后	对车辆电瓶进行充电，充电时，要严格按照充电要领进行作业

4. 企业危险品管理

（1）危险品分类及管理制度

企业生产过程中常见到的危险品可分为强酸、强碱、油漆、燃用油、清洗剂、压力容器、高温液体、气体等。在危险品搬运、装卸、使用的过程中，由于危险品具有燃烧、爆炸、腐蚀等特性，企业对危险品的安全管理极其严格。由于危险品特性的影响，容易造成员工、企业财产的伤害和损失，所以企业对危险品的物流管理规定为一级防范。

国际对企业危险品的保管运输有严格的规定，包括各种审批制度、运输通行证、仓储数量、监管登记等。对危险品应依法进行管理，严格遵守各项审批制度。涉及对危险品的仓储、运输的国家法规有《危险品物品表》、《危险货物分类和品名编号》、《危险品管理条例》等。国家根据危险的程度将危险品分为一级危险品和二级危险品两种。

企业对危险品的包装应格外注意。危险品的外包装首先要保证危险品不受损害，不受外界因素影响，保护危险品的使用价值。其次要防止危险品对企业、环境的损害。在企业物流运输的过程中，物流人员要时刻注意危险品的包装是否有变形、裂纹、泄漏等现象。危险品在仓储、保管、发放过程中，应有明确的说明、标志、流程以及固定人员签字，应由特殊仓库进行保管，减少危险品对企业的损害。

（2）危险品特性

作为物流人员应正确掌握企业常用的危险品固有的特性，只有这样才能知道如何对其进行保管与仓储。

① 易爆性。危险品受外力作用或自身挥发，使空气中含有量达到一定值时，即可自然爆炸，对企业的危害性极大。

② 易燃性。企业内部的油漆、润滑油、燃油、煤油等都属于此类物品。针对易燃品的物流管理，应做到勤通风、降高温、降压力、防静电，杜绝现场出现明火。

③ 易挥发、有毒。企业内部物资中的很多物品在使用过程中，由于加工的关系，会从液态变成气态并挥发在生产现场空气中。如果少量的挥发和短暂的接触，可能不会给员工带来伤害，但更多的挥发与长时间接触，将造成重大伤害事故。

（3）危险品保管

在企业仓储、保管、使用过程中，应根据危险品不同的特性，使用不同的保管方法进行仓储。

首先，要对危险品进行分库、分区、分类的保管仓储。分类、分区时可以将具有不同特性的物品存放在一起（注意：不同特性，绝不是特性相悖的意思），并加以标示。

其次，对危险品的保管与出库，应按照企业安全手册要求进行。企业在一般情况下，保管采用的措施有防潮、防高温、通风、防静电、防火等。

最后，企业应建立验收、出库的标准作业。针对危险品操作的标准作业应更加严格。例如，如果有外包装损坏、泄漏，物流人员坚决不予验收。同时针对如此情况还要对危险品进行紧急处理（隔离），采取防范措施。在危险品进行仓储、保管作业时，都应记录在案。企业应定期或不定期地对记录进行督察和抽查。

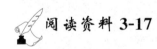 阅读资料 3-17

美国物流安全管理

一、美国物流业现状和安全管理工作的基本情况

1. 美国物流业的现状与管理

美国交通运输业极为发达，铁路总长约 30 多万千米，每 100 平方千米就有 4.5 千米铁路。全国公路约 600 多万千米，已形成干支相连、四通八达的公路系统。高速公路发展迅速，长达 7 万多千米，占世界高速公路的 2/3，各大城市间都有高速公路相通。航空运输业发达，定期航线 28 万多千米，遍布全国各地，600 多个大中小城市都有飞机航班相通。全国建立起了庞大的铁路、公路、航空、内河航运和管道运输网，铁路、公路、航空、管道运输等均居世界首位。

美国物流配送中心主要有三种模式：一是特大型生产企业产供销一体化的配送中心；二是大型零售、连锁企业自有的配送中心；三是为大中小型生产零售企业服务的社会化物流配送中心。

美国的仓储公司分为三类：工厂自有仓库、公共仓库(营业性仓库)和合同制仓库(租赁性仓库)。全国从事营业仓库的企业共有550多家，营业仓库总面积1 800万～2 000万平方米，从业人员10万人左右。

美国是西方几个主要资本主义国家中唯一长期实行运输业私有化的国家。美国有一套完整的运输市场管制机构体系。各管制机构的明确分工和相互制衡关系，确保美国政府对运输市场主要是依靠法律，遵循法定的程序进行间接调控。

2. 美国安全管理工作的基本情况

美国是市场经济十分发达的国家，安全管理工作形成科学化、社会化、专业化。政府安全主管部门、警察局、消防部门和各企业的安全机构形成了密切合作、合理分工、有机结合的基本格局，共同构成了效率高、渠道畅、信息快、服务好的安全管理体系。

二、美国报关行、连锁店、配送中心、平价俱乐部以及各种运输公司、仓储公司有机联系，构成物流业的一体化与多样化

美国物流企业收费价格比较合理，完全依靠市场调节，一般利润率在20％～30％，大大高于银行利率。就各种运输方式来看，运价最高的是空运，其次是公路运输、铁路运输和海运。

美国的报关业务历史较长，快捷、准确。报关行在整个物流技术中极其重要，在社会流通中起着穿针引线作用。代办报关、催收货款、提供信息及其他服务，联系水、陆、空运输，提供合理运输方式。商品经报关行办理入境后，委托各种运输方式的企业运送至目的地。美国贸易不分内外贸，所有企业都可进出口，而报关行业在物流中起到国内外衔接的枢纽作用。

各种形式的物流企业有机结合，内外贸、商流、物流、信息流为一体，使美国市场经济有序、高效、合理发展，构成美国物流业一体化、多样化的特点，形成社会化与系统化的现代化模式。

三、美国安全管理工作的主要特点

1. 安全设施先进，科学管理水平高

美国的通信设备十分发达，几乎在各地都可以同国际联络。通信系统的发达促进了计算机网络的发展。各个企业、商店、服务机构都有与警察局、消防部门、安全设备公司联网的报警系统，使社会安保与企业的安保工作结为一体。

2. 企业主动配合，做好安全工作

各类企业在安保工作中有较高的自觉性，能够自觉守法。如我们考察的平价俱乐部，是开创美国仓库销售及会员销售的先驱。公司主动与消防部门和安全设备公司联系，在仓库中按安全规范要求安装了防火、防盗设备，控制中心直接与当地警察局、消防部门联网。经营20多年来，未发生一起火灾事故。各州、市的安全规范都有明确规定，公共场所不允许吸烟，各大宾馆、饭店大部分不允许吸烟，个别宾馆有允许吸烟的房间，但房间的装饰、地毯都有防火涂料及安全报警装置。

3. 人民的安全素质高、安全意识强

在完善的法规及严格的管理下,美国人民养成了良好的安全素质,安全意识、安全自觉性较强。在公共场所,都自觉地遵守规定,讲公共道德。例如在不允许吸烟的场所,没有人吸烟;允许吸烟的场所,也不乱扔烟头,都要把烟头熄灭后扔在指定的地方,一旦有人违反规定,处罚很严厉。

——资料来源于中国物流网

3.6.7　物流现场 5S 管理

市场经济的快速发展带来了产品市场交易的繁荣,同时也促使企业产品的制造更应满足市场(用户)的需求。计划经济走向市场经济的初期,生产物资、产品数量、品种、型号满足不了市场的消费需求,市场出现了卖方市场。市场上的产品成为"皇帝的女儿——不愁嫁",只要企业能够生产出来产品,就能销售出去。

中国加入 WTO 以后,伴随着国内市场开放速度的加快,国外企业生产的商品大量进入中国市场,市场上商品的数量、型号、品种迅速增加,产品质量与国内产品相比较具有绝对优势。由于产品数量的大量增加,产品市场出现了买方市场,企业制造的产品出现了滞销。过多的产品冲击市场营销,造成了市场商品价格的不断下降。各企业为了更多地销售自身的产品,不得不降低产品售价来吸引客户,企业之间展开了"价格战",势必使企业在生产运营过程中获得的利润相对减少。单件商品利润的降低,造成企业利润下降,促使企业在生产制造过程中降低成本。企业不断加强生产运营管理手段,开展内部挖潜,减少生产成本,减少人工成本,以求得更大利润空间。

市场的竞争,不仅仅是产品的竞争,同时也是企业内部管理的竞争,现场 5S 管理就是企业生产现场管理的优秀工具。现场 5S 管理不仅可以规范员工的工作形态,更能够使员工养成良好习惯,最终提高个人和团队的素质。好的产品设计、好的产品制造工艺流程、好的企业管理相得益彰,才能够促使企业获得更大的利润,鞭策企业更快地向前发展。

1. 现场 5S 管理的来源

20 世纪 70 年代末期,日资企业的迅速崛起,引起了世界的广泛注意。欧美国家针对日本的迅速崛起,作了认真细致的调研与分析。欧美专家注意到,日资企业具备的条件,他们完全具备,例如生产采用的原材料、生产技术、生产用的设备及加工方法。而日资企业独具的生产管理方法——现场 5S 管理是他们所没有的。他们详细认真地研究和分析了现场 5S 管理方法,认识到了现场 5S 管理方法的优越性,并认真执行推广,由此现场 5S 管理被企业及世人所认可。

现场 5S 管理起源于日本,是日本企业现场管理的经验总结,其特点是通过每天推行现场 5S 管理,使员工在工作的过程中养成良好习惯,得以提高个人素质。

2. 什么是现场 5S 管理

现场 5S 管理从理论上讲,仅仅就是十个字,但其中的内涵却相当丰富。企业通过推行现场 5S 管理,可以促使和培养员工发挥个人的潜力,积极为企业出谋献策。同时企业员工通过每天实施现场 5S 管理,使其本人的素质不断提高,实现了企业与员工的双赢。

现场 5S 管理的内容如下。

- 整理　SEIRI
- 整顿　SEITON
- 清扫　SEISO
- 清洁　SKTKETSU
- 素养　SHITSUKE

3. 推行现场 5S 管理的目的

企业通过推行现场 5S 管理,即整理、整顿、清扫、清洁、素养,可以使员工本身素质得以提高。员工在每天的工作中,从学习现场 5S 管理到每天不断地实施现场 5S 管理,逐步由开始的形式化模仿,到行事化的工作,最后到习惯化的养成。企业员工个人素质逐步提高,企业本身文化也逐渐形成。

推行现场 5S 管理就是以为员工创造一个干净、整洁、舒适、合理的工作场所和空间环境为切入点,以现场管理改善、创新为手段,不断地识别企业生产现场的不足之处,激发企业员工个人对问题的发现与解决。

企业员工通过不断推行现场 5S 管理,认识到现场 5S 管理的优越性,逐步改变原有的不良习惯,使企业生产现场物品摆放有条不紊,一目了然。通过对生产现场的不断改善,企业能够做到最大限度地提高工作效率和员工士气,最大限度地提高员工的个人素质,给员工一个更加安全、舒适、优越的工作环境。

4. 现场 5S 管理详解

(1) 整理

整理就是分清要与不要,必要的留下,不必要的坚决清除。

企业生产现场物品种类繁多,包括原材料、零部件、工量辅具等,造成现场管理混乱,企业生产不顺畅,生产管理无处下手。企业生产现场物料的混乱摆放,造成企业生产效率下降,操作者生产移动距离即路线过长,造成劳动强度增大。针对这种现象,我们要将企业现场物品进行整理、分析,还企业员工一个清新、明亮的工作场地。

① 整理目的。整理的目的就是腾出生产现场空间,防止误用、误送,塑造一个清爽的工作场所。生产过程中多余的物料滞留在生产现场,既占据着企业生产现场空间又阻碍企业正常生产运营。如果不及时加以整理,会使现场变得更加凌乱,同时企业生产的浪费和损失会不断加大,造成恶性循环。

整理的目的还在于培养员工每天勤于思考、总结、判断的习惯,学会判断哪些是正确的、关键的、有利于生产的。每天的自我整理,可以使员工养成好的习惯,开发创新,为企业而着想。

② 整理规则。企业生产现场进行物料及零部件的整理时要根据生产条件制定有效的规则。一般情况下按使用频率进行判断。

- 每天用的(天天用的)物品是要的,需要放在生产现场(操作者周围)以利于生产之用。

- 一周用一次或两次的物品就是不要的,需存放在班组工具箱内。这种物品最基本的可以两人共用,这类物品放在班组长工具箱中,员工可以共用,减少企业成本的投入及企业生产现场的管理内容。
- 一月用一两次的物品就是不要的,应脱离生产现场,放在车间或厂级库房内存放,便于共同使用。

③ 整理实施要点。企业生产现场进行整理改善时,首先要针对现场进行全面检查,注重棚架周围、现场死角、工具箱等。尤其是平时生产不注意的地方,往往存放着很多不用品。

其次,在对物品判别"要"还是"不要"时,应根据使用的频率原则,注重"现有使用价值"而不要看"原购买价值"。现实不用的物料(零部件、工、辅具)坚决从生产现场中清除掉。

最后,企业员工要坚持每天进行生产现场的自我检查,并且要认真分析为什么每天出现如此多的不要品,并从中找出问题的真正原因加以解决。

生产现场物料管理如图 3-24 所示。

图 3-24 生产现场物料管理

(2) 整顿

整顿是将整理留下的物品分门别类依规定摆放并加以标示。

企业生产过程中,经常出现"寻找"事件的发生。例如人找人、人找物料等。企业通过整顿,将有用的物品摆放在固定位置,员工也就不再会因为找不到物料或有关人员而耽误生产。

整顿的目的就是要消除企业"寻找浪费",提高企业劳动效率,使工作场所更加整齐明了。通过整顿,员工能够认识到物料的摆放就是企业的标准作业。企业物料的定置管理对企业生产效率的提高有着深远的意义。通过整顿使员工能够判断出企业浪费现象的存在,能够进行自我改善。

企业通过物料的定置管理摆放,不仅可以使生产现场物料摆放井然有序,更可以培养企业员工的自我总结性。员工可以判断和识别更优秀的生产方式,判断生产中的浪费现象。

整顿实施要点如下。

① 认真落实前面进行的"整理"工作。企业进行整顿作业时,应针对企业前期进行的

整理工作进行有效的落实。在确认生产现场没有多余的物料、呆料、滞料时，才进行有效的物资定置管理。

②　明确整顿中的"三要素"原则——"场所、方法、标示"。企业针对生产现场的有效物资进行定置管理时，要根据企业生产状况，将临时仓储场地划分若干区域，科学合理地将物资进行定置存放。物资存放的区域确定时，应本着配送路线最短、分拣及配送效率最高、物资与配送工位就近存放的原则。

企业生产线物资应采用与企业生产线通用的工位器具进行存放，避免物料配送到生产工位时进行二次装卸搬运，减少不必要的浪费。

企业生产物料暂存区及库房应针对企业物资的分区、分类的存放而进行，要有有效的目视管理标示，充分利用目视牌、目视板来表明物料的名称、数量、型号等信息，减少企业员工对物资的寻找，提高企业生产物料的分拣、配送效率。

③　采用整顿的"三定"原则——"定点、定量、定容"。企业生产过程中，有相当一部分物料是处于液体状态，例如润滑油、切削液、乳化液等。对待企业常用的液体物料管理，企业应采用固定容器、固定地点进行存放、发放。

生产企业在购买液体原材料时，由于用量较大，供应商多采用大包装（桶、罐、箱）的形式进行交货。而企业在实际应用时多采用小包装的形式进行使用，这就要求物流供应要针对企业生产的需求，将液体类物资由大包装改为小包装进行发放。将液体物料固定容器进行发放，可以提高生产效率，减少液体使用时的氧化浪费，降低企业生产成本。

现代企业生产多采用 JIT 生产方式进行，很多组装厂为了减少生产线的物料储备数量，更好地对生产现场进一步管理，减少在制品数量来降低成本，针对生产线用料多采用"配餐式"定量供应物资。

例如汽车组装厂对零部件的配送就是要求"配餐式"定量配送。一辆汽车需装配两个倒车镜，生产现场物流在对一辆汽车进行物料分拣供应时，仅仅分拣两个倒车镜组配在物料供应盘中进行生产线配送就可以了。

生产现场的物料整顿定量管理，就是要求企业生产物流针对生产现场进行固定数量的存储和发放，这对企业生产的产品质量、员工操作水平、生产现场库房管理都有一定的促进作用。原材料、零部件定量发放促使企业员工的组装操作水平精益求精。如果员工组装操作水平不能满足生产的需求，造成装配时零部件的损坏或者由于保管不当造成原材料、零部件丢失，就会耽误生产。因此，企业定量发放可以间接地提高员工技能和责任心。

假如零部件没有实行固定数量发放，该问题就不会被及时发现，就会掩盖问题。

生产企业在进行现场整顿时，应注重对物料的"三定"原则，注重对物料存放所要求的"三个要素"，使生产现场整顿工作能够顺利进行。

零部件定量存放、发放，物料定置管理如图 3-25 所示。

④　坚持"安全第一"的原则。企业物资进行定置摆放时，由于改变了生产现场物料的原存放地点及存放方法，有可能给其他员工造成不必要的麻烦。

图 3-25 物料定置管理

例如，在原来没有存放物资的地方，突然存放物品，可能会造成员工的磕伤碰伤，也可能造成物流路线的改变。因此，在实施现场物流整顿时，应将"安全第一"放在首位。

生产现场物料整顿管理如图 3-26 所示。

图 3-26 物料整顿管理

（3）清扫

清扫就是要清除工作场所内的脏污并防止脏污的发生，保持工作场所干净亮丽。

现场 5S 管理的清扫定义包含以下三个层次。

① 清除生产现场的脏污，即为清扫、打扫。

② 防止脏污发生，即为预防。

③ 保持工作场所的干净亮丽，即为保持。

清扫的目的就是通过清扫使生产现场干净整洁亮丽，给员工一个清新的工作场所。通过清扫，培养员工做事认真，追求卓越的意识。通过清扫活动，使企业员工从改变生产现场（清扫脏污）到防止问题的发生（防止脏污发生）到保持、建立制度（保持干净），是改变员工素质的工作过程。

通过每天对设备、现场的清扫、清擦，督促员工对物流设备、设施进行检查，及时发现设备、设施的故障及缺陷，推行自我维护，避免重大设备事故的发生，减少停机时间，保障企业生产正常运行。

清扫的实施要点如下。

① 针对物流现场建立清扫责任区，实现场地分区到人，落实责任承包制。

② 建立清扫标准,使每一个员工对照标准进行现场清扫。清扫标准必须详细具体,且有可实施性。

③ 清扫要有规范、有检查、有考核。针对清扫中发现的问题,做到分析、解决、建立标准,杜绝日后重复出现,严格按照计划、实施、检查、改善四个步骤来操作。

(4) 清洁

清洁就是把整理、整顿、清扫取得的成果、好的经验进行总结,建立标准,以便在日后的实践工作中加以运用实施,是建立制度,鼓励员工对工作进行认真总结。制度、规范的建立来源于对工作经验的认真总结,只有不断地总结,并建立书面的文件,才能将员工的个人管理技能、技术转化为企业的财富。

清洁的目的是通过整理、整顿、清扫,建立标准作业,建立工作规范,使以上推行 3S 的优越点规范化、标准化。

清洁是工作的总结,是对以前工作的回顾。通过总结、回顾使企业员工有一个自我评价,对前后工作有一个良好的对比,并认识到成绩,实现自我提高。

清洁就是建立标准,建立规范。每一个参加改善的员工,共同坐下来进行总结,为保持他们的成果而建立标准,从中实现标准作业的建立与推行。

清洁推行要点如下。

① 认真总结和落实前面推行的 3S 工作,总结工作中的优秀与不足。

② 制定考核办法,建立奖励制度,鼓励先进,推动落后员工积极进取。

③ 建立和完善企业管理制度,做到规范人人皆知,制度人人遵守。

④ 企业管理规范内容公开展示。

清洁工作还应注意到现场 5S 管理的评比工作,表扬先进。建立现场管理竞赛标准,导入竞争制度,这样才能有助于现场管理的持续发展。

企业管理标准如图 3-27 所示。

图 3-27　企业管理标准

(5) 素养

个人素养的提高就是人人养成良好习惯,依规定行事,培养积极进取的精神。

提高个人素养的目的就是使员工养成良好的工作习惯,培养员工建立学习型组织的意识,使员工认识到美和丑的区别,并通过不断的学习及工作,使其自身素质得以提升。企业员工整体素质的提升,使企业更容易营造团队精神,从而更具有生命力。

提高员工素养的要点如下。

① 统一工装,加强团队精神,规范员工自我行为,使每个员工对企业都有归宿感。

② 加强员工的培训,推行各种精神文明礼貌活动,使员工认识到美丑,树立以自我奉献为荣的意识,积极为企业着想,努力工作,自我完善,不断创新,创造一个文明礼貌的工作环境。

③ 鼓励先进,促使员工积极向上,以优秀为荣,落后为耻,进而培养员工的责任心。

④ 推动各种精神提升活动,表扬先进。让先进、劳模现身教育,使员工积极努力工作,形成良好的企业文化。企业应大力宣传企业技术能手和生产劳模的事迹,对先进员工重点奖励,建立奖优罚劣的企业管理制度。

5. 现场 5S 管理推行要领

(1) 避免工作忙时推行现场 5S 管理

企业推行现场 5S 管理时,应注意时间段的选择。企业生产进度很忙,员工加班加点工作,在这时如果开始推行现场 5S 管理,势必会造成员工的不满和反感。如果选择在企业生产稳定时期开展和推行现场 5S 管理,将会得到员工的支持和执行。

(2) 推行前要多宣传,营造气氛,使 5S 顺利推行

推行现场 5S 管理工作之前,企业应大造声势,使每个员工对现场 5S 管理都有一个从"不知道",到"我知道",到"我支持"的过程。

(3) 坚持每天 5 分钟推行 5S 管理

企业生产过程中,物流人员在生产间隙或者利用早晨、晚上 5 分钟时间进行现场 5S 管理的实施。检查生产现场是否有不当物品存放,是否有有用物料没有定置管理等。

(4) 培训员工

生产现场 5S 管理的推行需要反复向企业员工进行培训和讲解,员工应理解在企业生产过程中推行现场 5S 的重要性,并且在生产、学习、实践的各阶段对现场 5S 管理的学习、应用有不同的见解。现场 5S 管理的推行和执行是一个长期的生产管理活动,不是一朝一夕的事情。改变员工的不良习惯并非是短时间的工程,生产企业若想提高员工素质,提高企业生产能力,就要下大功夫,耐心培养员工,长期执行(推行)现场 5S 管理活动。

3.6.8　物流现场的目视管理

目视管理是利用形象直观、色彩适宜的视觉信息来组织管理生产现场物流活动,达到提高物流劳动生产率目的的一种管理方式。它是以视觉信号为基本手段,以管理信息公开化为基本原则,尽可能地将企业的要求、规范、意图、信息展示给员工,让员工都看得见、看得明白,借以推动企业生产的自主管理、自我控制。所以目视管理是一种以视觉信号改变员工意识及行为的管理方法,也可被称为"看得见的管理"。

目视管理在管理上是很简洁,很有效的一种管理方法。其内容为"一看便知"。假如企业每个员工对工作内容、方法、信息、要求等均能做到"一看便知",不必浪费时间去找寻,工作效率自然会提高。

1. 目视管理制作的基本要求

目视管理是企业生产现场的一种管理方法,是高效的管理措施。目视管理的使用及

制作有严格要求,同时国家对目视标示也有一定的制度规范。

(1)统一性

当目视管理图示仅限于一个主题时,企业目视管理绘制应统一。员工对目视的理解程度应一致,统一性可以使操作者对规范的理解行为一致化,减少不必要的麻烦。

例如生活中交通指示灯的红灯停,绿灯行就是统一的范例。

(2)简约性

目视管理图示应简明扼要,使观察者能快速地阅读和理解,一看就懂,并能够马上认真执行,减少不必要的猜测。

(3)鲜明性

目视管理图示制作时必须鲜明,能吸引员工的注意。应与周围环境有一个充分对比,吸引企业员工能够快速地观察和注意到图示内容,促使其按照目视管理的要求进行操作。

(4)严格性

应严格按国家制度、行业规范、企业管理制度的要求进行绘制目视管理图示。虽然目视管理图示的绘制及内容有艺术加工成分,但主体思想还是要严格、缜密。目视管理要加强指令的严肃性,使企业员工看到目视管理时能够严格执行纪律,统一要求。

(5)实用性

目视管理图示应具有广泛的实用性,避免烦琐,减少猜测。目视管理内容可以是企业内部信息的公开,也可以是企业制度规范的宣传,或是企业生产指令。

企业生产目视管理看板如图 3-28 所示。

图 3-28　企业生产目视管理看板

2. 目视管理的分类

目视管理在生产企业的应用很多,可以规范生产操作、对生产用料进行定置管理、对设备设施进行标示、提示员工安全操作及劳保用品的佩戴等。目视管理是一种无言的管理,可以潜移默化地改变企业员工的个人素质,帮助企业推行标准化作业。

目视管理的重要作用还在于可以提醒企业管理者及员工正确地按照规范及要求工作。例如禁止通行标志、戴安全帽标志、禁止吸烟标志等。

(1)物品的目视管理

制造业的生产现场物品极多,企业对物品(物料)的目视管理主要是针对工、辅、量卡具、计量仪器、设备的备用零件、消耗品、材料、在制品、成品等各种各样的物品进行标示。通过目视标志使企业物品(物料)的仓储、保管、分拣、配送等工作的效率得以提高。

　　企业物品目视管理的目标是使什么物品、在哪里、有多少、什么时间进的货、什么时间出货等一目了然,要做到快速拿到多样物品,提高物流效率。在必要的时候、必要的物品、无论何时都能快速地被取出放入。

　　物流目视管理要点如下。

　　① 标明物品的名称、用途、生产厂家、出厂日期。

　　② 划线分区,确定物品的存放场所。

　　③ 物品的存放能保证顺利地进行先入先出。

　　④ 确定合理的数量,标示出最大库存线、安全库存线、下单线,明确下单数量。

　　企业物品目视管理如图 3-29 所示。

图 3-29　企业物品目视管理

　　(2) 作业的目视管理

　　作业目视管理主要展现的是企业作业人员应如何操作(标准作业),对比操作者是否按企业要求操作,作业顺序及进度是否按计划在正常进行。作业周围环境是否有异常现象发生,如果有异常发生,应如何对应,解决办法应简单明了地表示出来。

　　物流作业目视管理要点如下。

　　① 用日历、台历、计划报表板、生产管理看板等提示或警示作业计划及事前准备的内容,且核查实际进度与计划是否一致。

　　② 采用警示灯、警报器预警员工操作要按要求正确地实施,管理者能够清楚地判定是否在正确地操作。

　　③ 将标准作业公开化,使操作者能够更好地执行。

　　(3) 设备的目视管理

　　设备目视管理主要是针对企业物流常用设备进行必要的点检、保养、维修、定置管理、设备现状展示而进行的,以能够展示正确、高效地实施清扫、点检、加油、紧固等日常保养工作,提醒操作者如何进行保养与点检,何时进行维修与保养,达到设备"零"故障为目的。

　　物流设备管理要点如下。

　　① 清晰明了地标示出应该进行维修保养的机器部位、保养的时间、方法。

　　② 能迅速"显露"异常,设备、设施是否正常运转清楚明了。

　　③ 标示出计量仪器(表)的正常范围、异常范围界限。

④ 标明设备设施的维修计划,督促员工按时进行维修保养。

⑤ 标明设备管理责任人,准责任人。

物流设备管理如图 3-30 所示。

图 3-30　物流设备管理

（4）安全的目视管理

《中华人民共和国安全生产法》第二十八条规定,生产经营单位应当在有较大危险因素的生产经营场所和有关设施、设备上设置明显的安全警示标志。安全警示标志的作用是警示、提醒从业人员注意危险,防止事故发生。如果安全警示标志不明显或随意设置,就起不到警示的作用。

安全目视管理重要的内容首先是针对厂内机动车的使用及驾驶员的安全提示。要将危险的事、物予以"显露化",刺激员工的"视觉",唤醒人们的安全意识,防止事故、灾难的发生。其次是针对企业危险品的运输与存放进行的安全警示,避免企业出现重大安全事故的发生。最后是企业库存消防安全警示,库存区的防火意识必须加强。

物流安全目视管理要点如下。

① 标明防火器具位置图,设立企业员工逃生路线图。

② 危险品存放区应有醒目标志。

③ 厂内机动车行驶应有其固定通道,并且有限速标志。

④ 厂内机动车的使用应标明负责人、准责任人。

安全目视管理如图 3-31 所示。

图 3-31　安全目视管理

3. 目视管理级别

企业生产现场目视管理与制作可以分成三个级别,针对企业管理水平和需要进行分类使用。

（1）初级水准

初级水准的目视管理仅仅能够显示当前物料的状况,使企业员工对现场、环境状况一目了然,能快速理解的一种表现形式。

例如,物料的数量多少标示,库存量的最高、最低库存线,库房区域分布图、机动车行走路线、厂内人行道、安全帽佩戴等。

（2）中级水准

中级水准的目视管理是在具备初级水准功用的基础上,能够使每位员工判断当前状况是否良好,同时还能体现出是否出现不符合要求的信息。

例如,库存出现胀库现象能及时"显露"出来、容器压力过高时设备自动报警等。

有些企业库房对物料进行仓储保管时,库存量已出现最高库存,甚至出现胀库现象,企业在生产管理过程中没有目视管理,无法展现出来。库房设置物料最高库存线以后,一旦某种物料出现过量进货,仓储人员会及时发现并加以制止。

（3）高级水准

企业高级目视管理展示的是在企业员工能够一目了然识别现状的情况下,能在生产过程中出现异常时快速处理。高级目视管理能够告知出现异常时需要进行如何处理、补救等信息。

4. 目视管理的益处

企业推行目视管理是现代企业的需求。目视管理不但是一种无言的管理,更多的是培养企业员工的自主管理意识。目视管理的设计与制作也是展示企业员工对各项管理制度、规范的理解程度。一个企业（员工）能够设计出优秀的目视管理图示,并且能够认真执行,体现的是企业管理方法的先进与优秀以及企业员工的高素质。

企业推行目视管理有以下几点益处。

（1）提高企业生产效率,降低企业成本

企业运用大量的目视管理,可以快速地展示企业信息、物料位置,快速地反映生产进度状况,展示市场对产品的需求情况。这样可以促使企业员工提高劳动生产率,减少寻找的浪费。对于经营者来说,就可以快速地判断、决断,促使企业抢占市场先机。企业对市场反应时间的减短,可以提高生产效率,降低企业生产运营成本。

（2）强化公司内部的信息交流,提升企业管理能力

企业推行目视管理,可以使企业的信息进入动态管理。企业生产现状、对物料的需求及物料的配送情况都可以快速地通过企业目视屏幕进行展示,使每一名员工对生产运行状况了如指掌。企业信息的公开化、目视化,使员工更加关心和了解企业的命运,使二者关系更加紧密。没有目视管理,没有信息沟通渠道,员工不了解企业的生产经营状况,企业与员工形同陌路,企业生产就不能实现同心同德,也就无法改变现有的问题。

3.6.9　物流质量管理

物流质量管理是对生产企业物流过程的一个期望、需求、考核,是用户对物流活动的综合评价。衡量物流质量可以根据服务质量(用户满意度)、物流工作质量(准时交货、货损率、交货准确率)两大指标进行评定。

1. 服务质量

生产企业物流服务的对象主要是企业生产现场班组。企业生产班组是企业获得利润的来源,所以生产班组每天的工作都要求企业生产物流必须及时、准确、积极主动地为生产操作人员着想,端正工作态度,建立主动服务意识。

物流工作人员要有一个良好的服务理念和意识,要认识到在企业生产过程中生产一线员工(产品制造者)才是企业利润的最大创造者。没有一线生产人员的努力工作制造产品,企业将无法获得利润,企业将没有生存之地。作为服务性质的物流工作,每一个员工应尽心尽力为生产一线操作者服务。

企业物流人员应做到如下几点。

(1) 物料送货到位

在生产现场配送物料过程中,物流人员应准确地将物料送达到工作位置,在物料的摆放过程中,应做好物料的定置管理,减少一线生产操作人员的寻找及整理物料的时间。

(2) 尽职尽责

物流人员应积极帮助生产操作人员及时清除和回收生产现场的废弃物,主动为生产现场做整理工作。

(3) 改善创新

物流人员要积极思考,改善生产现场物料存放形式及存放布局,减少生产操作人员的搬运走动距离,提高企业生产效率。

(4) 提高素质

物流人员进行叉车、牵引车、料车操作时,应文明生产,车辆在厂内行驶及鸣笛时应考虑企业生产行人的安全。

2. 物流工作质量

企业生产物流的工作质量是对物流工作评估和考核的一项硬指标。所谓硬指标就是指在生产物流操作中一个可以看得到、摸得着,在企业生产物流活动中能够直接体现出来的可数字化、可量化的指标。

(1) 准时交货率

准时交货率就是考核物流人员能否按生产计划(物料需求计划)准时将生产需求物料送达到生产现场的指标。

准时交货要求物流人员既不能提前送货,也不能延迟交货,以避免生产现场堆积过多物料或因生产线缺料而停止生产。

准时交货率计算公式为

$$准时交货率 = \frac{准时交货次数}{送交货次数} \times 100\%$$

（2）货损率

货损率就是表示物流运输、搬运过程中货物的损失情况的百分比值,是用来考核物流人员在装卸搬运、运输过程中对货物的责任心及能否按标准作业操作的指标。

货损率计算公式为

$$货损率 = \frac{损坏物料数量}{物料的总数量} \times 100\%$$

（3）准确率

企业生产物流配送是按照生产计划进行的,现在多数生产制造企业推行 JIT 准时化生产方式。生产现场物料的存储量很少,基本实现"零"库存。物料配送时如果出现配送物料不符合生产装配的需求(品种差错、数量差错、型号差错)将直接影响企业生产线的装配,会给企业造成停产的损失。

准确率计算公式为

$$准确率 = \frac{配送物料合格次数}{配送物料总次数} \times 100\%$$

企业要重视企业物流工作质量,一个生产企业没有优秀和坚强的服务队伍做后盾,生产线的工作将更加艰难。企业产品质量需要企业全体员工积极参与才能得以保障。

物流配送工作与生产装配、产品制造同时进行,物流配送物料时要对物料进行严格把关。物流人员在物料数量、质量、时间等各种因素上应下功夫,减少企业产品装配前的失误,使产品制造有一个良好的质量保证及环境。

3. 物流质量的培训

对物流质量的保证是建立在良好的物流培训基础之上的。企业生产物流要能够满足生产的需求并且帮助企业提高生产效率,重点应对物流人员进行有效的培训。企业对员工的培训是生产管理的重中之重,有一个高水准的职工队伍,将是企业发展与腾飞的基础。

（1）强化员工质量意识

企业生产运行过程中,应通过口号及标语不断宣传"质量第一"的目标,同时针对生产过程中产生的质量问题进行认真的研究与探讨。针对质量问题要大张旗鼓地进行分析和改善,使员工认识到物流的工作质量对生产线的影响。

在物流生产配送过程中,出现最多的问题就是产品、零部件、原材料"落地"现象。针对此种现象,管理者应积极帮助员工进行标准操作及工位器具改善,同时认真对产品"落地"带来的质量影响进行严格分析。产品"落地"将给产品带来外观的损伤、产品形状尺寸的改变等,将给生产装配带来困难,造成企业产品质量不合格,产品在市场中没有竞争力。

（2）建立标准作业指导书

企业员工操作应建立标准作业指导书,员工操作时应一步一步按照指导书进行有效的操作。标准作业指导书的主要功效就是使企业员工在操作时可以保证生产质量,同时实现生产的有效控制。

标准作业指导书的建立应对员工进行及时培训,并且针对操作合格的人员每年进行为期三天的复训考核,目的是强化操作的标准,减少失误。

（3）完善物流质量保障体系

物流质量的保证不仅仅是靠人员的保障，更应利用先进科学技术进行保障。准时配送的实现可以利用"警示系统"提示员工及时配送生产线需要的物料。"警示系统"可以是"报警灯"，可以是"钟表"，可以是"警铃"等。

在货物进行分拣时，为了减少货物分拣失误率，可以采用先进的电子标签技术，帮助物流人员进行分拣，保证分拣质量。物流人员进行生产线物料配送时，为了减少配送物料的差错率，可以建立出库验收体系。采用条码手持机对物料出库时的出库单、生产线需求单、生产计划单进行登记、复审，确保配送生产线的物料准确性。

3.7 准时化物流

准时化生产来源于日本丰田汽车公司，是以市场需求为中心的"拉动式"生产管理方式。企业生产严格地按客户的需求（订单）进行组织采购、运输、加工、配送等活动，最大限度地减少库存，降低企业生产成本，最大限度地满足用户的需求。

准时化管理的核心内容是消除浪费。过量库存、重复采购、迂回运输、物料停滞等现象都是企业生产物流过程中的浪费，准时化管理可以控制和降低物流成本。

准时化物流是准时化生产制造的延伸，其实质就是要求企业生产组织在各个环节做到在准确的时间、准确的地点、提供准确的产品，企业达到消除浪费、节约时间、节约成本和提高物流服务质量的目的。

企业在推行准时化生产的同时，物流管理借鉴了准时化管理理念，并将该理念运用到物流管理中，起到了很好的效果。准时化物流的概念就是为了满足企业生产线的需求，在需要的时候、按需要的量、配送需要的物资。

1. 准时化物流管理的特点

（1）准时性

准时化物流生产保障，强调的是一个准确的时间点。这一时间点在生产制造过程中仅仅为1～3分钟的时间段。物料必须在该时间段内进行准时配送到位。

（2）"零"库存

准时化物流生产以"零"库存为目标。生产用料在必要的时间、按必要的数量、送达必要的物料。丰田生产方式认为库存是浪费的，必须予以消除，它把"零"库存作为最终目的。

（3）信息公开化

准时化物流生产要求各部门信息公开化。丰田生产方式采用的是"拉动式生产"，生产指令只下达给最后的工序，是通过看板管理实现的准时化，因此准时化物流必须保证信息畅通。

（4）团队合作

企业推行准时化生产，推行准时化物流供应，必须有一个良好的团队意识。企业各部门及企业的供应商必须相互协调一致，才能实现准时化管理。准时化物流体系中的团队协调包含了两层含义：一是企业内部的协调一致，它强调的是企业内部能步调一致；二是外部协调，它强调企业与供应商之间要最大限度地准时化供应。

准时化物流包括准时化采购、准时化供应（配送）。

准时化采购也叫 JIT 采购法,是一种先进的采购模式及管理理念。它的基本思想是在恰当的时间、恰当的地点,以恰当的数量、恰当的质量提供恰当的物品。准时化采购包括供应商的支持与合作以及制造过程、货物运输系统等一系列内容。

准时化供应(配送)是通过现代化的物流信息技术和物流配送方法的支持,实现货物的快速识别、分拣、搬运、配送,确保货物供应的准确、及时。

实现准时化物流,企业、供应商、物流中心之间的密切配合尤为重要。各物流环节的紧密协作和信息的快速传递实现了物流管理一体化、准时化,确保了企业生产的顺利进行。

2. 准时化物流的保障

(1)良好的供应商关系

准时化物流管理要求供应商在需要的时间、按需要的量、提供优质的物料。具体而言就是要求供应商严格遵守交货时间,提供稳定的高质量的零部件保证企业生产。供应商和企业之间是互利互惠的伙伴关系,在这种关系的基础上,供应双方共同发展,共同分享利益。

(2)顺畅的信息沟通

供应商与企业应有良好的信息交流、协作。企业针对市场的变化,应具备快速反应能力。选择有能力、有实力的合作伙伴的同时,要确保各类信息的准时、畅通。

准时化物流需要物流信息的全面性、动态及时性、信息沟通顺畅性、企业信息共享性。准时化物流的实施必须以顺畅的信息交流为基础,企业组织生产需要跨部门、跨组织、跨职能进行协调工作。企业各部门必须全面、准确、动态地掌握生产信息状况,确保生产顺利进行。

3. 生产节拍

企业推行准时化物流供应,要实现准时化生产,生产节拍控制是首要条件。企业生产节拍就是指企业生产一件产品所需要的标准作业时间。企业生产节拍即是企业有效工作时间除以产品销售量。

节拍计算公式为

$$节拍 = \frac{企业年生产有效时间}{企业年销售量}$$

3.7.1　准时化物流控制方法

企业物流供应要达到准时化,首先就要消灭生产物料在生产现场及库房的停滞时间。生产现场物料停滞的原因主要有物料提前进入现场、物料过多进入现场两种情况。

物料出现停滞的原因如下。

(1)企业针对物料的供应没有制定供应计划或建立供应的时间管理制度。尽管生产企业有相应的生产物料配送规范和制度,但企业管理的执行力差,使制度形同虚设,没有得以认真执行。

(2)供应商怕耽误企业生产的需求而没有按时间要求供应物料。供应商与生产企业关系紧张,供应商为了防止"万一"而进行大量供货,造成生产资料的停滞。

(3)供应商为了减少物流成本采取大批量配送,造成生产现场物料堆积,出现物料的积压。

(4)企业生产销售与生产计划出现波动和调整,造成供应商物料配送积压在生产现场,造成物料停滞。

（5）企业产品换型造成物料积压。此种情况的发生,多是企业生产没有实行准时化生产管理方式,采用的是推动式生产模式。当生产线后工序不需要零部件(物料)时,前工序没有接到指令或提前完成生产计划而造成物料停滞。

（6）企业生产计划改变,供应商与企业信息不畅通。

针对以上问题,为了实现生产物料准时化供应,企业首先应采取小批量、多频次供应方式,建立等时间间隔到货供应制度,提倡联合运输配送,提高车辆的积载率。其次,企业应与供应商建立良好的信息沟通渠道,保障企业生产计划的变动、生产产品的更改通知到供应商。最后,企业生产应尽最大可能实现均衡生产,减少生产波动带来的物料供应浪费。

1. 提高车辆的积载率

企业生产物流中的车辆积载率的提高有两种方式。一种是提高车辆的容积积载率;另一种是提高车辆的重量积载率。车辆容积积载率的提高方法如下。

（1）物料装车设计

生产原材料、零部件在装车运输过程中,物流人员应针对生产资料的体积、重量进行有效的科学设计,充分利用车辆的容积与载重量的技术要求,最大能力地装载物料。

（2）工位器具、包装的标准化

生产企业的物料供应有其自有的特点。由于企业生产产品品种较为固定,物流运输的零部件体积、形状也相对稳定。因此,在物流运输过程中,要尽可能采用专供工位器具和包装标准化形式,提高车辆的装载物料数量。

（3）物料体积、重量的组合搭配

物流公司在运输企业物料的过程中,尽可能地将重量大、体积小和体积大、重量轻的物品搭配混载运输,这样既能够满足车辆的载重量,又可以满足车辆容积的要求。

（4）物流路线设计,减少空车行驶

准时化物流车辆积载率的提高还与物料的包装有关。企业针对物料的包装应与供应商进行密切合作,使物料的包装规范化、标准化、单位化。

物料包装本着服务于生产、满足于物流运输的原则,将物料的包装器具化,使物流器具的存放物料数量增大。生产物料的包装运输尽量采用托盘、料箱、集装箱、专用器具运输,这样可以使物料的装卸搬运效率增大,提高物流生产效率。

2. 提倡物料混载配送

企业生产物流混载配送是生产物流准时化、降低物流成本的方法之一。企业物料混载包括出发地混载和目的地混载两种方式。

出发地混载主要是指车辆出发时将多种物料进行混载,将多家供应商的物料集中在一辆运输工具上,即多家供应商向一家企业进行供货的方式。其特点是可以提高车辆的使用率,降低供应商的成本。

目的地混载主要是指企业物流运输车辆按一条物流路线从多家企业供应商处装载物料,将物料集中装载车辆上的运输方式。其特点是可以一次或多次将多种物料收集并按时配送到生产现场。

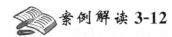

案例解读 3-12

企业物料混载配送

　　某企业在推行物流准时化配送改善前,各协作厂、供应商各自为战,每一个供应商都独自向生产厂家进行物料运输,供应商物流车辆的积载率低下,运行成本高,造成供应物料价格居高不下的局面。

　　改善前物料车辆装载状况如图 3-32 所示。

图 3-32　改善前物料车辆装载状况

　　企业推行准时化物流生产,供应商、协作厂实现物流车辆混流配送后,不仅满足了生产准时化用料的需求,同时还提高了车辆积载率,降低了供应商、协作厂的制造成本,帮助供应商降低产品售价,使生产企业的采购成本降低。

　　改善后物料车辆装载状况如图 3-33 所示。

图 3-33　改善后物料车辆装载状况

　　提高车辆积载率,采用混流配送运输的注意事项有以下三个方面。
　　(1) 首先对所有企业供应商所处位置进行调查研究,设计最佳物流路线。
　　(2) 根据企业生产物料需求时间要求,将供应商物料进行混装。
　　(3) 根据供应商配送的零部件体积、重量、形状来设计和选择最佳混装方案。

3. 企业采用中继站供应方式

　　准时化物流要求供应商须及时准确地将物料配送到企业生产现场。但是供应商的分布、交通条件的变化、自然天气的影响、车辆行驶都可能引起物料不能及时供应,这时企业应采用中继站配送方式进行准时化物流配送。

　　中继站配送就是由供应商在生产企业周边建立一个中间库,供应商将物料运送到中间库进行暂时存放,必要时可以从中间库进行物料出库配送满足企业需求。

　　另一种中继站方式是指由第三方物流公司建立中间仓库。同理,第三方物流公司将企业供应商配件集中仓储,然后根据企业生产需求进行出库配送。

　　中继站配送方式可以减少企业对供应商准时供货的压力,企业与供应商中间有了一个缓冲地带,可以确保企业生产对物料的准时供应需求。但是中继站的供应方式增大了企业、供应商的库存,增大了企业、供应商的生产成本支出。库存是企业的浪费,这是丰田生产方式的基本理念。中继站供应方式的使用应在企业和供应商科学研讨和确定中继站库存量之后才可以实施,否则将增大企业、供应商的生产成本。

3.7.2　准时化物流时刻表

　　企业生产要实现准时化物流供应必须要有计划、规则,生产企业应针对生产的需求、供应商零部件的供应情况编制准时化物流供应时刻表。

　　企业生产物流时刻表的编制应考虑企业生产及企业物流条件的限制。例如企业生产物流设备设施的布局、物流路线、物流场地、自然天气(雨、雪、雾、风)等对物流的影响、供应商零部件的体积、重量、数量。

　　物流时刻表的编制需遵循以下几个步骤。

　　(1)企业生产物流供应图的制作。

　　(2)物料供应量的计算。

　　(3)物流运输路线的确定。

　　(4)物流运输车辆的确认。

　　(5)车辆积载率的计算。

　　(6)物流时刻表的编制。

　　(7)物流时刻表的实施调整。

　　(8)物流时刻表的确认改善。

　阅读资料 3-18

某企业物流时刻表

零件(材料)	物料道口	物流时间	器具容量	器具数
保险杠	1	8:10~8:30	4	2
座椅	1	8:30~8:50	6	
护板	3	8:10~8:30	10	2
空调	3	13:10~13:30	4	4
前灯	2	8:10~8:30	20	1
⋮				

3.7.3　生产线准时化物流

企业生产线供应(配送)物流是企业内物流的主要工作项目,是企业正常生产的保障。生产线准时物流是指为了满足产品生产的需求以及准确的物料供应,包括配送站物流、生产线物流两大部分。

1. 企业配送站物流

配送站物流就是指企业生产现场的中转站物流。企业的中转站是指企业生产现场的物料配货区,在企业中简称 PC 区,实际就是一个小型的物料存储区,其内部可容纳的物料数量较少,基本是在 2～4 小时的生产用料。企业生产线用料的 90% 来源于中转站的物料配送,只有小部分(10% 左右)体积较大的物料直接从供应商(厂家)送到生产装配线。

配送站物流的主要作用就是将企业生产用料根据生产计划、生产装配的要求进行分拣、组配、编序,保证及时供应生产线装配之用。

生产企业物料配送站的建立、选址应尽量靠近企业生产线,这样可以减少物流的行走路线,提高劳动效率,减少不必要的浪费。

企业配送站物料的分拣要严格按照生产看板的指令需求进行,物料分拣完毕后配送物料的行走小车要按照生产线配货顺序进行编组。运输小车的装货顺序应与生产线卸货顺序相反,先卸的货物后装车,避免生产线物料配送的二次装卸。配送站物料存储区的物料、货架摆放也应与生产线工序一致,以便于物流操作人员快速分拣、组配。

　案例解读 3-13

-·-

生产线配送流程

生产线布局如图 3-34 所示。

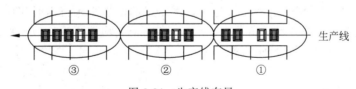

图 3-34　生产线布局

先卸的物料后装车,避免二次装卸。如图 3-35 所示。

图 3-35　物料装车顺序图

物料配送小车与生产线运行方向一致。如图 3-36 所示。

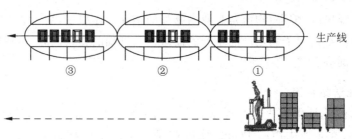

图 3-36 物料配送小车运行图

配送站物料应与生产线相对应。如图 3-37 所示。

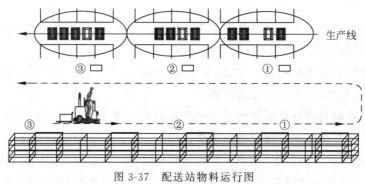

图 3-37 配送站物料运行图

2. 企业生产线物流

生产线物流配送是生产用料从配送站出发到生产工位的物流过程,是企业能否实现准时化物料供应,提高生产效率的关键点。

首先,企业生产线设计应紧凑。生产线布局和设计直接关系到生产物流的效率与速度,生产线过于分散势必造成物流距离过长、物流配送车次增加、操作人员增多。

其次,生产线物料配送的物流量与各配送路线的配送小车行走时间应均衡。物流人员的工作量应大致相等并且满负荷生产配送,形成企业均衡物流。均衡物流可以使物料配送标准化、生产物料配送质量可控。

 案例解读 3-14

均 衡 物 流

生产企业物流配送过程中,甲物流人员配送物流所用时间如图 3-38 所示。

生产企业物流配送过程中,乙物流人员配送物流所用时间如图 3-39 所示。

甲乙两人工作时间相差两分钟,物流作业所用时间及工作量基本均衡,这样物流工作即可顺利进行开展。

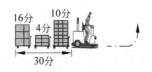

图 3-38　甲物流人员配送时间图

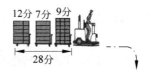

图 3-39　乙物流人员配送时间图

　　生产企业物流班组所有成员的工作时间、节拍、工作量应进行统计分析,实现生产工作均衡化。物流工作的均衡化不仅是为了员工工作量的均衡,更重要的是要通过工作时间的均衡实现标准作业。

　　物流班组人员工作均衡化用山积表来表示。山积表中每一个立柱代表一名员工的工作时间、内容,如图 3-40 所示。

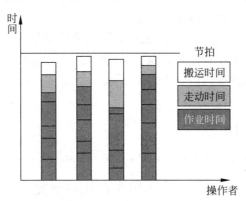

图 3-40　物流班组成员均衡生产山积表

　　最后,体积较大的物料在生产现场应尽量分散摆放,尽量减少装配线操作者的行走距离。体积较小的物料应尽量采用货架码放,操作者可以一次拿到多样物品,提高生产装配效率。

　　企业生产线物流配送是企业生产线生产运行的保障,物料配送的准时化来源于物流生产配送的设计。企业生产线物流配送路线设计的科学、合理,可以使物流成本降低,提高物流生产效率,保证企业生产顺利进行。

　　企业生产线物流配送路线设计包括两个方面:一是企业生产外部物流的生产配送路线设计(零部件供应商物流路线);二是企业内部生产线物料配送的路线设计。简单地说,企业内部物流配送路线设计的目的就是使物流配送人员高效率、满负荷、低成本、高质量、准时将物料送达生产工位。生产线物流配送设计原则如下。

　　(1)物流人员工作量的均衡性

　　企业生产线物流人员工作量首先要均衡化。物流人员工作量包括物料配送数量、重量、劳动强度、配送时间、配送频率等。物流员工工作量的均衡化、物流配送时间的均等,可以更好地推进物流配送作业实现标准化,可以实现物流配送与生产节拍的配合,实现准时化物流生产供应,避免物流配送影响生产线装配。

　　(2)物流节拍标准化

　　物流节拍标准化的目的是更好地实现生产物流配送的可循环性,使物料配送能够更好地满足生产的需求。

（3）物流人员数量省人化

物流人员不应过多,生产线物流人员应根据生产计划、产品产量进行配置。人员的减少不仅可以降低生产成本,同时可以提高生产效率,使每一名员工工作量实现满负荷生产。

（4）物流使用设备最少化

生产现场物流配送设备数量要求应以能够满足生产物流配送要求为主,尽可能地减少设备数量。设备数量的减少可以降低企业成本投入,增强生产现场的管理。生产现场设备数量过多,容易造成生产线配送路线的堵塞,造成配送效率下降。

（5）物流路线最短化

生产线物流路线设计是生产线物流配送的关键点,科学、合理的物流路线设计可以提高生产效率、降低成本、提高物流配送质量。

物流班组每一名员工的生产配送物流路线、距离应根据生产对物料的需求进行充分的分析和设计。当企业生产计划进行调整时,企业生产物流配送路线、人员、时间、物料数量都应跟随生产计划而改变。

 案例解读 3-15

天津一汽丰田生产线物流配送

天津一汽丰田有限公司是 2002 年由中国第一汽车股份有限公司与日本丰田汽车倾力打造的中外合资企业。目前,已经形成了由三个整车生产基地、两个发动机生产基地、一个研发中心、一个销售公司、一个物流公司组成的大型乘用车企业集群,累计销售收入突破 1 万亿元。

2019 年一汽丰田完成了体系整合,产销研一体化更聚凝聚力和战斗力,更加高效,公司融合覆盖了专业领域的两万名产业人才大军,建成了具有世界先进水平的丰田海外首座 TNGA（toyota new global architecture）架构新工厂,投放了以新旗舰亚洲龙 AVALON 为代表的 TNGA 新产品,制定了"两阶段、三步走、百万辆、翻一番"的新飞跃发展目标。未来一汽丰田将携手更多合作伙伴,以"TNGA 新战略、新能源汽车战略、智能网联战略、移动出行战略、体系构造改革"五大战略为支撑,以纯电动＋混合动力＋插电式混合动力＋氢燃料电池汽车为技术路线,不断努力。

天津一汽丰田产品包括亚洲龙、奕泽、卡罗拉三大系列产品,坚守丰田汽车 QDR（高品质、耐久性、可靠性）理念,将丰田先进生产方式与一汽优秀管理理念完美融合,通过导入 TNGA 丰田全球战略体系,全新规划设计,打破汽车发展框架,持续提高竞争力,制造卓越品质汽车产品。

生产布局如图 3-41 所示。

生产现场所需的零部件分为国产件和 CKD 件（进口件）。对于国产件,供应商在供货时就已经将货物直接放置在工位器具上,此时的货物没有外包装,因此在运输的时候通常采用飞翼式货车或拉帘式箱式货车。货物在送达时,可以直接上线进行中转。

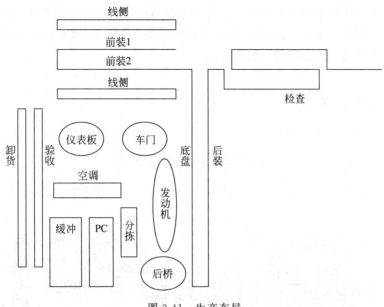

图 3-41　生产布局

　　货物到达后首先送往生产现场的缓冲区或是 PC 区,在这些区域基本上采用流利条货架,以便货物可以实现先进先出。由于采用了 JIT 的生产模式,现场并没有设置硬性库存,只存放 2~4 小时的生产用量。

　　第一工厂的生产节拍为 1.9 分钟,在生产线上可以铺满 12 台份的物料。生产现场送货是按照生产节拍进行的,因此从仓库到现场的送货周期时间为 1.9×12=22.8 分钟。对于 CKD 件送货采取按指示灯送货,当指示灯变到 03 时(说明现场正在生产第 3 台份),送货小车开始送货。

　　在总装车间,现场配送同样是按照指示灯进行。首先由在 PC 区和 PJ 区的拣选人员按照看板的需求,将物料分拣后放置于相应的料箱中,并将料箱放在指定的配送小车上,待车装满后,由现场的物流巡视人员将小车进行编序,并送到配送等待区。在该区域,每一个牵引车驾驶员上方都有两个指示灯,如果生产现场的电子显示板指示 05 时,则处于 05 位置的牵引车驾驶员去送货,这时该位置的红灯亮起,当该驾驶员送货回来后,绿灯亮起。在现场通过目视化的电子显示板直接下达配送指令。

　　在生产装配现场,大部分的货架都是流利条货架,强化了物料先进先出的管理,同时在每一个货架的旁边,都设有一个看板回收槽,便于看板在使用后及时回收。

　　在物流配送中使用的周转箱和托盘都是由供货厂商提供的,而物流台车则是由一汽丰田公司自己订做的。对于周转箱,每个供应商都根据各自供应产品的特点和丰田公司的要求制定包装规格,并可以保证包装箱能够直接上线。

　　在卡车货箱内部,装货高度一般在 2.3~2.4 米,要留有 15 厘米的叉车起升高度。对于一些小件部品,采用的是防压的料箱。在送货时,料箱自身可以承担货物的重量,在回收时,将料箱旋转 180°后就可以叠放在一起。料箱从中间分为两种颜色,这样只要把同一颜色的区域对齐,料箱就可以叠放,在回收时节省空间。若要装货,则将颜色错开就可以了。

生产线准时化物流配送得益于生产线的合理布局和生产物流路线的设计。生产线准时化物流设计与执行不是一成不变的,应根据实际情况不断进行物流管理改善,实现更经济、更合理、更快捷的物流准时化配送。

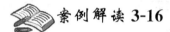 案例解读 3-16

生产现场物流供应改善

某生产企业在生产初期进行的生产布局给企业带来了很多的浪费,生产现场物流第一次布局如图 3-42 所示。

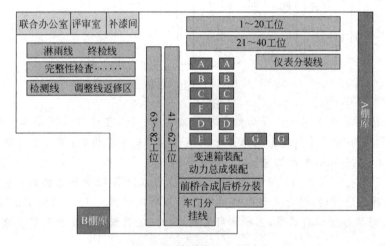

图 3-42　第一次生产布局

生产现场物料第一次布局主要以集中存放进行物料管理,在生产运行过程中发现,该布局管理造成物流路线过长,物流供应效率低。物流人员对物料存放必须加以改善。

物流第二次布局改善如图 3-43 所示。

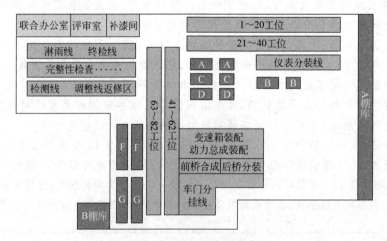

图 3-43　第二次生产布局

第二次物料存放布局改善使 21~40 工位零部件以及内饰件更加靠近生产装配线,从而提高物流效率,减少搬运行走时间。

物流第三次布局改善如图 3-44 所示。

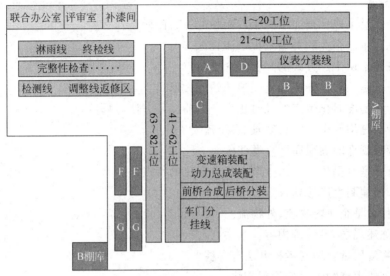

图 3-44　第三次生产布局

通过以上三次的生产现场物流改善活动,缩短了物料配送距离,提高了企业生产效率,降低了企业生产运营成本,有效地满足企业生产装配的需求。

本 章 小 结

本章是生产企业物流管理课程的重点内容,分四个部分进行讲解。第一部分介绍了企业生产及生产管理知识;第二部分讲解了先进的丰田生产方式管理方法;第三部分讲解了生产物流管理内容;第四部分讲解了准时化物流管理。

如何管理好企业要从了解企业生产管理开始。本章首先讲解了什么是生产,什么是管理,什么是生产管理,使学员对企业生产管理有了大致了解。

其次,介绍了现代先进的丰田生产管理方式,讲解了丰田生产方式的管理理念,如何识别企业生产中的浪费现象;讲解了什么是准时化生产、自动化生产;讲解了推行准时化生产的前提、方法;讲解了丰田生产方式的看板管理、标准化作业、一个流、防呆、防错等管理方法;讲解了企业生产计划的编制及步骤、生产物料需求计划的编制和步骤等。

再次,主要讲解了生产现场物流管理内容,例如如何进行人员管理、设备管理、现场管理、质量管理、安全管理、物料管理等。

最后,讲解了企业生产准时化物流管理。准时化物流管理中讲解了准时化物流特点、控制方法、保障,通过案例分析讲解了实现准时化物流的改善,使学员对企业生产准时化物流有了深刻了解。

练习与思考

1. 练习题

(1) 什么是生产？企业组织生产面临的三大问题是什么？

(2) 陈述生产企业的类型及生产流程。

(3) 陈述丰田生产方式的经营理念及特点。

(4) 什么是浪费？分析和复述浪费的七大形式。

(5) 什么是准时化生产？准时化生产的前提及方法有哪些？

(6) 什么是均衡生产？什么是"一个流"？

(7) 看板管理的五项原则有哪些？

(8) 什么是自働化？丰田生产方式自働化的特点是什么？

(9) 如何编制生产计划？

(10) 什么是企业内物流、外物流？

(11) 陈述现场 5S 管理内容。

(12) 物流质量管理的考核办法有哪些？

(13) 陈述生产物流设备管理方法。

(14) 简述生产现场安全如何管理及其注意事项。

(15) 什么是准时化物流？准时化物流的特点是什么？

(16) 准时化物流的控制方法有哪些？

(17) 准时化物流配送路线的设计原则有哪些？

2. 调查思考题

(1) 详细陈述准时化生产中看板管理的应用方法。

(2) 调查和分析推行准时化生产管理的难点。

(3) 讨论生产企业物流应如何对人员、设备、安全、物料的管理。

(4) 讨论现场 5S 管理及目视管理在企业物流管理中的意义。

要求：

(1) 以 6～8 人为一小组，共同完成作业。

(2) 每小组指定一人进行汇报、交流。

(3) 以小组为单位进行评估、记分。

(4) 小组汇报内容要以书面形式进行展示，进行各组间交流。

回收废弃物物流管理

学习要点

☺ 生产企业回收物流的定义及意义。

☺ 熟知和掌握废旧钢铁的回收技术与方法。

☺ 熟练掌握纸及纸制品的回收技术与方法。

☺ 能够陈述并讲解包装物的回收管理。

☺ 掌握和理解产品回收物流管理。

☺ 熟记并能够陈述废弃物定义。

☺ 能够讲解生产企业常见的废弃物分类。

☺ 能够陈述固体废弃物、液体废弃物的处理方法。

 阅读资料 4-1

回 收 利 用

用 1 万吨废铁做原材料可以炼出 9 000 吨钢材,可以节约铁矿石 2 万吨。用废钢铁做原材料炼钢可以比用铁矿石炼钢每吨节约 80% 的能源消耗,可以减少对大气污染 88%,减少对水污染 76%。

用 1 000 千克废旧玻璃可以制作出 900 千克的再生玻璃,可以节约纯碱 2 000 千克,石英砂 720 千克,长石 60 千克,煤炭 1 000 千克;节约用电 400 千瓦时,降低企业生产成本 20%,减少对大气污染 35%。

社会工业化大生产的快速发展,生产、流通、消费领域每时每刻都在产生着大量的废旧物资。废旧物资的大量产生对人类生存环境的影响以及对地球自然资源的影响逐步被人们所重视,废旧物资的回收利用和处理是摆在每个国家、企业以及人类面前的重大课题。

目前,全球能源危机再次显现出其威力,石油、煤炭、铁矿石、水资源及其衍生品都出现短缺。原材料的短缺,造成市场产品价格上涨,通货膨胀再次袭击全人类。能源危机是造成社会不稳定的因素,造成全世界的恐慌,促使人类对能源的使用进行反思,并积极寻找新能源替代日渐枯竭的石油、煤炭、木材能源。

这一问题在我国更加严峻。改革开放以来,在国家开放搞活大力发展经济政策的支持下,工业发展突飞猛进,中国从一个农业大国逐步走向工业强国之路,我国的汽车、摩托车、家用电器等工业生产已居世界前列,制造业的大力发展使能源短缺问题逐步显现出来,其形势不容乐观。尤其是我国目前资源利用率低下,浪费现象严重,很大一部分资源没有充分发挥效用,形成了大量新的废弃物,给人类生存、环境保护、国家的发展带来了很大威胁。

4.1 回收物流概述

生产企业回收物流主要针对生产制造业每天所产生的不合格品、废液、废料、废品等进行科学的回收管理。回收物流尽管不能给企业生产带来很大利润,甚至还要造成成本支出,但生产企业必须认真对待企业的回收、废弃物物流。

生产企业要充分利用现代科学管理技术与管理方法,探讨和寻找企业在可回收资源及废品处理问题的方法、手段,使生产制造企业不仅是为社会生产制造有用的产品,更重要的是肩负起社会资源的充分利用、环境保护与改善环境的责任。

1. 回收物流的产生及概念

随着科学技术的发展和人民生活水平的提高,人们对商品的要求越来越高,既要质量好又要有个性,于是被人们淘汰、丢弃的产品日益增多。这些产生于消费过程中的物品,由于损坏或使用寿命终结而失去了自身的使用价值,它们被人类所抛弃或遗失。

生产制造业中有些物料,因为不能满足生产需求或在生产制造过程中制造不合格产品、残次品、废品、边角余料而被企业所抛弃形成了废旧物资。

企业在生产过程中的边角余料、废渣、废水以及未能形成合格产品,不具有使用价值的物质变成废弃物。这些废弃物一部分可回收利用,称为再生资源,形成回收物流;另一部分基本或完全丧失了使用价值,形成无法再利用的最终废弃物。

回收物流在国家物流术语中写明是指不合格物品的返修、退货以及周转使用的包装容器从需方返回到供方所形成的物品实体流动。

回收物流是指企业在生产、供应、销售的活动中对产生的返修品、边角余料和废料的实体回收活动,这些东西的回收是需要有计划、有目的地进行的。如果回收物品处理不当,往往会影响整个生产计划,甚至影响产品的质量;会占用企业很大自然空间,造成资源的浪费。

2. 回收物流的重要意义

回收物流与废弃物流都属于逆向物流。逆向物流是指产品卖给消费者并配送给消费者后,从消费者端开始,通过逆向渠道对使用过、损坏或过期的物品,从事回收与搬运储存的过程。

逆向物流的处理有两方面含义:一是将其中有再利用价值的部分加以分拣、加工分解,使其成为有用的物质重新进入生产和消费领域;二是对已丧失再利用价值的废弃物,从环境保护的目的出发将其焚烧,或送到指定地点堆放掩埋。

回收物流是生产企业物流中的一部分,是针对企业生产过程中的可回收的物资所进行的物流实体活动。回收物流可以使企业降低成本,充分利用企业一切可利用资源。

我国是一个能源短缺的国家,自然资源在社会发展进程中不断地快速消耗,石油、煤炭、矿石、森林,包括水资源在加快损失,国家能源日渐枯竭,国家和企业应加强对能源的利用及控制,使有限的国家资源充分应用在社会建设、改善人民生活发展进步中。

自然资源在任何一个国家都是有限的,自然资源开发得越多越快,给后世人们存留的余量就越少。随着企业生产规模的不断扩大,国家工业化进程逐步加快,资源的紧张和短缺越来越严重。即使较丰富的资源,随着时间的延长也会消耗殆尽。因此,针对可利用的自然资源也存在着合理开发与应用的问题。废旧物资利用和回收的数量越多,社会可利用资源也就越丰富,回收物流的物资就是国家和企业的潜在物资资源。

回收物流回收的物资与自然资源不同。企业回收物流是将曾经利用过的物资(物料)经过分拣、加工等工艺处理再次进行利用,创造出新的可用物质资源。

回收物流所回收利用的材料,多是人们已经使用并可能认为废弃的物料。如果企业生产及社会应用的物资仅仅使用和利用一次就废弃处理,那么随着世界人口的增加,社会消耗品的增大,废弃物的处理将会直接影响人类的生存环境,同时也会加快消耗地球资源。企业资源(物料)的再利用不仅仅为了降低成本,同时对环境保护起着决定性作用。

回收物流物料的再加工与原材料的加工相比,回收物料的利用比例比原生材料产出要高,提炼时更节约能源。同时一些废弃物的处理,可以给社会带来新的能源使用。例如,生活垃圾的焚烧可以用来发电,供应企业或人类使用。

回收物流的推行可以减少废弃物对地球的污染,可以减少垃圾堆放对于农业用地的争夺,可以减少对空气与水源的污染,可以减少对树木的砍伐,避免对植被的损坏,可以保障人类的生存环境。

回收物流处理得好,可以增加资源的利用率,可以降低生产企业能量的消耗,减少对人类生存环境的污染。物料回收再利用不仅有重要的经济意义,而且有重要的环保意义。

3. 回收物流的现状

目前全世界生产钢材的 45%、生产铜的 40%、生产铅的 50% 是由回收的废旧金属冶炼而成,废旧金属回收已成为物料资源获得的重要途径。据有关单位调查,我国可回收利用而没有利用的再生资源价值 300 多亿元,每年有大约 500 万吨废钢铁、20 多万吨废有色金属、1 400 万吨废纸,以及大量的废塑料、废玻璃、废电池没有回收利用。

我国由于经济和技术的原因,国民环境保护意识较差,废弃物再利用也就是再生资源循环利用的手段欠缺,不能更好地利用废弃物。我国的回收物流相对于发达国家来说比较落后,而且由于近几年的发展速度较快,废弃物的产生速度也加快了。一方面我国生产资源短缺;另一方面有限资源却在大肆浪费和不能充分利用,形成了我国资源供应与使用的恶性循环局面。

4. 可回收物料的分类

随着科学技术的不断发展，人们对废旧物资的使用价值也逐步认识得更加清晰。废旧物资可回收再利用的材料种类也逐步扩大。在过去的科学技术条件下不可回收利用的物资、原材料，在现代的科学技术条件下又被重新赋予了新的使用价值，使废旧物资"变废为宝"，成为新的能源或资源重新被利用。

企业生产过程中，不断有可回收物料和不可回收废弃物料的产生。生产企业可回收物资大致可分为以下三大类。

（1）金属类

金属类可回收物料是制造业生产过程中产生量最大的废弃物，包括冶金的浇口、帽口，棒料的切头、机械加工的切屑（黑色金属、有色金属）、冲压加工的边角余料，废旧的工具、辅具、量具、夹具、模具、机床、车辆等。

（2）非金属类

非金属类废弃物主要是生产企业用于产品（零部件）的包装材料、辅助用品、生产材料等，包括塑料、木材、纸及纸制品、玻璃、煤矸、橡胶、棉纱、棉布等。

（3）生活垃圾

企业生活垃圾主要来源于办公用品及食堂，包括厨房剩余物、果皮、花草、灰土、剩余食品、办公用品等。

企业可利用的资源种类繁多，大多数生产企业根据企业自身的回收能力和水平，对各类可回收物资进行分类、评估，将生产产生数量较大、残留价值和可利用价值较高的废弃物进行收集处理，而对一些数量较少、残留价值不大的物品（物料）基本定义为废弃物进行处理。

4.2　回收技术与方法

生产企业回收面对两种情况：一种是企业生产过程中对可再利用的废弃物（钢铁、玻璃、木材、塑料、纸及纸制品等）进行回收再利用；另一种是对企业不合格产品的返修、退货。企业针对以上两种不同性质的回收工作应有不同的回收制度、方法相对应。

4.2.1　废旧钢铁回收

制造业在生产过程中，伴随产品的加工制造，产生了大量的废旧钢材。例如，铸造、锻造生产过程中产生的钢渣、炉渣、棒料切头，机械加工过程中产生的各种金属切屑、边角余料，产品制造过程中产生的废品，企业转产、产品更新换代所产生的半成品以及设备维修更换的零部件，报废的工具、辅具等。这类物资在企业的现生产中属于不要品，这类物资摆放在生产现场，只能给企业生产管理添加烦琐的管理内容，造成企业生产现场的混乱，增加企业管理难度。这类企业不要的废旧钢材，可作为再生资源充分利用。一般情况下，企业针对这类物资本着"先利用，后回炉"的原则进行科学管理。

"先利用"就是将企业认为报废的物品（棒料、钢板、边角余料等）进行二次直接利用。"先利用"可以使企业原材料充分得以利用，降低企业生产成本。

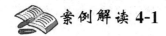 案例解读 4-1

- - + - - + - - + - - + - - + - - + - - + - - + - - + - - + - - + - - + - - + - - + - - + - - + - - + - - + - - +

材料的二次利用

　　某企业冲压工序在制作零部件时,有相当一部分原材料没有被充分利用。因为,冲压件原材料的工艺尺寸要大于零部件的公称尺寸,企业冲压零部件以后,会相应产生一部分边角余料(多余的板材),而这些边角余料可能成为其他零部件的原材料,这样企业可以降低生产成本,节约原材料的采购数量。

　　冲压件板材图纸如图 4-1 所示。

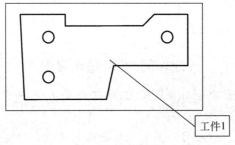

工件1

图 4-1　盖板图纸

板材二次利用如图 4-2 所示。

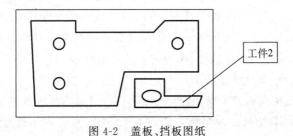

工件2

图 4-2　盖板、挡板图纸

- + - - + - - + - - + - - + - - + - - + - - + - - + - - + - - + - - + - - + - - + - - + - - + - - + - - + - - + -

　　"后回炉"就是将企业生产制造过程中产生的不能直接二次利用的废旧钢材进行回炉高温冶炼。一般情况下,废旧钢材可以直接回收进行铸造加工。废旧钢材是铸造加工的理想原材料,由于废旧钢材的化学成分比较稳定,易被铸造工艺所控制,因此大量的废旧钢材应用在铸造工业之中。大型制造业企业拥有自己的铸造公司,它们会充分利用废旧钢材的二次利用优点,降低企业的生产成本。

1. 废旧钢材回收的技术手段

　　随着企业生产规模的扩大,市场产品更新换代的速度加快,市场中产品的使用寿命不断地缩短,产生的废钢、废铁数量急剧加大。

　　针对废旧钢材及其制品的回收常用技术如下。

　　(1)气割、切割、剪切

　　① 气割。气割是指常用的氧气切割,气割加工技术广泛地应用在废旧钢材的分割

上,是废旧钢材处理的常用方法之一。气割主要应用对象是大型废旧钢材及制品,常用于船舶拆卸、车辆拆卸、大型构件的分解。

气割加工的优点是加工方法简单,加工速度快捷方便,可以将较大的板材、部件与主体分离,使之可以二次利用。

气割加工的缺点是对环境影响较大。由于属于明火操作加工,受到很多环境因素的限制。在气割操作加工时应做好消防安全措施,并且得到动火许可证。

气割加工多用于大型板材、零部件、构件的分离加工。在气割加工过程中,应重点注意被气割物料的重心位置,避免气割时出现不平衡状态,出现物料坍塌,造成人员伤亡事件发生。

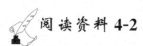 **阅读资料 4-2**

气焊(割)安全操作规程

(1) 工地现场必须修建专用的氧气、乙炔瓶存放库房,并配备相应的消防器材,库房墙上要悬挂"严禁烟火"标志。

(2) 氧气、乙炔瓶进场前,材料主管人员应确保气瓶安全帽齐全,运输中严禁撞击,严禁滚动或阳光下暴晒,以免爆炸。

(3) 使用前须检查乙炔瓶、氧气瓶及软管、阀、仪表是否齐全有效,紧固连接,不得松动;检查乙炔、氧气瓶、橡胶软管接头、阀门等可能泄漏的部位是否良好,氧气瓶及其附件、胶管、工具上均不得沾有油污;操作人必须随身携带专用工具如扳手、钳子等。

(4) 乙炔瓶的压力要保持正常,压力超过 $1.5kgf/cm^2$ 时应停止使用,不得用金属棒等硬物敲击乙炔瓶、氧气瓶。

(5) 氧气瓶、乙炔气瓶应分开放置,间距不得少于 5 米,距离明火不得少于 10 米。作业点应备清水,以备及时冷却焊咀。乙炔瓶、氧气瓶应放在操作地点的上风口,不得放在高压线及一切电线下,不得在强烈日光下长时间暴晒。

(6) 新胶皮软管必须经过压力试验,变质、老化、不合格的胶管严禁使用;使用的胶管应为经耐压实验合格的产品,不得使用代用品、变质、老化、脆裂、漏气和沾有油污的胶管,发生回火倒燃应更换胶管,可燃、助燃气体胶管不得混用。

(7) 气割作业时,应先开乙炔气,再开氧气。焊(割)具点火前,应用氧气吹风,检查有无风压及堵塞、漏气现象,当气焊(割)具由于高温发生炸鸣时,必须立即关闭乙炔供气阀,将焊(割)具放入水中冷却,同时也应关闭氧气阀。在作业时,如发现氧气瓶阀门失灵或损坏不能关闭时,应将瓶内的氧气自动逸尽后,再行拆卸修理;严禁将胶皮软管背在背上操作;严禁使用未安装减压器的氧气瓶进行作业。

(8) 气焊(割)作业中,当乙炔管发生脱落、破裂、着火时,应先将焊机或割具的火焰熄灭,然后停止供气。当氧气管着火时,应立即关闭氧气瓶阀,停止供氧。禁止用弯折的方法断气灭火。进入容器内焊割时,点火和熄灭均应在容器外进行。气焊时不要把火焰喷到人身上和胶皮管上。不得拿着有火焰的焊具和割具到处行走。

（9）熄灭气焊火焰时，先灭乙炔，后关氧气，以免回火。气焊如发现火焰突然回缩并听到"嗤嗤"声，就是回火的象征。当发生回火，胶管或回火防止器上喷火，应迅速关闭焊具上的氧气阀和乙炔气阀，再关上一级氧气阀和乙炔气阀门，然后采取灭火措施。

（10）发现乙炔瓶因漏气着火燃烧时，应立即把乙炔瓶朝安全方向推倒，并用砂或消防灭火器材扑灭火种。

（11）乙炔软管、氧气软管不得错装。使用时氧气软管着火时，不得折弯软管断气，应迅速关闭氧气阀门，停止供氧；乙炔软管着火时，应先关熄炬火，可采取折弯前面一段软管的办法将火熄灭。

（12）作业后，应卸下减压器，拧上气瓶安全帽。将软管卷起捆好，挂在库内干燥处，并将乙炔发生器卸压。氧气瓶中的氧气不得全部用完，应保留 $0.5kgf/cm^2$ 的剩余压力。

——摘自湖北安全生产信息网

② 切割。切割也是废旧钢材进行分割的方法之一。切割一般常用的工具有无齿锯、电火花、激光切割机等。切割加工常应用在大型板材、构件的分离加工上，切割加工生产出来的零部件其边缘光滑，可以直接应用在某些产品的生产制造中。

切割加工的缺点是加工成本较大，一次性投入资金较多，需购买机器和设备。

常用切割工具有：无齿锯如图 4-3 所示；激光切割机如图 4-4 所示。

图 4-3　无齿锯　　　　　　　　图 4-4　激光切割机

③ 剪切。剪切是废旧钢材加工分解的方法之一，常用于棒料类零部件的加工分离以及板材的加工生产。

废旧钢材（板材）在进行气割加工分离以后，其产品往往不能直接应用在生产制造的过程中，因为气割加工的板材边缘粗糙，材质发生变化，不符合零部件的公称尺寸及形状尺寸的要求，所以需要针对气割的板材进行剪切加工，使之符合零部件的要求。

剪切加工还大量应用在棒料的剪切分离工作中。例如，为锻造加工准备的毛坯可以使用剪切加工的方法进行加工操作。棒料剪切成一定长度的毛坯料，加热后进行锻压加工，这时对棒料的外形尺寸要求较低，能够符合锻压要求即可。

剪切加工属于冷加工方法，较机械加工切削速度快，但加工后的外形尺寸难以控制，不精确，加工后的棒料不能直接进行组配、组装。

剪板机如图 4-5 所示。

剪切机如图 4-6 所示。

图 4-5　剪板机

图 4-6　剪切机

（2）打包压块

企业废旧物资打包压块的主要对象是体积较小的金属切屑,板材类的边角余料等回收物资。生产企业在制造产品的过程中,机械加工生产出大量各种类型的切屑,这类切屑给物流运输带来诸多不便。生产企业金属机械加工的切屑形状有 C 型切屑、崩碎状切屑、带状切屑,这些切屑不利于装卸搬运,给企业生产现场造成混乱,给企业安全造成隐患,容易出现割伤员工现象。生产过程中一些体积较小的金属类包装材料也是如此,因此企业往往采用打包压块的冷加工方式,将此类废旧材料进行挤压打包形成一定尺寸、规格的立方体,以便于回收和再利用管理。

打包压块回收工序简单,便于操作。在操作过程中应注意,由于材料为多种形态存在,易将操作者割伤、划伤。因此,打包压块操作时应对操作者劳保用品的穿戴严格要求。

图 4-7　打包压块机

打包压块机如图 4-7 所示。

2. 废旧钢材的回收流程

制造业是市场产品的生产单位,也是可回收物料、废弃物产生最多的单位。如果能解决好企业废旧材料的回收问题,不仅能使企业原材料充分利用,降低企业的生产经营成本,同时也能促使社会回收物流更加科学化、合理化。

生产企业对回收物流的认知在推行物料回收过程中起关键作用。生产企业在制造产品的同时,不断宣传和实际广泛应用回收物料,将在企业管理过程中形成节约能源的企业文化。生产企业在制造产品过程中,应充分利用原材料,不断提高原材料的利用率。

生产企业材料利用率包括自然原物料的利用率,同时也包括可回收二次利用的原材料利用率。企业采用生产过程中剩余的废弃物料进行生产加工,可以进行适当的资源回收再利用,做到绿色环保生产,降低企业的生产经营成本。

生产企业对废旧钢材的回收再利用,应成为生产控制、企业战略规划的一部分。企业应对废旧钢材进行统一管理和回收,建立废旧钢材的回收制度与规划,有条件的企业应设立专门的机构进行有效的管理,充分利用废旧钢材。

企业钢材回收流程如图 4-8 所示。

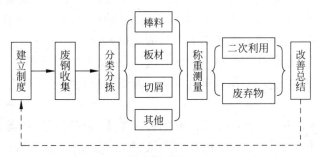

图 4-8　钢材回收流程图

3. 有色金属回收再利用

有色金属通常指除去铁、锰、铬和铁基合金以外的所有金属。有色金属可分为重金属、轻金属、贵金属及稀有金属。

有色金属在人类发展中的地位越来越重要,它不仅是重要的生产资料,而且也是人类生活中不可缺少的消费资料的重要材料,有色金属是国家持续发展必不可少的基础材料和重要的战略物资,国防现代化更离不开有色金属。

矿石中有色金属含量较低,为了得到 1 吨有色金属,往往要开采成百吨以至上万吨矿石。据统计,如矿石生产 1 吨钢能耗以 100 计,镁为 1 127,铝为 767,镍为 455,铜为 352,锌为 206。因此,有色金属在生产制造业中应充分利用,并且在企业生产过程中应加强有色金属的再生回收过程。

我国经济发展正处在工业化中期,对有色金属等原材料的需求不断增长,为了满足经济发展对原材料需求的增长要求,有色金属工业必须加大回收利用国内有色金属资源的力度。大力开展有色金属回收再利用是实现我国有色金属工业持续发展的重要途径,有色金属回收再利用不仅可以在相当程度上解决国内有色金属矿山原料不足的问题,而且有助于保护自然资源,减少有色金属生产和消费过程中对生态环境的影响和破坏。

有色金属均具有良好的可回收性并且能够反复循环使用,有色金属的再利用不影响其使用性能,充分发挥这个优势,可以大大缓解社会和经济发展对有色金属资源不断增长的需求,明显降低有色金属生产过程的能源消耗,减少环境污染,实现有色金属工业的可持续发展。

生产企业有色金属回收包括如下内容。

(1) 企业建立和健全废旧有色金属回收制度。

(2) 废旧有色金属回收实现专人管理。

(3) 建立和健全有色金属回收记录(账目)。

（4）废旧有色金属分类收集与存放。

（5）废旧有色金属企业统一处理。

（6）防治废旧有色金属产生二次污染。

4.2.2　纸及纸制品回收

纸及纸制品是工业常用的包装材料,随着科学技术的发展和进步,纸及纸制品的包装材料及包装容器发生了较大的改革。纸及纸制品不仅仅是用于产品包装,同时纸及纸制品的广告效应显著提高。各种新型的纸及纸制品的加工技术使纸及纸制品包装更加精美、耐用,纸及纸制品在包装业有了更加广阔的应用天地。

由于纸及纸制品包装使用后可再次回收利用,少量的废弃纸张在大自然中可以自然降解,对自然环境的影响较小,所以世界公认纸及纸制品是绿色环保包装材料,符合目前环保的要求。

目前生产制造业中常涉及的纸及纸制品种类繁多,包括纸箱、纸盒、纸板、包装纸、纸胶带、纸袋、纸模、报纸、书刊、办公用纸(打印纸、复印纸、单据、复写纸)等。在企业生产过程中,基本采用两种方法对纸及纸制品进行回收利用。

1. 纸及纸制品的回收利用

企业供应商(协作厂)提供的产品零部件,大多采用纸及纸制品包装材料进行包装,也有采用塑料工艺箱进行包装的。这些零部件的外包装物在使用的过程中往往被随手遗弃,不仅造成企业生产现场混乱,而且增大了企业生产运营成本。

企业生产现场能够进行二次利用的纸及纸制品包装物有纸箱、纸盒、纸模、纸板等。这类零部件的外包装经常在企业生产现场或物流区进行拆包、掏箱,企业生产人员应尽量轻拿轻放,科学合理地拆包、掏箱,尽最大可能减少包装物的损坏,以便对纸类包装物进行二次回收利用。

纸及纸制品的包装物二次利用可以减少企业生产成本,包装材料纸及纸制品的二次利用还可以减少对国家和社会资源的浪费。据统计,制造 1 吨纸需要砍伐 17 棵大树。照此计算,制造 100 万吨再生纸就会减少砍伐和保护 1 700 万棵大树,树的存在不仅仅是美化环境,同时也可以保护人类,减少自然灾害的发生。

纸及纸制品包装材料能否二次利用,很大程度上取决于企业物流的运输、仓储、保管、拆包的过程。

首先,纸类包装材料要防潮。纸类具有较强的吸湿性,纸类包装吸湿后容易发生霉变,容易造成纸纤维强度降低。因此,物流过程中应加强防潮湿措施。

其次,纸类包装要防止阳光直接暴晒、受热,否则会发黄变脆。受热后纸类的机械强度明显下降,氧化速度加快容易粉碎。

最后,纸类包装应防止腐蚀、虫蛀蚀。纸及纸制品不能与酸类、碱类、油类以及化学品类进行混放,否则容易使纸类物受损。纸类物品更应防止虫类的啃噬,应在保管运输途中注意防虫、治虫。

在企业物流过程中,为了更好地保护产品质量,基本采用托盘、箱笼、集装箱与纸类包装联合运输。托盘、箱笼、集装箱运输方式在保护产品的同时对产品包装也进行了保护。

在物流运输中,装卸搬运对纸及纸制品的包装材料影响较大,因此针对物流流程中的装卸、搬运应重点实施管理,以保护产品和包装材料。

此外,办公用品中的打印纸、复印纸也可以二次利用。企业在办公用品使用时,针对打印纸、复印纸,可以提倡二次双面使用原则。建立新纸、单面用纸分盒存放制度,使办公用纸得以充分利用,降低企业生产经营成本。

2. 纸及纸制品的废弃处理

生产企业在生产过程中会产生大量的纸及纸制品的废弃物。例如,报纸、杂志、办公用废旧纸张、过期单据、办公用品包装物等一系列不可再利用的纸类废弃物。这类废弃物在生产企业大都分散在各部门办公室,很多企业对其放任自流,没有统一管理,使办公室内的 5S 管理不彻底。办公室的废弃物过多,造成办公室混乱,使员工的工作效率降低。

企业应针对纸废弃物统一管理回收,设立专人收集变卖处理。各公司对废弃办公用纸有不同的处理方法。大型集中办公的企业对办公用纸一般每月定时由专人(兼职)进行回收。回收的废弃纸张、杂志、报纸、单据、文件等应须检查确认没有夹带公司重要文件,才能按规定进行变卖处理。

4.3　企业包装物回收处理

随着我国工业化进程不断的加快,企业产品数量的加大,市场用户消费观念的更新转变,市场产品的竞争不再是"酒香不怕巷子深"。市场产品的竞争不仅仅是产品质量、价格的单纯竞争,而是已经进入产品广告的竞争时代。产品广告、包装对市场消费者的吸引力以及产品包装对用户更深入地服务(便捷、实用、美观)已在发挥作用。

我国包装工业的迅速发展,使企业在生产制造产品、销售产品、商品流通过程中产生了大量的包装废弃物。包装废弃物的回收已成为企业环境保护、包装原材料再次利用、降低企业生产运营成本的关键点。

我国生产企业每年产品的包装物数量巨大,其回收可再利用的潜力巨大。企业回收旧包装物经过加工处理,可以重新供企业进行生产使用,既可以降低企业生产成本,又降低了供应商(协作厂)的生产成本,实现了企业与供应商(协作厂)的双赢。

1. 生产企业常用的包装材料

生产企业常用的包装材料有纸及纸制品、塑料制品、木制品、陶瓷、玻璃、金属制品等。生产企业在产品制造过程中,其零部件供应商(协作厂)在供应的零部件的物流配送时,多采用纸箱、纸盒、纸袋、木制专用料架、塑料工艺盒等进行零部件的包装配送。企业生产中此类零部件包装数量庞大,零部件的型号、品种较为稳定,对这类包装产生的物料要认真做好回收再利用工作。

塑料材料是目前常用的包装材料,其使用寿命一般在 1～3 个月,较长的使用时间可以为 1 年。塑料包装材料在自然界不可降解(难以降解),随意丢弃将对人类生存环境造成较大的污染。

木制品的包装材料随着国际对环保政策的要求,以及木及木制品的价格不断提升,在企业生产中逐步退出包装市场。但是,木及木制品的包装材料由于其自有的特点(坚韧、耐冲击),在特殊包装中起重要作用,还没有完全退出包装市场。企业中常见的木及木制品包装有木板箱、木板盒、垫木、垫条等。

目前生产企业为了更好地保护环境,企业在必须用木制材料做包装时多采用刨花板、胶合板等材料代替。

企业生产中常见的金属材料包装有金属盒、金属罐、桶、箱等。金属包装材料的二次利用多采用异类、异厂、异物的存放包装使用。

2. 包装材料回收利用注意事项

零部件、组件、原材料的包装材料在很多生产企业中多被视为"垃圾"、"无用品",被视为废弃物进行处理,没有产生应有的作用。当企业认识到包装材料(物)作为企业的再生"资源"时,企业包装废弃物便成为企业的"财富"。企业包装废弃物的二次回收利用是变"废"为"宝"的过程,是可以为企业降低生产成本,创造利润的有效途径。

企业包装物的回收利用应科学合理规划,严肃认真实施,避免对环境造成污染。因此,对生产企业包装物的有效回收利用应重点关注以下几个问题。

(1) 广为宣传,分类处理

生产企业包装物回收是企业降低成本,提高利润的有效方法之一。企业针对包装物的回收,应下大力气进行企业内部宣传,使每一名员工对包装物回收均有深刻认知。企业包装物的回收工作应建立标准作业流程并严格执行。

对于包装物在生产企业中的分类、归类,企业应有一个明确的管理方法及措施。应将企业包装物的二次回收利用提升到生产管理的日程中来,坚持不懈地将企业包装物回收利用。生产企业包装物的回收利用有利于企业的发展、有利于生产环境的保护、有利于企业员工素质的提高、有利于企业的生产运营管理,更有利于国家的发展与建设。

宣传和策划企业包装物回收的重要性,争取全体员工对包装物回收工作的支持。只有企业员工认识到回收包装物对企业、个人、社会有着重要意义,才能在工作中将企业包装物回收工作做得认真,才能使企业在市场竞争中更具竞争力。

企业包装物回收分类对于企业包装物的回收起着重要作用。包装物的分类回收可以进一步充分利用包装物的各自特性做到物尽其用。包装物的回收利用本着"先利用,后回收,再废弃"的原则,产品包装方式的选择应坚持厂家、用户共同协商的原则,使产品包装更有利于厂家的回收再利用。

在对零部件、原材料的包装进行设计与选择时,生产企业应与零部件供应商(协作厂)、第三方物流公司进行有效的沟通,使零部件的外包装既能适用产品运输物流(集装运输)的需求,又能符合零部件物流的保护作用,还能够满足生产企业直接上组装线(复合生产线物流)的要求。

企业包装物的分类可以在员工进行产品拆装、分拣的过程中进行。企业的员工针对包装物的种类不同,可以直接将包装物品分类存放,以利于进一步地回收利用。

(2) 防止二次污染

回收与综合利用包装废弃物的最终目标是充分利用原材料,降低企业成本,保护生态环境。但是在包装废弃物进行回收时更应注意是否产生了二次污染,应防止在废弃物回收的过程中给环境、员工造成安全伤害。

例如,在物流过程中,由于纸及纸制品具有容易潮湿、变质的特性,应采取严格避雨、防水措施,避免纸包装腐烂。应避免纸及纸制品在强光下暴晒,因为纸及纸制品的过度干燥,容易形成大量灰尘,散布在空气中。

在纸及纸制品回收利用的过程中,操作人员应戴口罩防止灰尘吸入。操作时操作者应戴手套,避免污染物对人体的伤害及污染。

针对危险品包装物(金属、陶瓷类外包装)回收利用时,应注意避免在第一次使用后金属、陶瓷包装物中的残留物对环境、员工的伤害。针对此类包装物应建立特殊标准作业,确认无危害及污染的情况下,再进行有防范措施的回收再利用。

(3) 建立回收机构与考核制度

企业废旧包装物的回收与利用应建立有效的管理体系机构,有效的管理方法措施,有效的考核办法制度。企业在废弃物回收的过程中,应有专门的机构针对废弃物进行管理,使废弃物的回收工作步入规范化、法制化的轨道,推动企业包装物及废弃物的回收利用。

企业利用回收包装物进行异类物品包装时,应明确注明包装物是二次利用,外包装为二次包装,并且将本次的包装产品的说明(名称、数量、型号等)有关信息粘贴在明显处,同时要注意粘贴的标签要牢固,防止丢失。

企业应对生产现场包装物的回收工作进行认真考核,对企业产生的包装废弃物建立定比率回收制度,也就是将生产物料的件数与包装材料数量相比较,做到能够回收利用的将尽最大可能进行回收利用,力求将包装物废弃数量降到最小。

对生产现场不能再利用的废弃包装材料也要进行过磅、称重,每日进行记录、登记,防止包装物的丢失。对危险品不可回收和再利用的包装物,企业应采取破坏性回收措施,防止不法之人利用包装物进行欺骗。

4.4　产品回收物流管理

产品回收物流是生产企业回收物流的一个组成部分之一。由于市场的变化及用户对商品需求的多样性,往往在市场的商品交易中,很多用户会将采购来的商品退回给供应商或生产企业,产生了商品退货或换货的实体流动。

商品的退货和换货,给供应商及生产企业带来了很大的麻烦,会使生产企业的销售额降低,增大企业的销售成本,降低企业的利润。针对用户的退货和换货,企业应首先检讨自身经营行为,积极主动地为用户着想,妥善地处理好问题。

通常情况下,用户的退货换货应遵循以下原则。

1. 依法退货、换货

我国消费者协会为了保障消费者利益,针对产品销售法规中明确规定企业对不合格产品负有退货和换货的义务,消费者(用户)可根据规定主张自身的权利。现在的商品市场是买方市场,商家和生产企业为了更好地占有市场,在市场中树立更好的口碑,往往提出"不满意就退货"的口号,在消费者对商品不满意或对产品质量提出异议时,商家和企业就给予退货和换货。

商品的退货和换货的产生还存在于销售商与生产企业签订的特殊合同。商家和企业签订的销售合同中规定季节性产品、试销产品、代销产品,在销售产品期满后,生产企业应根据当初签订的协议或合同,对未能销售的产品进行回收和退货。

2. 产品质量有问题进行退货换货

　　改革开放以来,产品市场的开放促使市场产品竞争加剧,市场由卖方市场进入买方市场的阶段,用户对不合格产品、次品以及使用过程中出现问题的产品(返修品)有退货和换货的主张。针对目前这种情况,生产企业在销售过程中,基本以"先修、次换、后退"为原则,即企业对有问题的产品基本先以修理为主,尽最大可能将产品修理完好,供用户使用。其次是将产品进行更换,将新的产品或不同种产品(可以替代的产品)进行更换,以满足用户的要求。最后才采用退货的办法。退货是企业最后的方法,也是企业最不想见到的结果,货物一旦退回厂家,产品只能进行降价处理或报废,将给企业带来经济利益损失。

　　商品退货的原因还包括产品质量已过保质期,这时生产企业按照相关规定必须退货或者换货,这类情况多发生在食品加工业、制药业。另外当产品的外包装及产品在物流运输过程中被损坏或者销售物流配送货物时发生送错货物的事件,将会出现对企业产品的回收问题。

　　生产企业产品回收在现实的商品市场中占有重要比例。商品回收的工作质量及服务态度,直接影响企业在市场中的形象。做好商品的退货、换货工作,可以赢得更多消费者对企业的认可,保护消费者利益,争得更大的市场份额。尽管发生退货、换货将给企业增大成本支出,但是退货和换货事件处理完善,从市场服务与用户的角度出发,会使企业获得更大的利润,使更多的用户认可企业产品。

4.4.1　产品回收物流工作流程

　　首先,产品回收物流是商家(企业销售部门)根据有关条件(规定)接受用户的退货和换货的要求。商品发生退货、换货时,企业销售部门首先要确认、记录、认可,并将退货、换货的原因分析清楚,上报有关部门(质保部、生产控制部),同时销售部门应积极组织车辆、人员进行货物的回收处理。

　　其次,生产企业应对退货、换货的商品进行检查验收、入库。能够进行维修的应尽最大可能维修,并在规定期间内维修完毕送交用户手中。对于不能维修或报废的产品,生产企业应定期进行组织车辆、人员进行统一的废弃物处理。对于换季产品,企业应按照企业规章制度与流程对产品进行回收仓储,重新调配进行销售。

　　再次,对于退货、换货的商品应进行分类仓储保管,重新入库。企业对退货的产品应进行重新编码、分类,进行分区、分库管理。库房管理人员应认真填写货物入库清单,对货物的有关信息进行登记,并将信息(产品名称、数量、型号、生产时间、退货原因、经手人、用户名称、用户地址、编号等)录入微机信息系统,以便于对商品进行仓储管理。退货、换货事件发生时,库房管理人员应针对库存的产品数量进行有效地调整。退货、换货势必造成库存产品的数量出现变动,可能造成新的产品库存积压,引发生产企业库存量增大。因此,有必要针对库房产品数量及订单进行有效地修正。

　　最后,对于合格品(维修品、季节性商品)进行再次出库分拣、验收、组配,根据市场用户的要求进行产品的配送。商品的二次出库配送,应进行售后的质量跟踪调查。对于不合格品应及时进行货物标示,填写报废品单据,递交质量保障部门进行质量分析。企业的质保部门对商品进行分析,给出评估报告后,企业按废旧商品进行废弃处理。

产品回收物流流程如图 4-9 所示。

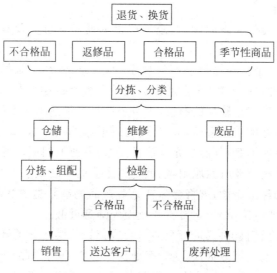

图 4-9　产品回收物流流程图

4.4.2　产品回收物流的成本管理

企业的各项组织活动都离不开成本核算。企业在产品回收物流过程中势必产生费用,企业更应对有关货物的退货、换货进行有效的科学管理。针对可以维修、不可维修的商品应进行逐项核算,建立商品返修核算单,计算每件商品的退货、换货造成的企业成本支出。

1. 商品入库清点核算

发生商品退货、换货时,本着为用户着想、服务于用户的原则,企业应积极主动地将商品收回到销售部门。商品通过物流运输将商品运送到企业仓库,商品到达时,企业仓储人员应针对商品进行有效的数量清点,针对商品的件数、细数逐项进行清点对账、登记;对商品的规格、型号、用户名称、要求等进行逐项登记记录;针对商品的退货、返修、换货的单据进行逐项核对。对不符合单据的应予以拒收,对符合单据的应予以接收入库。做到出库、入库有数,降低物品不符造成的企业损失。

2. 商品库存量调整

商品退货造成企业库存量增大。在正常情况下,企业销售库存通过正常的库存管理,可以对产品最大库存与最小库存进行科学的控制。但当企业发生商品退货的问题时,某一产品的销售库存量势必要增大,有可能超出库存的最大库存量,此时企业应及时调整该产品库存量和订单数量(即及时调整生产计划),降低该商品(成品)库存量,减少商品积压。

企业库存量的增加,增大了企业流动资金的占用量。在企业发生产品退货时,企业应及时调整生产计划,减少产品生产数量,避免出现产品生产过度造成产品库存积压。

企业商品退货、换货发生时,企业销售部门应及时将信息反馈给生产部门来调整生产计划,通知财务部门进行财务调整核算,并将有关信息及时通知管理层,以便企业及时调整计划进行应对。

3. 商品理赔确定

商品理赔就是当商品出现问题时,企业应根据商品的价值及有关规定给用户(经销商)一定的费用赔偿。

一般情况下,生产企业根据销售商的规模、性质、经营情况来给予不同的理赔权力。对于经营数量大、品种多的商家,企业通常提供较大额度的赔偿权力,便于销售商销售更多的企业产品。对于销售量较少的商家,生产企业将提供适当额度的赔偿权力,保证其在销售本企业商品时更好地扩大市场。产品销售理赔权力的下放(部分),并不意味着企业对生产成本理赔核算的不管理,而是充分信任商家,方便他们更好更快地服务用户。

企业商品理赔应遵循及时性原则,也就是当企业的产品发生问题时(一般问题),销售商应及时予以用户的经济赔偿,这将会弥补企业产品的缺陷造成的不良后果。商品理赔应遵循利益原则,既要赔偿用户,又要将企业损失降到最低。

商品的理赔应按照销售协议进行全额赔偿或折扣赔偿。全额赔偿是产品发生的问题是由生产企业负全责或大部分责任,这时企业应对用户进行产品价格的全额赔偿。折扣赔偿是产品发生的问题是由生产企业负少部分责任或没有责任,用户对问题的发生负有一定的责任,这时企业为了更好地服务用户,会对产品进行部分赔偿。商品的理赔工作,是企业商品销售的重要环节,商品理赔的好坏,直接影响用户与企业产品的关系。企业不应因小额赔偿影响市场产品的销售,企业应更好地利用产品赔偿作用,激发和弥补市场中产品的销售。

 阅读资料 4-3

《缺陷汽车产品召回管理条例》

中华人民共和国国务院令

第 626 号

《缺陷汽车产品召回管理条例》已经 2012 年 10 月 10 日国务院第 219 次常务会议通过,现予公布,自 2013 年 1 月 1 日起施行。

总理　温家宝

2012 年 10 月 22 日

缺陷汽车产品召回管理条例

第一条　为了规范缺陷汽车产品召回,加强监督管理,保障人身、财产安全,制定本条例。

第二条　在中国境内生产、销售的汽车和汽车挂车(以下统称汽车产品)的召回及其监督管理,适用本条例。

第三条　本条例所称缺陷,是指由于设计、制造、标识等原因导致的在同一批次、型号或者类别的汽车产品中普遍存在的不符合保障人身、财产安全的国家标准、行业标准的情形或者其他危及人身、财产安全的不合理的危险。

本条例所称召回,是指汽车产品生产者对其已售出的汽车产品采取措施消除缺陷的活动。

第四条　国务院产品质量监督部门负责全国缺陷汽车产品召回的监督管理工作。

国务院有关部门在各自职责范围内负责缺陷汽车产品召回的相关监督管理工作。

第五条　国务院产品质量监督部门根据工作需要,可以委托省、自治区、直辖市人民政府产品质量监督部门、进出口商品检验机构负责缺陷汽车产品召回监督管理的部分工作。

国务院产品质量监督部门缺陷产品召回技术机构按照国务院产品质量监督部门的规定,承担缺陷汽车产品召回的具体技术工作。

第六条　任何单位和个人有权向产品质量监督部门投诉汽车产品可能存在的缺陷,国务院产品质量监督部门应当以便于公众知晓的方式向社会公布受理投诉的电话、电子邮箱和通信地址。

国务院产品质量监督部门应当建立缺陷汽车产品召回信息管理系统,收集汇总、分析处理有关缺陷汽车产品信息。

产品质量监督部门、汽车产品主管部门、商务主管部门、海关、公安机关交通管理部门、交通运输主管部门、工商行政管理部门等有关部门应当建立汽车产品的生产、销售、进口、登记检验、维修、消费者投诉、召回等信息的共享机制。

第七条　产品质量监督部门和有关部门、机构及其工作人员对履行本条例规定职责所知悉的商业秘密和个人信息,不得泄露。

第八条　对缺陷汽车产品,生产者应当依照本条例全部召回;生产者未实施召回的,国务院产品质量监督部门应当依照本条例责令其召回。

本条例所称生产者,是指在中国境内依法设立的生产汽车产品并以其名义颁发产品合格证的企业。

从中国境外进口汽车产品到境内销售的企业,视为前款所称的生产者。

第九条　生产者应当建立并保存汽车产品设计、制造、标识、检验等方面的信息记录以及汽车产品初次销售的车主信息记录,保存期不得少于10年。

第十条　生产者应当将下列信息报国务院产品质量监督部门备案:

(一)生产者基本信息;

(二)汽车产品技术参数和汽车产品初次销售的车主信息;

(三)因汽车产品存在危及人身、财产安全的故障而发生修理、更换、退货的信息;

(四)汽车产品在中国境外实施召回的信息;

(五)国务院产品质量监督部门要求备案的其他信息。

第十一条　销售、租赁、维修汽车产品的经营者(以下统称经营者)应当按照国务院产品质量监督部门的规定建立并保存汽车产品相关信息记录,保存期不得少于5年。

经营者获知汽车产品存在缺陷的,应当立即停止销售、租赁、使用缺陷汽车产品,并协助生产者实施召回。

　　经营者应当向国务院产品质量监督部门报告和向生产者通报所获知的汽车产品可能存在缺陷的相关信息。

　　第十二条　生产者获知汽车产品可能存在缺陷的,应当立即组织调查分析,并如实向国务院产品质量监督部门报告调查分析结果。

　　生产者确认汽车产品存在缺陷的,应当立即停止生产、销售、进口缺陷汽车产品,并实施召回。

　　第十三条　国务院产品质量监督部门获知汽车产品可能存在缺陷的,应当立即通知生产者开展调查分析;生产者未按照通知开展调查分析的,国务院产品质量监督部门应当开展缺陷调查。

　　国务院产品质量监督部门认为汽车产品可能存在会造成严重后果的缺陷的,可以直接开展缺陷调查。

　　第十四条　国务院产品质量监督部门开展缺陷调查,可以进入生产者、经营者的生产经营场所进行现场调查,查阅、复制相关资料和记录,向相关单位和个人了解汽车产品可能存在缺陷的情况。

　　生产者应当配合缺陷调查,提供调查需要的有关资料、产品和专用设备。经营者应当配合缺陷调查,提供调查需要的有关资料。

　　国务院产品质量监督部门不得将生产者、经营者提供的资料、产品和专用设备用于缺陷调查所需的技术检测和鉴定以外的用途。

　　第十五条　国务院产品质量监督部门调查认为汽车产品存在缺陷的,应当通知生产者实施召回。

　　生产者认为其汽车产品不存在缺陷的,可以自收到通知之日起15个工作日内向国务院产品质量监督部门提出异议,并提供证明材料。国务院产品质量监督部门应当组织与生产者无利害关系的专家对证明材料进行论证,必要时对汽车产品进行技术检测或者鉴定。

　　生产者既不按照通知实施召回又不在本条第二款规定期限内提出异议的,或者经国务院产品质量监督部门依照本条第二款规定组织论证、技术检测、鉴定确认汽车产品存在缺陷的,国务院产品质量监督部门应当责令生产者实施召回;生产者应当立即停止生产、销售、进口缺陷汽车产品,并实施召回。

　　第十六条　生产者实施召回,应当按照国务院产品质量监督部门的规定制定召回计划,并报国务院产品质量监督部门备案。修改已备案的召回计划应当重新备案。

　　生产者应当按照召回计划实施召回。

　　第十七条　生产者应当将报国务院产品质量监督部门备案的召回计划同时通报销售者,销售者应当停止销售缺陷汽车产品。

　　第十八条　生产者实施召回,应当以便于公众知晓的方式发布信息,告知车主汽车产品存在的缺陷、避免损害发生的应急处置方法和生产者消除缺陷的措施等事项。

国务院产品质量监督部门应当及时向社会公布已经确认的缺陷汽车产品信息以及生产者实施召回的相关信息。

车主应当配合生产者实施召回。

第十九条　对实施召回的缺陷汽车产品,生产者应当及时采取修正或者补充标识、修理、更换、退货等措施消除缺陷。

生产者应当承担消除缺陷的费用和必要的运送缺陷汽车产品的费用。

第二十条　生产者应当按照国务院产品质量监督部门的规定提交召回阶段性报告和召回总结报告。

第二十一条　国务院产品质量监督部门应当对召回实施情况进行监督,并组织与生产者无利害关系的专家对生产者消除缺陷的效果进行评估。

第二十二条　生产者违反本条例规定,有下列情形之一的,由产品质量监督部门责令改正;拒不改正的,处 5 万元以上 20 万元以下的罚款:

(一) 未按照规定保存有关汽车产品、车主的信息记录;

(二) 未按照规定备案有关信息、召回计划;

(三) 未按照规定提交有关召回报告。

第二十三条　违反本条例规定,有下列情形之一的,由产品质量监督部门责令改正;拒不改正的,处 50 万元以上 100 万元以下的罚款;有违法所得的,并处没收违法所得;情节严重的,由许可机关吊销有关许可:

(一) 生产者、经营者不配合产品质量监督部门缺陷调查;

(二) 生产者未按照已备案的召回计划实施召回;

(三) 生产者未将召回计划通报销售者。

第二十四条　生产者违反本条例规定,有下列情形之一的,由产品质量监督部门责令改正,处缺陷汽车产品货值金额 1% 以上 10% 以下的罚款;有违法所得的,并处没收违法所得;情节严重的,由许可机关吊销有关许可:

(一) 未停止生产、销售或者进口缺陷汽车产品;

(二) 隐瞒缺陷情况;

(三) 经责令召回拒不召回。

第二十五条　违反本条例规定,从事缺陷汽车产品召回监督管理工作的人员有下列行为之一的,依法给予处分:

(一) 将生产者、经营者提供的资料、产品和专用设备用于缺陷调查所需的技术检测和鉴定以外的用途;

(二) 泄露当事人商业秘密或者个人信息;

(三) 其他玩忽职守、徇私舞弊、滥用职权行为。

第二十六条　违反本条例规定,构成犯罪的,依法追究刑事责任。

第二十七条　汽车产品出厂时未随车装备的轮胎存在缺陷的,由轮胎的生产者负责召回。具体办法由国务院产品质量监督部门参照本条例制定。

第二十八条　生产者依照本条例召回缺陷汽车产品,不免除其依法应当承担的责任。

汽车产品存在本条例规定的缺陷以外的质量问题的,车主有权依照产品质量法、消费者权益保护法等法律、行政法规和国家有关规定以及合同约定,要求生产者、销售者承担修理、更换、退货、赔偿损失等相应的法律责任。

第二十九条　本条例自 2013 年 1 月 1 日起施行。

4.5　废弃物物流

4.5.1　废弃物概述

废弃物是指在社会活动中产生的基本失去使用价值,现实科学技术无法再回收利用的实物(固体、液体、气体等)。

废弃物是伴随人类活动每时每刻都将产生的物品实体,之所以被定义为现实科学技术无法回收再利用,是因为废弃物大多数还处于很多条件下不能回收再利用。

废弃物的处理与社会文明发展程度、科学技术水平、社会文化以及国家的经济实力息息相关,与国民素质的高低有关。不同地域、不同时间、不同社会条件会对废弃物有着不同的认识。随着时间的推移,随着社会科学技术的发展,废弃物的处理及利用将会在人类社会活动中逐步提高并得以发展壮大。

废弃物本身具有相对性。现实科学技术中,某些废弃物之所以被称为废弃物,更多的是因为人类科学技术目前对其无法处理进行再利用。当人类科学发展到能够利用废弃物,现实的废弃物将会变"废"为"宝"。

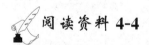阅读资料 4-4

煤矸石综合利用技术

煤矸石是在煤炭生产和加工过程中产生的固体废弃物,每年的排放量相当于当年煤炭产量的 10% 左右,目前已累计堆存 30 多亿吨,占地约 12 万公顷,是目前我国排放量最大的工业固体废弃物之一。煤矸石长期堆存,占用大量土地,同时造成自燃,污染大气和地下水质。

煤矸石又是可利用的资源,对其综合利用是资源综合利用的重要组成部分。"八五"以来,煤矸石的综合利用有了较大发展,利用途径不断扩大,技术水平不断提高。但我国煤矸石综合利用技术装备水平还比较落后,产品的技术含量不高,综合利用发展也不平衡。大力开展煤矸石综合利用可以增加企业的经济效益,改善煤矿生产结构,分流煤矿富余人员,同时又可以减少土地压占,改善环境质量。因此,煤矸石综合利用是一项长期的技术政策。

煤矸石综合利用以大批量利用为重点,将煤矸石发电、煤矸石建材及制品、复垦回填以及煤矸石山无害化处理等大批量利用煤矸石技术作为主攻方向,发展高科技含量、高附加值的煤矸石综合利用技术和产品。

一、煤矸石作燃料发电

推广利用煤矸石、煤矸石与煤泥、煤矸石与焦炉煤气、矿井瓦斯等低热值燃料发电。含碳量较高(发热量大于 4 180 千焦/千克)的煤矸石,一般为煤巷掘进矸和洗矸,通过简易洗选,利用淘汰或旋流器等设备可回收低热值煤,供作锅炉燃料。

发热量大于 6 270 千焦/千克的煤矸石可不经洗选就近用作流化床锅炉的燃料。煤矸石发电,其常用燃料热值应在 12 550 千焦/千克以下,可采用循环流化床锅炉,产生的热量既可以发电,也可以用作采暖供热。这部分煤矸石以选煤厂排出的洗矸为主。

煤矸石发电以循环流化床锅炉为主要炉型。加入石灰石或白云石等脱硫剂,可降低烟气中硫氧化物和氮氧化物的产生量。燃烧后的灰渣具有较高的活性,是生产建材的良好原料。

二、煤矸石生产建筑材料及制品

1. 煤矸石制烧结砖

利用煤矸石全部或部分代替黏土,采用适当烧制工艺生产烧结砖的技术在我国已经成熟,这是大宗利用煤矸石的主要途径。

煤矸石制烧结砖的工艺比黏土制砖工艺增加了一道粉碎工序。根据煤矸石的硬度和粒径,可选用颚式或锤式破碎机、球磨机等分别进行粗、中、细碎操作,并对原料进行陈化,以增加塑性。

煤矸石烧结砖采用内燃型,尽量避免超内燃。煤矸石烧结砖多采用一次码烧隧道窑,也可以用轮窑等窑炉,并利用窑炉的余热设立干燥室。其产品符合 GB 5101—1993、GB 6763—1986 标准。

2. 煤矸石生产水泥

在烧制硅酸盐水泥熟料时,掺入一定比例的煤矸石,部分或全部代替黏土配制生料。煤矸石主要选用洗矸,岩石类型以泥质岩石为主,砂岩含量尽量少。所配生料的化学成分要满足生产高质量水泥熟料的要求,一些有害成分的含量必须控制在一定范围内,产品应符合 GB 175—1992 标准。我国大多数过火矸以及经中温活性区煅烧后的煤矸石均属于优质火山灰活性混合材,可掺入 5%～50% 作混合材,以生产不同种类的水泥制品。

三、煤矸石复垦及回填矿井采空区

利用煤矸石作为复垦采煤塌陷区的充填材料,既可使采煤破坏的土地得到恢复,又可减少煤矸石占地以及对环境的污染。一般用于复垦的煤矸石以砂岩、石灰岩为主,采用推土机回填、压实,根据不同的用途进行处理,如作为耕种则进行表面复土,作为建筑用地则要采取分层碾压。

1. 复垦种植

对停用多年并已逐渐风化的煤矸石进行复垦后,可针对具体情况进行绿化种植。先以种植草灌植物为主,然后再种乔木树种,一般选择抗旱、耐盐碱、耐瘠薄的树种。对表层已风化成土的煤矸石复垦后,不需复土,可直接进行植树造林或开垦为农田。但在种植农作物前必须查明矸石中有害元素的含量。

2. 煤矸石作工程填筑材料

煤矸石作填筑材料主要是指充填沟谷、采煤塌陷区等低洼区的建筑工程用地,或用于填筑铁路、公路路基等,或用于回填煤矿采空区及废弃矿井。

煤矸石工程填筑是要获得高的充填密实度,使煤矸石地基有较高的承载力,并有足够的稳定性。要求煤矸石是砂岩、石灰岩或未经风化的新矸石,施工通常采用分层填筑法,边回填、边压实,并按照《工业与民用建筑地基基础施工规范》对填筑工程进行质量评价。

四、回收有益矿产及制取化工产品

1. 回收硫铁矿

对于含硫量大于6%的煤矸石(尤其是洗矸),如果其中的硫是以黄铁矿的形式存在,且呈结核状或团块状,则可采用洗选的方法回收其中的硫精矿。选出硫精矿后的尾矿可用作制砖和水泥的原料。对于煤矸石中的大块硫铁矿石,也可采用手拣回收。对于煤矸石含硫量较高的矿区,在开采煤炭时,应在可能的条件下,将高硫煤矸石与煤及其他矸石进行分采、分运、分储。

2. 制取铝盐

利用煤矸石中含有的大量煤系高岭岩,可制取氯化铝、聚合氯化铝、氢氧化铝及硫酸铝。生产铝盐的工艺有酸溶-盐基度调整法、酸溶-结晶氯化铝法,可制得聚合氯化铝、氯化铝、氢氧化铝以及副产品白炭黑、水玻璃等。

利用上述工艺中的酸渣(其主要成分是二氧化硅)与氢氧化钠反应即可生产水玻璃。以水玻璃和盐酸等无机酸为原料,采用沉淀法,在一定温度下完全反应即可制得白炭黑。白炭黑主要用作工业填料。

五、煤矸石生产农肥或改良土壤

1. 煤矸石制微生物肥料

以煤矸石和廉价的磷矿粉为原料基质,外加添加剂,可制成煤矸石微生物肥料,这种肥料可作为主施肥应用于种植业。

2. 煤矸石制备有机复合肥料

有机质含量在20%以上、pH值在6左右(微酸性)的碳质泥岩或粉砂岩,经粉碎磨细后,按一定比例与过磷酸钙混合,同时加入适量添加剂,搅拌均匀并加入适量水,经充分反应活化并堆沤后,即成为一种新型实用肥料。这种肥料中氮、磷、钾元素含量不高,但有机质和微量元素硼、锌、钴、锰等含量丰富,大量的磷酸盐、铵盐被煤矸石保持在分子吸附状态,营养元素更易被农作物吸收,在2~3年内均有一定的肥效。

3. 利用煤矸石改良土壤

利用煤矸石的酸碱性及其中含有的多种微量元素和营养成分的特性，可用其改良土壤，调节土壤的酸碱度和疏松度，并可增加土壤的肥效。

生产制造业产生的生产废弃物种类繁多，从其产生的根源分类，可以分成生产制造废弃物、办公废弃物、生活垃圾三大类。生产制造废弃物多来源于生产制造过程中产生的不可生产产品的原材料、边角余料、衍生物等。例如废矿石、废旧金属、废旧的建筑材料、矿渣、橡胶、塑料、皮革、棉布及化纤织物、玻璃、木材、炉灰、废酸、废碱、废水。办公废弃物包括电脑、废旧办公用品、废纸、报纸、杂志、包装物等。生产企业生活垃圾包括树枝叶、污泥、脏土、粪便、食物垃圾等。

废弃物按现实存在的状态可以分成固体废弃物、液体废弃物、气体废弃物三大类。固体废弃物其存在的现实空间基本为固体或半固体状态，占制造业废弃物总体的 80%～90%，被列为生产制造业重点回收利用和处理的物品。制造业中绝大多数的固体废弃物基本都可以回收再利用，只有很少的一部分固体废弃物不能回收，需进行废弃处理。液体废弃物在制造业中主要指废酸、废碱、废水、废乳化液、废油。根据国家液体排放标准规定，废酸、废碱、废水不能向河流、海洋进行直接排放，需进行有效地处理后达到国家的排放标准才能进行废液排放。气体废弃物主要包括煤炭燃烧产生产气体、企业热处理产生的气体、企业电镀生产、烘干产生的气体。气体废弃物在制造业中，大多数经过排烟装置或排烟系统直接向大气中进行排放，也有的气体需进行燃烧、过滤才能向大气中进行排放。

4.5.2　废弃物物流

废弃物物流是指将在经济活动中失去原有使用价值的物品，根据实际需要进行收集、分类、加工、包装、运输、存储等，并分送到专门处理厂所形成的物品实体流动。

废弃物物流是生产企业物流的一种，是针对生产制造过程中废弃物的专用物流，在社会经济活动中占有重要地位。生产制造是将自然资源进行有效的加工处理，制造出产品供应社会的需求，是社会发展的主要命脉。生产物流是满足生产企业生产的需求，而回收物流是为更好地利用企业有限资源来满足市场用户，消除企业的污染而进行的物流工作。废弃物回收物流是能够更好地处理生产企业制造过程中产生的废弃物，满足企业生产延续，符合社会要求的必要手段。

废弃物物流管理已远远超过了废弃物处理的影响，已成为现实社会中重要的问题。废弃物的收集、运输、处理等已成为社会发展及国家环境保护的重要课题。目前从我国社会、企业发展的现实情况看，废弃物物流及废弃物处理已成为薄弱环节。国家正大力提倡环境保护，建立环境保护意识，废弃物物流及处理已引起社会的高度重视。

1. 废弃物物流特性

废弃物物流是生产企业制造过程中的末端物流，是生产制造的最后环节。废弃物物流不但具有一般物流的工作流程及性质，而且工业废弃物物流及处理有其特有的物流管理特性。

（1）复杂性及高成本性

生产企业的废弃物产生的主体相对杂乱,生产车间、企业各部门产生的废弃物种类也各不相同,数量也不等。废弃物存在的形式也不尽相同,在对废弃物进行收集的过程中,企业投入的成本较大。

企业对废弃物采用管道收集时,由于企业废弃物数量不充分,管道的利用率较低,企业使用成本增大。而采用废弃物车辆进行收集,其废弃物收集作业危险性较强,对企业员工身体健康及环境影响较大,易造成危害。因此根据废弃物物流的相对复杂性,企业在收集废弃物时,必须建立一整套的废弃物收集标准作业,严格对企业员工进行培训,使企业废弃物的处理不产生二次污染。

企业物流是企业的"第三利润"源泉,废弃物物流则相反。废弃物物流不能给企业创造利润,却增大了企业的成本投入与支出,这势必造成企业对废弃物处理问题没有积极性。随着国家对环境保护认识的提高,国家环境保护法相继出台,对企业废弃物处理的要求越来越严格,规定"谁污染,谁治理",给企业增大了压力。同时国家对优秀企业进行的环境保护也给予了大力支持,促使企业增加对废弃物处理的投入。

废弃物物流不仅仅是环境保护的问题,也是企业生产与经营战略规划问题,是企业经济利益与社会利益的博弈问题。优秀的生产企业不仅在制造产品过程中获得利润,同时在企业生产与社会责任中也能获得"利润"。企业对环境保护责任意识的增强,对废弃物处理成本的增大,体现的是企业对社会的责任感。从长远角度出发,企业在废弃物处理过程中投入的成本,在环境保护中投入的成本以及为社会环保作出的贡献,势必会被用户及消费市场认可,会增强企业在市场中的竞争力。

（2）对环境高污染性

生产企业废弃物处理不当,会对社会和环境造成重大伤害及污染。企业生产制造过程中产生的废酸、废碱、废气、废料中含有大量的有毒物质,如果在处理和运输的过程中没有很好的防范措施,一旦出现泄漏,则会对农田、土地、人员、空气造成危害。

例如,生产企业在制造的过程中对炉灰的处理不当,随意堆放,造成对空气的污染;水泥制造厂产生的大量粉尘对空气的影响;酿造厂在酿造的过程中产生的大量气体,向空气中排放对民众生活的影响;热处理、电镀产生的酸雾、尾气的燃烧对空气的影响。企业对生产中产生的固体废弃物有相当一部分进行堆放、填埋处理,如果处理过程中出现纰漏,则会对农田、林木、地下水造成无法挽救的污染。

（3）法律强制性

企业对废弃物的处理不是企业想不想做的问题,而是企业在为社会创造产品,为社会繁荣而服务的同时必须履行的环保义务。同时国家对企业生产制造也有相应的法律要求,对企业生产制造产品时的环境保护有着明文规定。如《中华人民共和国固体废物污染环境防治法》、《中华人民共和国水污染防治法》、《中华人民共和国大气污染防治法》、《中华人民共和国清洁生产促进法》、《城市生活垃圾管理规定》。各地区针对废弃物的收集、存储、运输、处理都制定了有关制度及标准。如《城市环境卫生设施设置标准》、《生活垃圾填埋污染控制标准》、《生活垃圾焚烧污染控制标准》、《污水综合排放标准》。

2. 废弃物处理流程

生产企业废弃物物流处理流程是企业对废弃物的产生量及分类进行有效的处理。根据废弃物的种类基本采用焚烧、填埋、净化处理三大过程，企业相应采用垃圾分类方法进行有效的收集、储存及处理，以减少废弃物处理的成本支出，降低生产成本，提高废弃物处理的效率。

对企业固体废弃物的处理首先要对固体废弃物进行分类，将有机固体废弃物与无机固体废弃物进行分离。利用分类垃圾箱进行生产企业废弃物的处理是垃圾分类处理的有效方法。

固体废弃物收集箱如图 4-10 所示。

图 4-10　固体废弃物收集箱

（1）固体废弃物的处理流程

生产企业固体废弃物的处理，主要是指对工业废弃物和生活垃圾的处理。生产企业为了有效地控制固体废弃物的产生和排放，主要从以下两个方面进行控制处理。

① 减少固体废弃物的数量。生产企业在制造过程中，在产品的设计、开发、制造各环节中，充分考虑企业的投入产出和制造成本，对每一项生产工序进行有效的合理化工程改造，使企业产品在加工制造的过程中的固体废弃物产生量达到最小化。企业在有条件的情况下，应尽可能采用高科技加工方法，使企业的固体废弃物数量减少。

例如，企业在加工制造产品的过程中，大量采用精铸、精煅、粉末冶金、模锻等先进工艺加工方法，使产品的制造过程中原材料的耗材量减少。

② 固体废弃物的无害化处理。生产企业的固体废弃物的组成成分较为复杂，要对企业固体废弃物进行有效地无害化处理，常用的方法有填埋法、堆肥法、焚烧法。

填埋法是一种非资源化利用的技术，有废弃物处理成本低、工艺较简单不需要大量的维护和运行人员等优点，目前被广泛采用。填埋法主要应用于对生活垃圾、企业少量可降解的固态废弃物的处理。

固体废弃物的填埋处理应注意以下三点。

首先，垃圾填埋场的选址十分重要。选址时要认真遵循的原则是：远离生活区和水源地，避开上风口和水源地上游，自然地理条件不适宜漂浮扩散和渗漏。

其次，对填埋场要进行严格的防渗漏处理，以免垃圾中的有害物在雨水或地表水流的冲刷下随水渗漏，污染地下水和相邻土壤。

最后,垃圾场表面覆土和排气管网设置。在保证无危险和对人体无害的前提下,垃圾填埋场覆土后,可以进行覆土绿化作为绿地,但绝对不允许作为建筑用地和农作物及果树栽培用地。

堆肥法是企业生活垃圾资源化利用的方法,是利用生物对垃圾中的有机物进行发酵、降解,使之成为稳定的有机质,并利用发酵过程产生的温度杀死有害微生物以达到无害化卫生标准的垃圾处理技术。

垃圾堆肥是处理利用垃圾的一种方法,是利用垃圾或土壤中存在的细菌、酵母菌、真菌和放线菌等微生物,使垃圾中的有机物发生生物化学反应而降解(消化),形成一种类似腐殖质土壤的物质,用作肥料并用来改良土壤。按细菌分解的作用原理可以把堆肥法分为高温需(好)氧法和低温厌氧法。按堆肥方法,分为露天堆肥法和机械堆肥法。

堆肥法操作一般分为四步。

第一步,预处理,剔出大块及无机杂品,将垃圾破碎筛分为匀质状,匀质垃圾的最佳含水率为 $45\% \sim 60\%$,碳氮比为 $20:1 \sim 30:1$,达不到需要时可掺进污泥或粪便。

第二步,细菌分解(或称发酵),在温度、水分和氧气适宜的条件下,好氧或厌氧微生物迅速繁殖,垃圾开始分解,将各种有机质转化为无害的肥料。

第三步,腐熟,稳定肥质,待完全腐熟即可施用。

第四步,储存或处置,将肥料储存,另作填埋处置。

焚烧法也是企业固体废弃物的处理方法之一。该法是利用焚烧炉及其附属设备,使垃圾在焚烧炉内经过高温分解和深度氧化综合处理,达到大量削减固体量的目的,并将垃圾焚烧产生的热量进行回收利用。

焚烧处理是目前垃圾处理技术中削减固体量最大的一种技术方法,其削减量可达 95% 以上。焚烧技术的优点是可迅速、大幅度地减少可热解性(包括可燃性)物质的容积,彻底消除有害细菌和病毒,破坏毒性有机物并回收热能。

固体废弃物处理流程如图 4-11 所示。

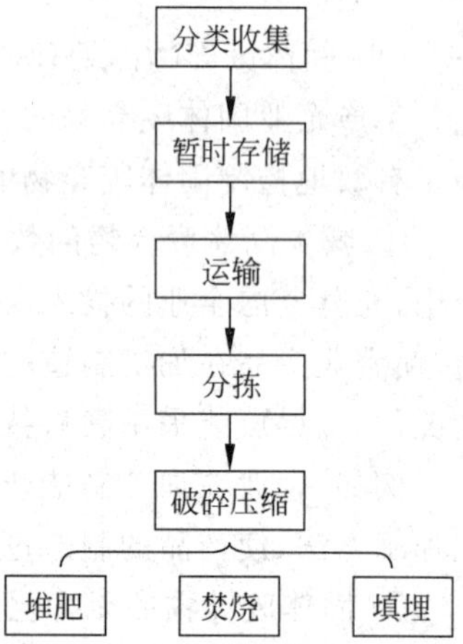

(2) 废酸处理流程

硫酸在生产制造过程中被广泛应用,但在生产制造过程中的利用率较低,大量的硫酸随同含酸废水被排放出去。这些废酸及含酸废水如不经过处理就排放到大自然中,不仅会使自然水体和土壤酸化,对生态环境造成危害,而且也将导致大量的可用资源被浪费。

废酸和含酸废水除有酸性外,还含有大量的工业杂质。根据废酸、废水的组成以及企业的治理目标,可以把生产企业对废酸及含酸废水的治理大致分为以下三种办法。

① 回收再利用。废弃硫酸中含酸浓度较高,企业可以经过处理后重新再利用。废弃硫酸处理主要是去除硫酸中的杂质,同时对硫酸液体进行增浓处理。处理的方法有浓缩法、氧化法和萃取法。

```
分类收集
   ↓
暂时存储
   ↓
运输
   ↓
分拣
   ↓
破碎压缩
   ↓
堆肥    焚烧    填埋
```

图 4-11　固体废弃物处理流程图

浓缩法就是加热废硫酸,使其中的有机物发生氧化、聚合等反应,转变成胶状物及悬浮物,经过滤后除去杂质浓缩硫酸。

氧化法就是在氧化剂的作用下,将废硫酸中的有机杂质进行氧化分解,使其转化为二氧化碳、水、氧化物等,并且将其从硫酸中分离,使硫酸液体净化。

萃取法就是用有机溶剂与废硫酸进行充分接触,使废硫酸中的杂质转移到溶剂中来,然后对其进行分离。

② 综合利用。企业在生产制造过程中排出的废酸及含酸废水,如果不能在本企业生产中再次利用,可以考虑其他企业的可应用性,这样既可以节约资源,又可以减少废酸的排放量。废酸的综合利用就是将企业的废酸提供给一些以硫酸为生产原材料但对硫酸的浓度及含杂质量要求不高的企业使用,这样可以将废酸重新利用。

③ 中和处理。对于硫酸浓度很低,含水量较高的废酸水,对企业而言回收价值不高,在回收的过程中,可以采用石灰或碱类物质进行中和处理,使废酸及含酸废水达到国家的排放标准。

对于废酸及废酸水的处理一般采用浓缩法及中和处理法。在企业生产过程中,应根据废酸及废酸水的浓度、所含的杂质量选择回收及处理办法。

废酸及废酸水处理流程如图 4-12 所示。

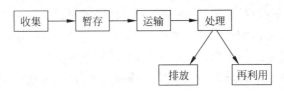

图 4-12　废酸及废酸水处理流程图

（3）废水的处理流程

生产企业废水的处理应按照国家《污水综合排放标准》执行。该标准根据污染物的毒性及对人体、动物、植物、水环境的影响,将生产企业废水分为两大类。

第一类：只会在环境或动物体内积累、对人类健康产生长期的不良影响。例如重金属类的砷、苯、放射物。

第二类：该污染物长期影响人类的程度小于第一类污染物。

生产企业废水处理是生产组织与管理的重要项目,目前国家对此项工作的要求越来越严格。按其处理程度可以把生产企业废水处理划分成三级。

一级处理,主要是用物理或化学方法处理废水中的悬浮物和调节 pH。一级处理是二级处理的预处理,在生产企业的废水处理中应用较为广泛。

二级处理,主要采用生物法和化学混凝法去除可生物降解的溶解状态和部分胶体状态的有机物。二级处理能较大地改善水质,处理后的废水一般能达到国家规定的排放标准。

三级处理,即深度水处理,一般指用物理化学方法、生物法、化学法去除难以生物降解的有机物、磷、氮的可溶性有机污染物。

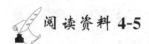 阅读资料 4-5

工业废水排放量

工业废水排放量是指经过企业厂区所有排放口排到企业外部的工业废水量,包括生产废水、外排的直接冷却水、超标排放的矿井地下水和与工业废水混排的厂区生活污水,不包括外排的间接冷却水(清污不分流的间接冷却水应计算在内)。

工业废水排放达标率

工业废水排放达标率是指工业废水排放达标量占工业废水排放量的百分率。计算公式为

$$工业废水排放达标率 = \frac{工业废水排放达标量}{工业废水排放量} \times 100\%$$

生产企业在实际操作过程中要根据废水内所含有的物质成分进行合理科学的有效处理,各种废液的处理工艺也各不相同。

① 生产企业废水预处理。生产企业废水预处理是为进一步进行化学处理、物理化学处理、生物处理做准备,包括调节、澄清、离心分离、隔滤等。

调节法的主要任务是均衡水量及水质,保证连续进水,避免对储水池造成冲击,防止有毒物质浓度过高造成二级处理危害微生物,适当调整 pH。

澄清法是分离废水中的悬浮物及悬浮液体的基本方法,包括沉淀和上浮两种方式,主要使用的设备设施有沉淀池、隔油池、气浮池。

离心分离法是利用密度差进行固体—液体、液体—液体分离的方法。当生产企业废水在离心设备中高速旋转时,由于水域悬浮物密度不同,所受的离心力也不同,使得悬浮物与水相分离,从而实现分离目的,采用的设备设施有离心机、水力旋流器(重力式、压力式)。

隔滤法是以阻隔的方式拦截废水中的悬浮物,有栅栏法、筛滤法和过滤法三种。

② 生产企业废水处理。生产企业废水处理有化学法、物理化学法、生物法。企业生产废水首先要进行中和处理,将工业废水的 pH 进行调整,只有符合国家规定的排放标准才能进行排放。

化学沉淀法是通过向废水中投放某种化学制剂,使之与水中的溶解物进行化学反应,生产难以溶解的沉淀物,从而降低废水中的污染物质。

氧化还原法是将氧化剂投入废水中,通过氧化还原反应,改变废水中有毒物质,对其进行无害化处理。

吸附法、膜分离法是废水处理的物理方法,是对废水中的悬浮物进行过滤的方法。将悬浮物吸附在吸附剂表面进行分离,即将悬浮物隔离在微滤器及离子交换膜上。

好氧生物处理法和厌氧生物处理法就是利用废水中的微生物及细菌对氧气的依赖程度对水进行净化处理。

（4）废弃乳化液、切削液处理

企业在生产制造过程中，根据生产工艺的要求针对金属加工与制造会使用大量的乳化液和金属切削液。乳化液和金属切削液在生产制造过程中可以降低金属切削温度，保证产品的质量，防止金属零部件生锈，同时对产品表面粗糙度的降低大有好处。

乳化液和金属切削液作为生产冷却、润滑使用时有保质期要求，企业定期需要更换，因而针对大量的废弃乳化液与金属切削液应建立相应的处理办法。企业一般采用废液罐车进行定期到厂收集的方法，将收集的废液集中到废水处理厂进行有效处理，直至达到国家排放指标才能进行废水排放。

 案例解读 4-2

废乳化液处理工艺规程

1. 工艺说明

（1）收集

各生产专业厂应设置废液集水坑（罐），用坑内设的污水泵，将乳化液、合成液、清洗液的混合废液抽升到乳化液收集槽车，运至废乳化液及废酸处理工段，排入乳化液储液池中。

（2）破乳

破乳剂采用工业氯化钙。将固体氯化钙定量地加入破乳槽内，与废乳化液混合进行反应，氯化钙投加量为 2.5%。为加速反应和油水分离，破乳槽内设穿孔空气管进行搅拌，反应 1.0h 后静止 23h，使油水彻底分离。

（3）除油

自破乳槽下方通入第二沉池出水，自下而上提高水位，利用刮油机将浮油刮入集油槽内。

（4）混凝

用提升泵将破乳后的废水定量加入反应器，引水泵以 1∶9 的比例，将二沉池出水送入反应器，使两种水混合。在降低浓度的同时，依次加入 NaOH、PAC、PAM 水溶液，在反应器内进行充分反应，形成良好的絮凝体，pH 控制在 8～9。反应槽采用折流式机械搅拌反应装置，水力停留时间为 15min。

（5）气浮

采用加压溶气式气浮装置，空气压缩机、溶气水泵各配用电接点压力表，以给定的压力值与实测值进行比较，用变频器驱动空气压缩机、溶气水泵，使压缩空气和溶气水始终保持在恒定值上。

加压溶气气浮法原理：使具有一定压力的含有过饱和空气的废水突然降压，多余的空气以微小气泡从废水中逸出，并与颗粒物黏附在一起，使颗粒的比重减少且小于水而浮出水面，形成泡沫（即气、水、颗粒三相混合体），从而达到固液分离的目的。

（6）过滤

采用石英砂过滤柱,进一步过滤去除气浮出水中的微细悬浮物和油,降低水的浊度,使气浮出水外观清澈、透明,使含油浓度达到排放标准。

（7）吸附

在活性炭柱中装入优质活性炭,进一步吸附去除废水中剩余的 COD 值。经活性炭吸附处理后,出水中 COD 浓度达到 500mg/L 以下,满足污水排放标准。

（8）处置

冬季,气浮设备产生的污泥排至污泥脱水间处置;其他季节,将污泥输送至污泥干化场处置(自然晾干)。

2. 工艺过程参数 HRT(水力停留时间)

（1）破乳槽:HRT＝24h;

（2）反应槽:HRT＝15min;

（3）气浮设备:HRT＝30min;

（4）集水槽:HRT＝0.5h。

3. 处理效果

序号	处理阶段	水质指标(mg/L)			
		pH	COD	石油类	SS
1	储液池	9～10	97 500～187 500	15 000～25 000	4 000～10 000
2	破乳槽出水	9～10	30 000～40 000	2 000～2 500	4 000～10 000
3	气浮设备进水	8～9	3 000～4 000	200～250	400～1 000
4	气浮设备出水	8～9	1 200～1 600	80～100	300～400
5	过滤柱出水	8～9	1 000～1 400	65～80	90～120
6	吸附柱出水	8～9	500～700	60～70	80～100

4. 处理标准

污水处理厂入口水质标准如下。

（1）COD≤800mg/L;

（2）SS≤400mg/L;

（3）石油类≤200mg/L;

（4）pH＝6～9。

---

3. 废弃物物流运输

生产企业废弃物物流首先是对废弃物的收集。生产企业废弃物分散在企业的生产现场及各部门,给企业废弃物处理造成了很多麻烦。企业要想更好地对废弃物进行回收处理,首要解决的问题就是如何进行废弃物的收集。

根据《中华人民共和国固体废弃物污染环境保护法》规定,企业对其产生的废弃物应进行分类收集与存储。危险品废弃物应与一般废弃物相分离、工业废弃物应与生产垃圾相分离、泥态废弃物应与固体废弃物相分离。对需要进行预处理的废弃物,可根据企业的自身条件进行相应的预处理,同时企业应选择合理的容器对废弃物进行包装收集。

随着工业化进程的加快,人们对社会的发展、对环境保护的要求促使企业不断地改善生产环境,使得企业大多将建立花园式工厂设为目标。企业内部环境的美化、无污染、赏心悦目已成为必行之路。企业废弃物的收集与存放已不再是过去的开放式管理,多采用现代化设备设施进行。例如固定式垃圾箱收集,定时、定点立即收集,小型压缩时收集站收集。

(1) 废弃物汽车运输

废弃物的收集不论采用何种方式(定点、定时、随时),其目的就是将企业固体废弃物进行有效地积少成多并放在固定位置以便于整体运输。

废弃物的运输是指企业废弃物从产生地(收集区)到处理场(堆放场、填埋场)的运送过程。首先要确定运输工具、路线以及时间,严格按照废弃物运输要求,在运输过程中防泄漏、防污染。

废弃物的运输应根据废弃物的特性、数量、产生地点、运输距离以及运输要求进行运输工具的选择。常用的废弃物运输工具有自卸式垃圾车、压缩式垃圾车、摆臂式垃圾车和吸污式垃圾车。

① 自卸式垃圾车。自卸式垃圾车是一种装备有液压举升机构,能将车厢倾斜一定角度,使废弃物靠自身的重量能进行自行卸下的专用车辆。该车可以采用人工铲装和机械装卸的方式进行,有敞开式、密闭式两种。

自卸式垃圾车如图 4-13 所示。

② 压缩式垃圾车。压缩式垃圾车装备有举升液压装置的尾部填塞器,能将垃圾自行装入车厢并能够进行垃圾压缩、自动倾卸的专用车辆。该车的填料口一般设置在车厢尾部,装卸车时一人操作即可。该车节省劳动力,装载能力强,是目前广泛应用的垃圾车车辆。

压缩式垃圾车如图 4-14 所示。

图 4-13　自卸式垃圾车

图 4-14　压缩式垃圾车

③ 摆臂式垃圾车。摆臂式垃圾车装备可回转的摆臂,垃圾斗或垃圾箱悬吊在起重臂上,随着起重臂的移动、回转,实现垃圾斗、垃圾箱的上下、水平移动。摆臂式垃圾车具有双臂液压气缸,适合装载大型的垃圾物体。该种垃圾车的车厢可以存放在企业生产现场,

废弃物的收集、存储、运输不需要进行二次装卸，极大地提高了企业的生产效率。

摆臂式垃圾车如图 4-15 所示。

④ 吸污式垃圾车。吸污式垃圾车适用于污泥、泥状固体的运输收集。该车具备一个吸污装置，可以将车辆的吸污管插进废弃物，启动车辆吸污泵，即可将污物吸进车辆的罐装体。吸污车将废弃物装满以后，到达处理厂，可以将废弃物从罐装体中自动排除，减少了对环境的二次污染。

吸污式垃圾车如图 4-16 所示。

图 4-15　摆臂式垃圾车

图 4-16　吸污式垃圾车

企业废弃物物流人员在从事废弃物处理之前应进行严格的技术培训和考核并持证上岗。在进行废弃物收集、存储、运输、处理时，应严格按照废弃物管理作业规定对废弃物、容器、车辆进行检查，对固体废弃物的装载、堆积应按照规定进行，避免运输过程中造成散落、泄漏现象。

废弃物物流人员应严格按照规定穿戴好劳保用品，例如佩戴手套、眼镜、防毒面具等。对有毒、危险废弃物，应配备专用工具、车辆、人员。在危险物运输时，应到有关部门进行备案，并填写有关单据。

企业物流部门应针对废弃物处理的物流制定一整套的管理规范，制定发生意外的紧急施救措施。在危险品发生泄漏时，应在第一时间向有关部门进行汇报，避免事态扩大，对社会环境造成危害性影响。

（2）废弃物管道运输

管道作为废液运输处理的运输工具，是一种长距离运送液体或特殊物资的运输方式，是生产企业废水进行处理集中运输的方法之一。废水处理管道是企业管道网络中的一部分，设计时应将雨水管道、生活污水管道、工业废水管道相分离。

企业排水管道分室内管道排水系统和室外排水管道系统。室内管道系统主要由受水器、存水弯、排水管道、通气管及清扫设备组成。室外排水系统由排水管道、检查井、跌水井、雨水口组成。企业废水管道运输处理一次性投入建成，是企业厂房建设及布局的一部分，其特点是可长期利用，运量大、连续性强、迅速、经济、安全、可靠、平稳，占地面积小，可实现自动控制。

企业废弃物管道运输可以省去废弃物物流中的很多环节，减少污染性，缩短运输周期、降低废弃物物流处理成本、提高废弃物物流运输效率，被广泛应用在生产企业废水收集及运输过程中。

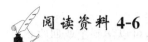阅读资料 4-6

水污染考验企业"良心"

长江生态恶化，"住在江边没水吃"这一残酷现实已摆在人们的面前，令人焦虑！(11月24日《扬子晚报》)珠江水危机日益严重，更使人触目惊心！连接我国贫困和发达地区的珠江，在天灾人祸的双重逼压下，已经"气喘吁吁"。(2006年《瞭望》第48期)

由于咸潮倒灌已成常态，对珠三角地区的影响已从农业、工业等单纯的行业扩大到城市供水、生态环境等社会经济的多个领域，成为威胁珠三角地区用水安全的"心腹大患"。即使如此，一些企业(地方)并未把水安全当回事。不仅水源地企业云集，形成一个污染企业带，而且"无节制排污导致水质全线恶化"。当地百姓说，有的小厂把污水经石灰池沉淀后再排入江中，"这就算是有良心的了"。

江河污染确实与企业的良心有关。一些企业(地方)只顾自己发财，不管他人受灾，或者说只顾本土平安，不管他地危害。仍以珠三角地区为例，一个突出表现就是，上游各省区规划兴建的工业园区纷纷向珠江靠拢，只因取水方便，排污容易。一些政府官员坦言："'三高'企业之所以转移到上游地区，主要是为了降低污染成本。"这样一来，导致跨界污染日益严重，下游的人们深受其害。

水是人类的命根子。长江、珠江已成排污的天然"下水通道"，这一生态灾难若继续蔓延下去怎么得了？科学发展作为一项战略决策，已经推行了几年，为何水危机却日益严重？一些企业和地方干部，难道不应该好好扪心自问吗？

良心是道德的底线。企业的良心不只体现在生产合格的产品上，更体现在诚信、友爱上。为了缓解水危机，当务之急就要处理好三个关系，树立三种观念。一是"小"与"大"的关系，树立全局观念。一个企业(园区、地区)的发展是个小局，整个流域的经济繁荣和生态发展才是大局，只有小局服从大局，才不至于肆意争夺和任意污染水资源。二是"上"与"下"的关系，树立和谐观念。上游地区发展的渴望，不能影响下游人民对幸福的期待，那种顾"上"不顾"下"的损人不利己的做法，是违背和谐发展理念的。三是"近"与"远"的关系，树立持久观念。搞发展不能只图眼前，而要考虑长远发展，特别是子孙后代的生息繁衍。

法国大作家雨果在《悲惨世界》中写道："良心的觉醒就是灵魂的伟大。""百行德为先"，一个成功的企业家不仅要有强烈的发展意识，更要有可贵的"人本"精神。凡事总得从全局考虑，为他人的幸福合计，为未来的生存斟酌，这不只是企业良心的题中之意，也是权为民所用、利为民所谋的德政要求。总之，只有不折不扣地实践科学发展观，生态环境和社会经济等才能真正步入良性、健康的发展轨道。

——摘自光明网

本 章 小 结

　　通过本章的学习,可以对生产企业回收物流有一个充分了解,可以学到企业回收物流的意义、回收物流的分类。本章讲解了企业废旧金属回收的技术与方法,讲解了废旧金属的回收流程,讲解了企业废纸回收及流程,讲解了生产企业包装物的回收办法及回收流程,同时详细地讲解了企业产品回收的办法及流程。

　　本章第二部分主要介绍生产企业废弃物及废弃物的处理办法。首先讲解了固体废弃物的分类及处理办法,讲解了废酸液、废水回收以及生产制造业的废乳化液的回收;其次讲解了废弃物的运输分类、管理,介绍了企业废弃物常用的运输工具。

练习与思考

1. 练习题

(1) 回收物流的概念、意义、分类。

(2) 生产制造业可回收物料的种类有哪些?

(3) 陈述企业产品回收的原则及流程。

(4) 什么是废弃物?

(5) 陈述企业废液的处理流程。

2. 调查思考题

(1) 详细陈述废旧金属的回收方法、回收流程。

(2) 调查企业固体废弃物的处理流程。

(3) 调查生产制造业废弃物种类、处理办法、规定。

要求:

(1) 以 6~8 人为一小组,共同完成作业。

(2) 每小组指定一人进行汇报、交流。

(3) 以小组为单位进行评估、记分。

(4) 小组汇报内容以书面形式进行,各组间交流。

第 5 章

销售物流管理

学习要点

☺ 销售物流的产品包装。

☺ 销售物流的仓储管理。

☺ 销售物流的配送运输。

☺ 销售物流合理化。

☺ 企业销售物流模式。

5.1 销售物流概述

销售物流是指产品从生产地到销售商或用户手中,在时间和空间上的物品转移过程,是产品转化为商品的必要手段,是企业获得利润的必要商业流通程序。没有销售物流的存在,产品就无法实现从生产企业到用户手中的转移。

销售物流直接影响企业产品的销售。销售物流能否及时准确地将企业的产品送达到客户(销售商)手中,将关系到产品在市场的销售量及在市场中的占有率。销售物流是生产企业物流的一部分,是企业物流与社会物流的衔接点,它与企业产品销售系统相配合,共同完成企业产品的销售任务。

一般情况下,生产企业的产成品要完成商品的转换,首先要经过销售物流完成较长距离及大批量的运输物流活动,其次再经过城际间的物流配送实现产品到达用户(销售商)手中。销售物流是一个逐级分散的物流过程,销售物流的组织及管理是企业日常管理项目之一。

销售物流管理表现在要以用户为中心,树立"用户第一"的理念。科学合理地对销售物流进行管理,可以降低企业销售物流成本,提高产品销售的工作效率,增加企业利润收入。销售物流是生产企业物流的终端过程,它面对的是产品用户(市场),对它的管理关系到企业的生存与发展。销售物流工作内容复杂,包括物流规划设计以及更多的实际物流操作过程。

销售物流可分成两大部分,即销售物流的管理和销售物流的操作。

销售物流的管理主要包括销售物流网络(网点)的设计及规划、销售库存的规划及策略、销售物流的绩效管理、销售信息管理等。

销售物流的网络(网点)设计及规划主要是根据企业产品在市场销售的情况及需求进行的。生产企业在销售产品过程中,如果采用自行销售方式,则应针对全国物流网点进行网络布局设计,设立大型区域的仓储中心(配送中心、库房)配合销售,进行市场销售的完善。

生产企业为有利于产品销售而建立的商品配送中心是以配送式销售和供应,执行实物配送为主要机能的流通型物流连接点,是基于生产销售的物流合理化和产品市场发展的需求而设立的。生产企业配送中心是配备货物和组织多用户送货,以高水平实现产品销售和供应服务的现代化流通设施。

生产企业配送中心的位置选择,将对企业产品销售效率与成本有着显著影响。企业在决定配送中心位置时必须慎重参考相关因素,并认真进行科学论证。

1．生产企业建立的销售配送中心选址

(1) 客户及市场的分布

建立企业销售配送中心,首先要考虑市场及用户的分布情况。对于生产企业建立的配送中心,其主要对象是销售商、用户,这些客户绝大部分分布在人口稠密的地方或城市。为了更好地服务市场(用户),降低企业的销售成本,应选择在市场(用户)中心的周边建立配送中心,以利于产品销售的配送以及生产企业对企业产品的仓储管理。

也有些企业将产品配送中心建立在城市的开发区内。一般来说,政府对在开发区建立的企业有一定的支持政策,例如减少税收或给予廉价的土地及相应的支持。对于生产企业而言,在开发区设立仓储中心缩短了城市的配送路程,可降低企业的成本。

(2) 交通、运输条件

交通及运输条件是影响物流成本及物流效率的重要因素,交通运输的便利将给企业物流带来高效率。因此销售配送中心选址必须考虑对外的交通运输,必须考虑未来城市的变化对配送中心的影响,必须考虑配送中心的发展需求。生产企业销售配送中心选址应尽量靠近高速公路、码头、车站、货场等,以便于商品的运输、配送。

交通便利是销售配送中心选址的关键因素。若没有一个良好的交通运输条件,即使有再好的运输工具、员工,企业也无法实行即时配送。

(3) 土地、用地条件

建立生产企业销售配送中心时要认真考虑用地问题,土地的使用必须符合相关的法令和规章,并进行成本核算。配送中心应尽可能地建立在城市物流规划区、经济开发区等位置。这些地区一是对企业有优惠条件,二是更加接近本企业的用户。土地的选择应考虑企业的日后发展,考虑配送中心生产运营过程对周边环境的需求,避免出现交通道路堵塞、车辆禁行、出入车辆绕行等现象。

配送中心选址用地,关系企业成本的支出和企业日后发展。土地选址既要考虑周边环境,也要考虑企业成本支出、员工的招聘及使用。

(4) 人力资源市场

企业的竞争是人才的竞争。物流配送中心是劳动力密集型企业,在配送中心内部必须有足够的生产作业人员。因此,在配送中心选址的过程中,应考虑该地区的就业人员数量、技术水平、工资薪酬以及风俗习惯等因素。

2．销售配送中心布局形式

生产企业配送中心选址还应注意到配送中心的合理布局。其合理布局不仅可以增加企业产品的销售业绩,同时还可以提高物流效率,降低企业销售物流成本。目前比较合理的布局有以下几种形式。

（1）辐射型：配送中心建立在用户市场的中心,企业产品销售配送是向四周进行辐射型配送,减少配送距离,有利于企业销售物流成本的降低。

辐射型配送中心设置如图 5-1 所示。

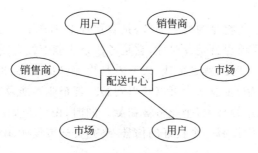

图 5-1　辐射型配送中心

（2）扇形：配送中心建立在市场（用户）的一侧,企业产品销售使配送物流向一个方向运输配送。

扇形配送中心设置如图 5-2 所示。

（3）双向辐射型：配送中心建立在市场（用户）的对称点上,用户在配送中心的两侧,企业商品销售配送时向相反两个方向进行商品配送。

双向辐射型配送中心如图 5-3 所示。

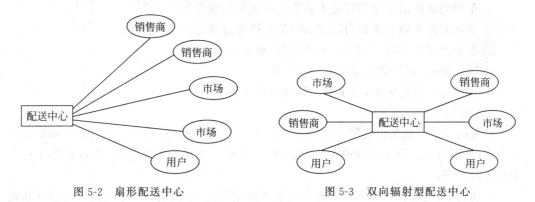

图 5-2　扇形配送中心　　　　　　　图 5-3　双向辐射型配送中心

企业销售配送中心的建立有利于企业的产品销售,配送中心的选址与布局形式关系到企业销售成本,因此生产企业在自建配送中心时应慎重思考。

企业销售物流的销售库存规划及策略主要是指针对市场产品的需求量、需求时间而制订的不同区域所持有（仓储）产成品的数量估算。销售库存应根据当地的产品需求量（订单）以及历年来该产品在市场的销售业绩情况进行分析。制订时应设定最低、最高库存管制办法,同时还要制订库存应急措施,以应对产品在销售中出现断货而无法销售的情况。销售物流库存量的设计应考虑市场因素、用户消费习惯、自然环境、季节等。不同的因素产生不同的影响,企业应随时改变企业库存量,减少因库存的增加而带来企业生产成本的增大。

3. 企业销售物流绩效考核

销售物流的绩效考核是指针对销售部门的商品配送,对产品到达用户(销售商)手中的物流工作进行的考核。

(1)及时性、准确性

销售物流是生产企业物流的最后环节,是直接面对用户的关键环节。对销售物流服务质量进行考核的首要项目就是及时性,它是考核企业能否按合同要求准时、准确将货物及时送达到客户手中。"时间就是金钱、效率就是生命。"准时、及时将货物送达到客户手中,产品即可转变成商品,企业从中可以获得利润。若企业不能及时按合同要求将产品送达到客户手中,将出现违约现象,企业将被罚款。同时,由于企业没有及时送货失去了应有的诚信,在市场竞争中没有一个良好的信誉,终究会被市场所淘汰。

(2)车辆积载率

车辆积载率是指运输车辆实际装载货物的能力(体积、重量)与车辆设计承载能力(体积、重量)之间的百分比。

在实际物流过程中,货物的重量、体积以及包装物各不相同,形式各异。在车辆装载过程中,既要考虑车辆的载重量,又要考虑车辆的容积能被有效利用,同时还要考虑用户的订单需求及用户的地理位置、距离。销售物流在车辆装载过程中,应尽量提高车辆的装载率,以提高物流运输车辆的利用率,降低企业的运输成本。

车辆装载应坚持以下几项原则。

① 车辆的载重量不允许超过车辆所允许的最大载重量。

② 车辆装载货物的体积(长、宽、高)不允许超过交通法规的限制。

③ 车辆装载货物时,应轻重、大小搭配,重心分布均匀。

④ 同一路径、同类货物尽可能一次装载。

⑤ 先到物资应先装车,尽量减少装卸物资次数。

(3)物流过程中的货损率

物流的货损率就是指货物在销售物流的输送、配送过程中,破损的货物占总体货物的百分比,是对物流过程中质量的考核,它考核的是员工对货物的责任心,是货物损失对企业销售的影响。

出现货损,货物将不能保持原有的价值和使用价值,必然会影响企业正常的经营和收入以及服务质量和服务水平,影响企业的信誉和品牌形象以及企业与客户之间的关系。如果企业还希望能留住该客户,必然要为这次服务质量问题付出高昂的代价。货损问题同样会降低其他客户选择与企业合作的可能性,从而影响企业开拓市场的进度,影响企业的市场份额。

物流中货物的损坏原因如下。

首先,货物的装卸过程没有按标准作业要求操作,操作人员野蛮装卸搬运,造成货物的损失。货物在车辆装载时没有按"轻在上、重在下"的装卸原则,没有坚持"体积大的在下面、体积小的在上面"的原则,造成货物损坏。

其次,在物流运输过程中,车辆驾驶人员没有按规定速度驾驶车辆,出现急停、急驶,遇到坑洼路面没有及时车辆减速避让,造成货物损毁。

最后,车辆在输送和配送过程中,没有对货物进行妥善的包装保护,造成货物被雨淋、磕伤碰伤,出现货物损失。

物流过程中的货物损坏给企业带来很大损失,包括回收、返修、打折、降价处理等一系列损失,给企业生产运营造成不可估量的成本增加。

（4）销售物流成本核算

销售物流成本核算往往被企业忽视,销售物流成本一般被企业核算为销售成本而没有被单独核算。

销售物流成本包括企业销售过程中的包装成本、装卸搬运成本、运输成本,以及商品回收、返修、再出入库成本。

企业销售物流成本核算应从人员分工,岗位设置开始进行,企业销售部门应明确岗位责任,明确销售部门中的物流工作项目,使物流工作产生的费用凸显,并进行独立核算。

（5）用户满意度

用户满意度是用户对企业满意度的调查统计的简称,是用户对企业（产品）的期望值与现实体验（感受）的百分比（指数）。

用户满意度是企业（产品）在市场中的认可指数。用户满意度可以使企业发现自身差距,帮助企业持续发展。

销售物流用户满意度包括信赖度、专业度、期望值、公平感。

5.2　销售物流作业组成

5.2.1　产品包装

为将货物完好地运送到用户手中,需要对大多数货物进行不同方式、不同程度的包装。其作用在于防止货物在物流渠道中的损伤,提高货物在物流过程中的装卸搬运操作效率,并传递货物的相应信息。

包装的方式和造型多种多样,用料的质地各不相同,包装程度和防护效果也有差异。选择合适的运输包装,才能使货物通过配送运输后还能保持原有价值和使用价值,保证货物在配送过程中不损坏、不变质、不污染,安全到达客户手中。

在现代经济生活中,产品的包装日臻完善,良好的包装对产品的促销具有十分重要的意义,是产品整体观念的重要组成部分。

企业产品的包装一般有三个层次:内包装、中层包装和外包装。内包装即产品的主体包装,是盛装产品的直接容器,如牙膏的软管、啤酒瓶等。外包装又称储运包装,是指为了适应储存、搬运过程的需要而进行的包装。中层包装介于内包装与外包装之间,是指用于保护产品和促进销售的直接容器外面的包装,如包装牙膏的纸盒。产品包装的作用是为更好地保护商品在物流流通及运输领域中免受破损，便于运输及仓储，促进商品的销售。

企业生产的产品在转化成商品的过程中，包装一般是生产的最后一道工序。生产企业将合格产品进行有效的包装，并将包装好的产品进行仓储、保管、销售。当前市场经济下，很多产品的包装已经转移到物流工序之中，成为销售物流的第一道工序。同样的商品，在不同的消费市场有不同的包装。商品包装既是对商品的保护，又是商品的促销手段。目前商品包装工序既可以安排在产品制造过程的终点，也可以安排在产品销售物流的起点。

商品包装有两种途径：一种是在生产制造最后一道工序的工作中安排产品的包装。此时产品包装的作用是对产品的保护、仓储、促销；另一种是被安排在销售物流过程中的包装。此时的产品包装可能是对产品进行分装加工（大包装改为小包装）以便于产品的促销，也可能是为了方便产品的运输而进行的保护性包装。此时产品包装的作用是便于商品的物流运输、集装、保护等。

现代的销售物流管理，早已将产品的包装归纳为物流的工作范围之内。很多物流公司将产品的包装制定成标准作业，采用标准工序进行加工。物流公司积极拓展销售物流的服务内容，不但进行产品分装，而且还专门为用户促销产品而进行包装设计与加工，以满足市场需求。因此，包装已不再是生产厂家的专利，更多更好的产品包装设计是在物流工作之中完成的。

1. 产品包装的功能

产品包装功能很多，其主要功能有以下几种。

（1）保护功能

商品包装主要功能之一就是对商品的保护功能。商品包装可以增大商品的强度与硬度，减少压、撞、碰等对商品带来的破损，避免商品在物流运输、仓储、装卸搬运过程中的损坏，还可以使商品与外界进行隔离，减少外界对商品的侵蚀，减少商品在仓储、运输过程中的货损率。

（2）便利、促销功能

商品包装的第二项主要功能就是便利、促销功能。商品的存在形式在市场中千姿百态，有气体、固体、液体各种形式。产品的包装可以更好地统一和规范商品的形状及外在体积，形成有利于运输、仓储的标准化外形（长方体、圆柱体等），有利于商品的仓储与运输。

商品的便利性包装更好地促进了商品的物质消费，同时满足用户对商品包装的需求。商品包装的便利性更多地体现在便于商品的销售与使用方面。例如小包装、可挂式包装、便于携带的包装、快捷开启的包装、可再次密封的包装等。商品包装的便利性，促进了商品的流通及产品在市场的认知度，同时也提高了社会生活质量及工作效率，满足市场的需求。

包装可以在多方面促进销售。包装能改进产品外观（如熟食品销售用透明塑料包装），能增加顾客的方便（如瓶装奶酪和饼干），能增加用途（如瓶装果冻）。包装也是一种不花钱的广告媒体。优良、精美的包装往往可以提高商品的身价，使顾客愿意付出较高的价格。

（3）信息传递、广告功能

商品包装是有关产品信息传递的载体之一，好的包装设计可以使消费者很容易了解产品的性能、使用方法，以及所包含的主要成分、商标、产品质量等级、生产厂家、生产日期和有效期等。一件产品的包装还应如实地向顾客传递一些产品的基本使用方法及信息。

广告宣传是产品包装设计传递的另一种特殊信息是企业（供应商）刻意追求的效果，这种效果完全是依靠产品包装装潢设计达到的。良好的包装设计能建立用户对产品的形象认知，充分显示出产品的特点，从而建立品牌消费意识，有效地树立企业（商品）形象并扩大商品销路。

现代大多数的社会消费是产品广告引导消费。消费者对产品的功能、作用、性能等信息的了解多依赖于广告，越来越多的消费者对产品品牌消费产生依赖性。精致美观的外包装，可以促使用户产生购买和消费欲望，可以给用户留下深刻印象，增加产品在市场的知名度。

2. 包装材料

随着科学技术的发展和进步，包装材料和容器也发生了较大的变革。各种新型材料以及材料加工新技术的研究和开发，特别是新型高分子材料的不断涌现，为包装提供了广阔的天地。包装材料从开发到生产、加工、使用、回收、废弃物处理各环节都以保护生态环境为标准，因此在保障包装的保护、方便、销售等功能的基础上发展绿色包装材料是包装工业的发展方向。

包装材料具有一定的强度、韧性和弹性，适应压力冲击、振动等静力或动力因素的影响，可以对水、气体、潮湿、异味、热量等具有一定的阻挡作用。包装材料本身污染性很小，无腐蚀性，并具有防虫、防蛀、防鼠、抑制微生物等性能，易于被制成各种包装容器，采用机械化、自动化的作业流程，既保护了产品的安全，又适应了大规模工业生产、物流的需要。包装材料来源广泛、取材方便、成本低廉，使用后的包装材料和包装容器易于处理，不污染环境，避免造成公害。

常用的商品包装材料有纸类，塑料类，金属类，玻璃、陶瓷类，木及木材制品类和复合材料。

（1）纸类

纸类包装材料应用广泛。由于纸制品包装在使用后可被再次回收利用，废弃物可以在大自然环境中自然分解，对自然环境没有不利影响，并且纸及纸制品的包装材料在商品包装过程中较容易得到，所以世界公认纸、纸板及纸制品是绿色环保包装材料，符合环境保护的要求。常用的纸类包装材料有皮纸、玻璃纸、植物羊皮纸、瓦楞纸、沥青纸、油纸、蜡纸、板纸（草板纸、白板纸、箱板纸）。

皮纸可作商品的内包装和外包装，可制成纸袋、瓦楞纸的表面纸。皮纸具有较高的强度及耐磨性、柔韧性，同时也具有一定的抗潮湿性。

玻璃纸由于有透明性，多作为商品的外包装用，有装饰、隔潮、美观、透明等特点。

沥青纸多用于商品的外包装及工业用品板箱包装的内衬包装，具有较强的防水性、耐磨性。

草板纸制造简单,多用于一般性商品的包装。

白板纸工艺较为复杂,为多层漂白纸浆制成,多用在较高级的商品包装上。

箱板纸密度较高、其硬度、韧性较草板纸和白板纸较高,多用于制作纸箱、纸盒等。

瓦楞纸板具有优越的加工性能,生产成本低,使用温度范围比泡沫塑料宽,无包装公害等优点。多层瓦楞纸板具有容积大、体积小、质轻、强度高、缓冲性能好、适于折叠、节省存储空间、搬运方便等特点,特别适合于机械、机电等重型产品的运输包装。但瓦楞纸板也存在一些缺陷,如耐潮湿性能差,强度受湿度影响大,复原性小;表面较硬,在包装高级商品时不能直接接触内装物的表面,容易使内装物与缓冲纸板之间出现相对移动而损坏内装物表面等。

纸类包装材料更多地被应用在产品的外包装上,其特点是抗冲击力差、易破损、易潮湿,常用于制作纸箱、纸袋等。现代包装材料的更新、改造,使纸、纸制品类包装多与塑料薄膜相搭配进行复核包装材料的制作,既增大了抵抗破损能力,又增强了耐潮湿的功能。

(2) 塑料类

塑料包装材料在包装过程中所占的比例最大,其对环境所造成的污染也是各类包装材料中最为严重的,但由于其有着卓越的性能,因而在包装领域中被大量应用。塑料包装材料最大的优点就是可以通过各种方法方便地调节材料性能,以满足各种不同的包装需要。塑料包装材料还可以制成复合薄膜及塑料瓶,使包装的器具不易破损,方便运输及携带。塑料包装材料透明、光洁、平滑,易于印刷和造型装潢,可美化商品外观,提高商品陈列性能。

目前广泛应用的塑料制品包装材料有聚乙烯、聚丙烯、聚氯乙烯和聚苯乙烯等。

聚乙烯是世界上产量最大的合成树脂,也是消耗量最大的塑料包装材料,约占塑料包装材料的30%。低密度聚乙烯透明度较好,柔软,伸长率大,抗冲击性与耐低温性较好,在各类包装中用量较大。高密度聚乙烯的硬度、气密性、机械程度、耐化学药品性能都较好,所以大量采用吹塑成形制成瓶子等中空容器。由于它具有较高的耐油脂性能,因而被广泛用于盛装牛奶、牛奶制品,包装天然果汁和果酱之类的食品。

聚丙烯薄膜是高结晶结构、光洁、加工性能高,密度是已知塑料中最小的,且无毒、无味、透明度高,机械性能、表面强度、抗摩擦性、抗化学腐蚀性、防潮性均很好,但易带静电,印刷性能欠佳。聚丙烯的原料来源广泛,价格便宜,被广泛应用于食品包装工业中,多用作制造薄膜、复合薄膜。同时又有良好的透明性和表面光泽,能耐120℃的温度,可制成包装箱,吹塑成塑料瓶等。

聚氯乙烯呈淡褐色、透明、韧性好,有良好的化学稳定性,不易被酸、碱所腐蚀,气密性、抗水性、热封性、印刷性良好,生产能耗少,价格便宜,机械强度、耐磨、耐压性均优于聚乙烯和聚丙烯。主要缺点是热稳定性较差,受热易于分解,放出氯化氢气体有腐蚀性。聚氯乙烯在包装上的最主要作用是制成薄膜,分软质膜、硬质膜、收缩膜三种。

聚苯乙烯是一种无色、透明、无延展性的热塑性塑料,无毒、无味,着色性好,透湿性大于聚乙烯,吸湿性很低,尺寸稳定,具有良好光泽、加工性能好、低成本,但耐热性差,不能在沸水中使用。耐低温,可承受-40℃的低温,有良好的室内耐老化性。对醇类有机溶剂、矿物油有较好的耐受性,耐酸、碱性能也很好。聚苯乙烯由于性能优越,价格低廉,应用很广,可以制成薄膜、容器,广泛用于食品包装工业中,收缩率可达60%~70%,是制作收缩包装的好材料,有良好的绝缘性能。

(3) 金属类

金属包装材料易于回收、容易处理,其废弃物对环境的污染相对塑料和纸较小。金属包装材料是传统的包装材料之一,在包装材料中占有很重要的地位,被广泛使用于工业产品包装、运输包装和销售包装。金属包装材料具有极优的综合性能,机械性能优良,强度高,因此可以被制成薄壁、耐压强度高,不易破损的包装容器,这就使得包装产品的安全性有了可靠的保障,并便于贮存、携带、运输、装卸和使用。金属包装材料也有不足之处,其化学稳定性差,耐锈蚀性不如塑料和玻璃,尤其是普通钢质包装材料容易被锈蚀。

金属材料包括镀锌薄钢板、镀锡薄钢板和镀铬薄钢板,镀锌薄钢板(白铁皮)是制桶(罐)的主要材料之一,主要用于制造工业产品包装容器。镀锡薄钢板(马口铁)是制造桶(罐)的主要材料,被大量用于罐头工业,也可以被用来制造其他食品和非食品的桶(罐)容器。镀铬薄钢板(无锡钢板)是制造桶(罐)的主要材料之一,可部分代替马口铁,主要用于制造饮料罐等食品包装容器。

铝材的主要特点是重量轻、无毒无味、可塑性好、延展性、冲拔性能优良,在大气和水汽中化学性质稳定,不生锈,表面洁净有光泽。铝的不足之处是在酸、碱、盐介质中不耐蚀,它的强度比钢低,成本比钢高,故铝材主要用于销售包装,很少用在运输包装上。

包装用铝材主要以铝板、铝箔和镀铝薄膜三种形式应用。铝板主要用于制作铝质包装容器,如罐、盆、瓶及软管。铝箔多用于制作多层复合包装材料的阻隔层,制成的铝箔复合薄膜被用于对食品(主要为软包装)、香烟、药品、洗涤剂和化妆品等商品的包装。镀铝薄膜是复合材料的另一种形式,是一种新型复合软包装材料,是以特殊工艺在包装塑料薄膜或纸张表面(单面或双面)镀上一层极薄的金属铝。这种镀铝薄膜复合材料主要被用于食品,如快餐、点心、肉类、农产品等的真空包装,香烟、药品、酒类、化妆品及装潢、商标材料等的包装。

(4) 玻璃、陶瓷类

玻璃与陶瓷属于硅酸盐类材料,是指以普通或特种玻璃与陶瓷制成的包装容器,如玻璃瓶、玻璃罐、陶瓷瓶与缸、坛、壶。普通瓶罐玻璃主要是指钠、钙、硅酸盐玻璃,特种玻璃是指中性玻璃、石英玻璃、微晶玻璃、钢化玻璃等。

玻璃、陶瓷的主要特点是有较强的耐腐蚀性,强度高、装饰装潢性好、美观、卫生,对环境污染小,缺点是易碎、笨重。牛奶、软性碳酸饮料、酒类和果酱等普遍采用玻璃容器包装。

(5) 木及木材制品类

木及木材制品包装材料的使用有着十分悠久的历史,可以追溯到人类历史文明的初期。远古时期人类就开始把植物藤蔓、叶、草和竹子编制成筐篓,用来盛装谷物、蔬菜等。木及木材制作的包装箱很早就被用作物品的外包装上。木及木制品包装材料具有很多优点,如抗损伤能力强、可承受较大的载荷、具有一定的缓冲性能、取材广泛、制作比较容易、易于吊装和回收等,所以至今仍是机电设备与工业产品的主要运输包装容器制作的原材料,是很多笨重、易碎、需要特殊保护的产品不可或缺的储运包装原材料。

我国较为常见的木质包装容器有普通木箱、木桶、木盒、板条箱等。我国用于包装的木制品包括胶合板、刨花板、细木工板等,其特点是强度高、不易变形、不易损坏,可制成全封闭包装箱。木材是一种可回收再利用的生物质材料,而木质包装在使用废弃之后也可回收循环使用。但由于全球环保意识的加强,木及木材制品正在逐步退出包装之用,逐步被塑料及其他物料所代替。

(6) 复合材料

复合材料是由两种或两种以上的具有不同性能的物质结合在一起组成的材料。复合包装材料在制作的过程中,要充分发挥各组成物质的优点,扬长避短,使复合包装材料成为一种更实用、更完美的包装材料,因此它比任何单一传统包装材料的性能都要优越得多。复合包装材料具有足够的强度,包括拉伸强度、破裂强度、耐折强度等,还具有防水、防冻、密封、耐潮湿、耐油、绝缘性等特点,用其制作的包装器具更有利于生产使用及操作,得到了市场的充分认可。现有的复合包装材料主要有纸基复合材料、塑料基复合材料、金属基复合材料等。

5.2.2　商品仓储管理

生产企业销售物流中的仓储管理主要包括三大部分：第一部分是企业产成品的存储,主要指待销售的产品和已销售但未发货的产品；第二部分是针对售后服务的零部件储备,主要是指企业生产产品的维修、服务及产品要更换零部件而进行的常用备件存储；第三部分是产品返修及废品的存储,主要是指正在维修的产品、等待维修的产品、不能进行维修的废品存储。

销售物流中的仓储管理应遵循库存管理的规则进行。

1. 产品验收入库

所有到库的产品在入库前必须进行验收检查,只有验收合格的产品才能入库仓储。销售物流的库存货物是针对市场的需求而进行的产品储备,是用于市场销售的产品,不合格的产品不能进入到销售物流库房中。

产品入库应针对产品进行外包装、数量(件数、箱数、个数)的检查及对入库通知单的填写。商品的入库包括验收前准备、核对单据、实物验收三个过程。

验收前准备包括接收单据准备、人员安排、设备协调、仓储场地准备、时间确定准备等。核对单据主要是指针对货物的验收单据进行认真核对,包括入库通知单、入库货物明细表等。实物验收主要是针对产品的外包装、数量、重量、型号等进行验收。

针对货品实物进行验收的方法有抽检方式和全检方式。抽检方式是指从产品总数中按一定的比率进行产品抽查。抽检方式大多应用于成批产品的入库验收方面。

全检方式是针对入库产品逐个进行认真检查,主要应用在对重要的产品、数量较少但价值较高的产品、返修的产品的入库管理。

商品入库检查要坚持不合格产品禁止入库,不合格产品坚持拒收的原则。产品入库验收是为日后更好地进行仓储保管、保养，能够分清产品损坏、丢失的责任确定，有利于产品交接。

2. 产品仓储保管

产品入库保管首先要针对产品进行分类，根据企业生产产品的型号进行分类、分区存放。一般情况下，生产企业产品的种类较少，更多的是不同型号的同类产品，因此生产企业销售物流的仓储产品分类可以采取产品线分类法进行分类。

产品线分类法又被称为层分类法，是指将分类对象按所选定的若干分类标志，逐次分成相应的若干个层级类目，排列成一个有层次并逐级展开的分类体系。

线分类法一般包括大类、中类、小类、细目类四种形式，是将分类对象一层一层地进行具体划分，各层级选用的分类标志可以相同，也可以不同。在线分类法体系中，同位类的类目之间存在着并列关系，上位类与下位类之间存在着隶属关系。

线分类法的优点是具有良好的层次性，能很好地反映各类目之间的逻辑关系，符合现实生活的规律，其缺点是结构弹性差，分类标志确定以后不能更改。

线分类法分类原则如下。

（1）上位类类目划分出的下位类类目的总范围应与上位类类目范围相同。

（2）一个上位类要划分出若干个下位类类目时，应只有一个划分标志。

（3）同位类类目之间不能交叉、重复，并只能对应一个上位类。

（4）分类要依次进行，不能有空层和加层。

线分类法结构如图 5-4 所示。

商品的仓储保管要遵循科学保管、质量第一、预防为主的原则。针对不同的产品应采用不同的保管技术、方法，坚持在库检查、盘点。销售物流

图 5-4　线分类法结构

产品的保管内容包括产品的存放方法、仓储温度控制、库房湿度控制、防锈、防虫、防霉变等。

3. 产品仓储盘点

随着产品出库、入库的频繁发生，经过较长时间的积累，企业仓库账目库存量容易与实际不符。因此在生产企业销售物流产品仓储的日常管理过程中，应对产品及时进行盘点作业。盘点作业也是一项重要的销售物流工作。

盘点作业是一项非常耗时、烦琐的工作，就是要查清产品实际库存数量，检查过去对库存产品的保管管理状态，核算企业资产的损益以及产品在库存中的保管问题等，基本是一个月对物资进行一次盘点，也存在一个季度进行一次盘点的情况。

盘点作业步骤如下。

（1）盘点前准备（表格、场地、人员）。

（2）盘点时间的确定。

（3）盘点方法（账面盘点、实物盘点）的确定。

（4）盘点人员培训及场地的确认。

（5）盘点作业。

（6）盘点问题的分析与解决。

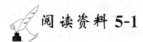
阅读资料 5-1

盘点作业卡			
盘点日期：		盘点卡号：	
品名		规格	
储放位置		架号	
账面数量		实盘数量	
盘点人		复盘人	
盘点分析：			

4. 产品分拣

销售物流的产品分拣，是将产品从库房（仓储中心）的货物中，根据用户的需求（订单）进行分拣装车。商品分拣方法可依据商品出库的品种、数量多少采用不同的分拣方法，商品分拣方法有摘果式分拣和播种式分拣两种方式。

摘果式分拣就是像在果园中摘取果实那样去拣选货物，适用于品种多、数量少的产品。

播种式分拣就是像在田野中播散种子那样拣选货物，适用于单一品种、数量较大、用户较多的产品。

5. 产品出库管理

产品出库是销售物流管理中的一道重要工序，一般是指产品已被销售，要将产品送达到用户手中。商品出库是商品存储的最后阶段，也是库房管理的最后环节。商品出库有一整套的出库手续需要操作者进行填写和执行，要及时、准确，应一次性完成，防止出错。

商品出库的基本原则如下。

（1）必须有出库单据方可产品出库。

（2）不合格产品不准出库。

（3）出库单据逾期，产品不可出库。

（4）产品采用先进先出原则。

（5）产品出库（型号、数量）必须与出库单据相符。

（6）出库产品及单据必须进行登记记录。

阅读资料 5-2

商品出库单			
出库商品名称			
商品出库数量		出库单编号	
商品出库时间		商品库位号	
商品单价		出库商品总额	
出库人员签字/日期		出库审核人员签字/日期	

6. 库房目视管理

目视管理是库房管理的先进手段之一。库房中的物资种类繁多,数量较大,管理较为困难。针对这种情况,可以采取以下措施。

(1) 应设立库房仓储区域图,将不同的产品进行分类、分区摆放。

(2) 针对同类仓储物资应建立架、位编码制度,将物资进行定置管理,建立微机管理制度。对货位中的产品应加以标示,标明货品的名称、数量、最高库存数量、最低库存数量、产地等资料信息。

(3) 企业库房应建立责任制,企业员工各负其责。员工责任区内商品的管理、保养方法,标准作业要求,通过目视管理进行展示。

(4) 企业物流信息公开化。企业销售物流应将销售计划、每天出入库计划及时在库房目视管理板中展示出来,使每一名员工在开工前都应知道当天的出入库计划,减少员工盲目工作带来的寻找、等待时间的浪费。

目视管理在库房的应用,更多地是为了减少寻找产品的时间,使库房中的物资更加一目了然。

库房目视管理如图 5-5 所示。

图 5-5　库房目视管理

7. 库房的安全管理

销售物流库房中大部分储存的是企业的产成品,只有少量的零部件存货。库房是企业成品集中存储区域,针对库房的安全管理是每一位物流管理人员的工作内容之一。库房安全管理包括治安管理和消防管理两大部分。

（1）库房的治安管理

首先,企业应针对库房管理建立健全安全管理组织机构,设立专门的保卫机构负责人,加强库房保卫力量。应建立库房内部人员岗位责任制,检查和督促保卫人员对库房安全的责任心。应建立外来人员登记制度,对押运人员、提货人员应有专门的接待室或休息室,禁止外来人员进入库房仓储区。如需要进行货物交接,外来人员应在卸货区进行有效的交接验收。

其次,应建立和健全安全制度,针对夜间值班人员应有值班和巡逻登记制度,并认真做好记录以备检查确认。应建立保卫人员治安条例、工作标准、规范以及考核制度和办法,建立和健全企业内部奖惩制度,对于违反治安条例的员工,应予以坚决辞退。

（2）库房的消防管理

要配备好消防设施,如灭火器、消火栓及其他消防物品,对火源、电源、水源等加强管理和监督。库房管理人员要经常进行消防知识培训,针对消防器材的使用要进行实际演练。落实企业库房的消防责任人,严禁明火、吸烟,及时消除废弃物、易燃品等。库房管理应有明确的"严禁烟火"、"禁止吸烟"的目视管理,提示一切人员注意防火。

针对消防器材应进行定期检查与更换,将消防器材放置在明显区域,同时进行目视管理。库房的物资应分类、分区进行存放,对易燃、易爆物品应单独存放,避免出现事故。

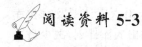

阅读资料 5-3

库房安全管理规定

一、仓库设立一名防火、防盗安全管理责任人。责任人必须认真学习安全防范及消防安全知识,同时要学会使用各类灭火器材。

二、严格执行岗位责任制、货物进行检查制度、明火管理制度、安全用电制度、安全防盗、防火值班检查制度、消防器材维护保养制度等。

三、仓库内保持必要的通道,同时要注意顶距、墙距、灯距、柱距和堆距。货物分类,库房保持清洁,不准设立办公室、休息室、更衣室,不准住人,闲人不得入内。

四、仓库安全管理人员必须熟悉储存物质的性质,参加消防业务知识培训。

五、仓库管理员必须做到"五要"、"五不准"。

五要:

1. 要严格遵守安全用电的有关规定。

2. 仓库电源要装分闸,电源开关要装在库外。

3. 电线要穿管、铺设。

4. 下班要切断电源。

5. 对电器设备要经常通知电工进行检查、维修保养。

五不准：

1. 不准在仓库内使用碘钨灯或大于 60 瓦的灯泡,在储存易燃、可燃物资或建筑耐火等级在三级以下的仓库内不准使用日光灯。

2. 不准架设临时线路。

3. 不准使用不合规定的保险装置。

4. 不准在仓库内使用电熨斗、电炉、电烙铁、交流收音机和电视机。

5. 不准在化学危险品仓库内安装普通电器设备。

六、严格安全管理制度,严禁火种入库,严禁在库内吸烟及动用明火,仓库内应设立禁火标志。

七、下班时要关好门、窗,切断电源并做一次检查。

八、对违反安全操作规程和消防法规造成经济损失的,要给予责任者批评教育或惩处,直至依法追究刑事责任。

5.2.3　商品的配送运输

商品的配送运输是指将客户所需的物品通过运输工具,按一定的运输路线将商品送达到客户手中的实体物流活动。商品配送运输通常采用公路运输、铁路运输、水路运输、航空运输以及复合式运输方式。

商品配送运输是企业销售物流的重要项目,其服务质量关系企业产品在用户中的满意度,关系企业销售成本的增减,关系企业在市场中形象的建立。影响商品配送运输的因素很多,包括交通路线、交货时间、车辆选择、客户分布区域等。

1. 商品配送运输的要求

（1）及时性、准确性

销售物流中商品配送运输以确保商品按照合同及时准确送达到客户手中为前提,及时准确是配送运输的重要考核目标。影响商品是否准时送达的因素很多,在制订商品配送运输计划时,就应将各类影响因素考虑周全并进行认真规划。

例如,应考虑商品配送路线的堵塞、车辆意外故障、道路维修、车辆限行等,还要考虑季节天气(下雨、冰雹、台风)的影响。销售物流商品配送运输应以用户为中心,积极为用户着想,设计优秀的配送方案及应急方案,确保准时将货物送到客户手中。

（2）安全、方便性

销售物流商品的配送运输应考虑安全(货物、人员)问题,明确运输车辆不得超速行驶,运输工具不能超载,要对运输工具进行定期检查并避免发生运输事故。货物的安全也是商品配送运输的考核项目之一,货物的安全主要是指产品从出库到用户手中的完好性。影响产品运输途中货物安全(完好性)的因素有包装、装卸搬运、运输车辆、车辆驾驶人员等。

商品配送运输应以客户服务为中心,建立客户就是"上帝"的服务意识,应以最快捷的速度、弹性的服务送货系统,实现送货"到家"的服务要求。对于商品配送运输的方便性体现在及时、快捷、省力、服务到门等各项目标。

(3) 经济性

销售物流是企业生产经营过程中的一部分,企业产品制造与销售的目的就是获得利润,因此企业销售物流应建立在成本核算的基础上进行商业服务,企业商品配送运输应进行成本核算,做到最低成本的经济配送。要确保企业商品配送运输经济性,就要从配送路线的选择、车辆积载率上多下功夫。要坚持批量配送原则,同时也应建立按质论价的单件配送业务。

企业运作的基本目标是实现一定的经济利益,商品配送运输是在实现双赢的基础上进行的。对于买卖双方来说,以较低的运输配送费用,实现准时、方便的商品配送,是双方合作的基础与目标。

(4) 服务性

商品配送运输的服务性已成为企业占领市场的重要手段,是企业在市场中树立品牌形象的重要工具。销售物流具有很强的服务性,是以满足用户需求为出发点,实现产品销售和售后服务,代表企业产品销售活动的终结。

长期以来,人们对企业产品销售物流配送服务性的认识还不是很高,物流配送还处于送货到门即为服务到家的阶段。实际上企业的商品配送运输还有很多的服务项目需要企业去实施。

例如,建立差异化的服务项目,就是将服务内容向外拓展,不仅是将货物送到门,还将货物的使用、安装、调试以及对环境卫生的处置列为服务项目,建立特有的一条龙服务争取用户及市场。建立标准服务作业。企业商品配送运输人员,要严格按照配送的标准程序进行,包括问候语、职业着装、装卸搬运操作方法等,要按照让市场和用户认可的服务标准进行操作,从而树立好的企业形象和文化,使用户认可本企业的产品。

2. 商品配送运输的方式

运输,是物流的基本功能。企业通过运输解决产品从生产场地到商家或用户手中的空间位移,使产品转变成商品,使企业获得产品价值和利润。企业在销售过程中,根据市场及用户的要求,选择合理的运输方式,将会降低成本,创造更多的利润。

企业销售物流在选择运输方式时,要考虑企业自身运输能力和社会运输能力的合理应用。一般情况下,企业都采用自身运输能力进行商品运输,减少成本支出。但商品配送不一定用自身运输就能够降低运输成本,有时需要配送的产品数量不能满足运输工具的积载率,会造成空驶率增大,物流成本增大。生产企业自身拥有的运输设备及设施,往往因为运输量小而不能得以充分利用,造成自有运力的闲置浪费,加大企业运输成本。

企业销售物流可以采用社会运输能力,即委托第三方物流公司进行产品销售配送运输。第三方物流公司是运输配送的专业物流公司,其物流配送能力较生产企业自身的运输公司要强,可以进行社会集货,降低车辆的空驶率,进一步减少企业的成本。

企业销售物流配送运输的目的地有两种:一种是配送中心、仓储中心;另一种是用户。以上两种商品配送运输管理大不相同,针对不同的对象应采用不同的配送方式。

针对配送中心、仓储中心的配送运输,企业主要采用定时、定量、定路线,大批量输送的方式,重视的是运输效率,特点是效率高,运输量大,可按事先约定的计划进行配送。

针对用户的商品配送运输,企业主要采用即时配送和循环路径的配送方式。由于商品数量少,用户所在区域不同,因此在销售物流管理过程中更应重视的是服务质量和配送的经济性,即尽量将同一方向、同一配送路线的用户商品集中装在运输工具上,采用循环路径逐个配送。在尽可能满足用户需求的同时,企业要进行经济成本核算,以降低企业销售成本。

企业销售物流的运输方式按商品数量大小可以分为零担发运、整车发运、集装箱运输、包裹发运(特快专递)。按商品提货形式可以分为厂家配送、客户自提两种。

零担发运是指当商品的数量、重量、体积不足以使用一辆整车运输时,按其商品的性质可以与其他物品进行拼装运的发运形式,特性较为灵活,可以实现即时配送。

整车发运是指商品的数量、重量、体积能够使运输车辆满载的发运方式,其运价低于零担发运的价格。

集装箱运输是近几年大力发展的商品运输形式,是将多种商品组装成一定规格的集装单元进行运输的方式,其优点是提高运输能力、节省包装费用、降低运输成本、减少商品的装卸搬运次数,缺点是需要与其他商品进行拼箱,可能出现配送等待时间。

包裹发运(特快专递)是指对体积较小、数量单一的商品或零星商品采用邮寄、航空运输的方式进行发运。

5.2.4　销售物流的装卸搬运

1. 装卸搬运基础知识

装卸搬运是物流必不可少的一项工作,任何物品需要进行空间的位移都需要首先进行装卸搬运。装卸是指改变物品在空间位置的上下移动。搬运是指改变物品空间位置的水平移动。装卸搬运可以分别独立进行,但在日常生活、工作、物流中,装卸搬运经常会同时发生,因此人们常常将装卸搬运联合使用。

装卸搬运是指在同一范围内进行的,以改变物品存放和空间位置为主要内容和目的的活动。装卸搬运强调的是在同一范围内进行的移动,即物品相应的上下、远近移动的距离不能过长。装卸搬运与运输有着严格的区分,物品运输造成的空间位移相对装卸搬运而言较长,二者不可混淆。

装卸搬运在物流活动中占有很重要的位置,是各项物流活动的衔接过程,可以把各项物流活动有机地联合在一起,形成完整的物流活动。装卸搬运效率的高低、质量的好坏直接影响对整体物流的评估。装卸搬运的效率提高,可以缩短物流的作业周期,加快物流的速度,降低企业成本,帮助企业实现准时化生产。装卸搬运是企业生产、销售、采购等各工作环节顺利进行的保障。

销售物流的装卸搬运多发生在物品的出库、送货两大过程,针对的是企业生产的产成品。操作员工应按照企业的标准作业流程、标准作业规范进行有效地操作,避免造成企业产成品的货损(商品损坏、外包装损坏)等。

销售物流的装卸搬运直接面对用户(商家)。这时的装卸搬运不仅仅是对物品的位置改变要求,而更多的是对装卸搬运工作员工的服务意识培养,更应重视的是员工个人素质的提高。商品的销售交接过程中有一个高质量的装卸搬运可以为用户减少不必要的麻烦,帮助企业拿到更多的产品订单,使企业产品在市场的份额进一步提高。

销售物流中的装卸搬运可分为机械、人工两种作业方式。机械装卸搬运一般采用叉车、牵引车、吊车、起重机等设备设施。人工装卸搬运更多的是指装卸搬运人员利用"人拉肩扛"的方法对商品进行空间的位移。不管是机械还是人工,企业要对装卸搬运的安全性高度重视,应严格按照规定进行,避免出现安全事故。装卸搬运工作的场地大多是仓库、货场、堆场等,由于场地情况复杂,工作环境的变化较大,在使用器具进行装卸搬运工作时一定要注意生产安全问题,避免造成商品、人员的损伤。

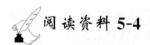 阅读资料 5-4

叉车安全操作注意事项

一、目的

为了保证人身、货物及叉车安全,提高工作效率,满足安全生产需要。

二、要求

1. 使用叉车前,请认真阅读叉车使用说明书中的警告和说明。

2. 每天使用叉车进行工作前都必须检查叉车的状态,如喇叭、灯光指示、刹车系统是否正常,轮胎是否紧固。如有欠缺或不安全之处,请向相关领导报告,及时通知叉车售后人员。

3. 叉车操作要平稳,禁止急停、急走、急拐弯儿、防止叉车侧翻及损伤货物。

4. 开车时注意力集中,禁止游戏式或胡闹式驾车。

5. 遵守有关场地限速的规定,在交叉路口或拐角处或视线被遮挡处应减速并鸣笛。

6. 检查铭牌上的最大载荷重量及载荷中心距,叉车不得超载。

7. 要先将松散货物固定好再运载,装载货物时要居中。

8. 叉车在坡道行驶时不要转弯儿,带载运行时,货物必须位于坡上位置。如运载庞大货物,需有人引导。

9. 叉车工作时注意行人,货叉下不允许站人,不许使用叉车或货叉运载人员。

10. 叉车在工作中出现异常现象(如速度突然减慢,有不正常气味或拖滞现象),应及时停车检查。如遇水突然喷淋、冒烟,应立即切断电源,向相关领导报告并及时通知叉车售后服务人员。

11. 叉车装载时,避免单叉作业,装载时避免强硬顶撞货物。

12. 叉车停放时,货叉应平放接触地面,人员离车时要及时关断电源,取走钥匙。

13. 叉车显示电量不足时请及时充电,避免电瓶过量放电。

14. 叉车需充电时,人员要在插头连接好,充电机工作正常后方可离开。

15. 电瓶充电过程中禁止有覆盖物,不许吸烟或使用明火。

16. 禁止间歇式充电,充电过程要连续,充电机显示电瓶充满电后,方可使用。

17. 保持电瓶清洁、干燥。

2. 装卸搬运分类

按场地的不同,大致可将装卸搬运工作分为码头、车站、货场、仓库、生产车间的装卸搬运五种。码头、车站、货场的装卸搬运工作的程序及方法大致相同,其特点是面对大宗货物、批量装卸搬运,要求在一定时间范围内完成货物装卸搬运的工作。一般情况下要将货物搬运到堆场、仓库进行存放,然后由其他部门人员进行发放。

生产车间、仓库的装卸搬运特点是小批量(有时也有大批量)、单件、短距离的操作。操作人员需要与其他作业人员进行配合,协调工作。例如入库验收、上架、盘点、分拣、取货。

按物品属性的划分可分为大件、散货、普通货物、危险品的装卸搬运四大类。大件物品的装卸搬运一般情况下以项目制方式进行,需要更加专业的团队进行。项目团队针对装卸搬运的商品进行方案制订,然后按照既定方针实施。散货装卸搬运需要特殊的机械设备加以辅助,例如抓斗、输送带、翻车机等,货物一般被直接装卸搬运进场、仓库,避免二次装卸搬运。危险品的装卸搬运是指对在《国际海上危险货物运输规则》中列明的商品、物资进行装卸搬运,这些商品及物资的装卸搬运有特殊的安全规定,在工作中操作者必须按照标准作业进行操作,避免出现事故。

装卸搬运可按照作业方式分为水平装卸搬运和垂直装卸搬运两种。水平装卸搬运主要是以改变商品、货物水平方向的位置为主要特征的方法,其作业中有少量的垂直位移改变。垂直装卸主要是以使用各种机械改变商品、货物在垂直方向的位置移动方法,更多是指吊装吊卸。

3. 销售物流装卸搬运合理化

装卸搬运在日常生活及工作中经常发生,但都未能引起人们的注意和重视。随着社会生活节奏的加快、生产企业准时化生产的推行、商家销售商品对时机的选择,人们注意到了装卸搬运在生产过程中的重要性。企业注意到了装卸搬运对生产效率、生产成本、产品质量的影响。

由于装卸搬运对企业生产与销售的影响,人们开始不断地对装卸搬运工作进行研究、分析和改善,使装卸搬运的工作过程更加合理化、科学化。

企业在对装卸搬运合理化改造时主要从以下几方面进行改善、完善。

(1) 提高商品、货物的搬运活性指数

所谓物品的搬运活性是指物料或货物的存放状态给装卸搬运是否带来方便及难易程度。搬运活性指数理论的提出,可以更好地对装卸搬运进行定量评估,使装卸搬运工作项目的复杂性得以更为准确地认定。

搬运活性指数体现的是商品、货物的存放状态。散放在地上的商品、货物装卸搬运所消耗的时间及劳动强度最大,因此需要将商品、货物先集中,后搬起,抬升(举升),再水平位移等,使劳动效率最低。在集装箱中的商品货物减少了对商品、货物的集中过程,可以直接进行装卸搬运。放在托盘上的商品、货物可以直接抬升运输。放在车中的商品货物可以直接运输。货物搬运指数越大,装卸搬运的劳动强度和复杂性减少得越多,物品越容易搬运。

（2）合理选择机械辅助装卸搬运

装卸搬运机械化是提高效率、保障质量的优秀方案之一。应根据企业的库房、堆场、码头的实际情况，合理地选择装卸搬运的设备设施，充分发挥机械装卸搬运高效率的优势。机械辅助装卸搬运有自动化形式，即设备可按照一定的程序进行装卸搬运；也有人工与机械联合作业的形式，即利用机械将商品、货物吊起一定高度后利用物品的重力进行自行装卸搬运（常用于散货）的形式。

合理地使用机械帮助人工进行物料装卸搬运是对目前物流运输的大力支持，装卸搬运的机械化势必成为日后物流企业工作的趋势与发展。

（3）合理选择装卸搬运单位

装卸搬运前首先应对商品、货物进行分类、集装，充分利用货箱、托盘、盒、桶、袋等辅助器具将货物先行集中包装，提高商品、货物的搬运活性指数，再利用叉车、吊车等设备进行装卸搬运。合理地选择装卸搬运货物单位，可以减小操作者的劳动强度，提高生产搬运的效率。

（4）做好装卸搬运的组织管理

装卸搬运的合理化，离不开好的管理方法及制度。装卸搬运任务下达后：①应对装卸搬运的货物量进行确认，以便日后的工作安排；②根据装卸搬运的作业量进行有效作业计划（操作人员选择、设备、时间、场地等）的编制；③应对装卸搬运场地进行整理、整顿，清除场地的杂物；④针对货物的存放场地进行确认和整理，方便直接将货物运送到位；⑤应及时与货主进行有效沟通，装卸搬运的同时进行对货物的验收（理货），避免二次装卸搬运，同时操作者应将有关票据一并带回公司。

5.3　销售物流合理化

物流合理化是物流的永恒课题。销售物流是生产企业物流的一部分，是企业产品转化为商品的重要过程，是企业物流与社会物流的衔接点，是消费者（商家）与企业的桥梁。

要做到销售物流合理化，首先要对销售市场中的销售方和需求方进行深层次的分析与研究。市场经济中商品的买卖双方都会围绕自身利益进行成本核算，买方想以最低的价格买入更加优质的商品，想享受到最快捷的配送服务；供应商（企业）想以更高的商品价格进行销售，以获得更多的利润。供应商（企业）只有在市场的商品交易中获得利润，才能在市场中生存。顾客需要及时配送，需要以最低的价格买入商品，势必会带来商家（企业）的经营困难，及时配送服务相应会带来企业销售成本的增大，势必会抬升产品价格，在市场中丧失竞争能力，而价格过低企业同样无利润而言。因此，市场的双方应在互利互惠的基础上，实现双赢才能保证市场的稳定发展。

物流是生产企业"第三利润"源泉，企业想降低成本就应对物流过程进行更加细节化的成本核算，探讨企业成本包含因素，寻找更加合理的经营模式。

1. 销售物流合理化意识、体制的建立

意识决定行为。企业进行物流合理化，首先要建立、创造一个物流合理化的企业管理意识，即建立企业文化。企业应将全体员工调动起来，积极主动地投身到物流合理化的行动中,为物流合理化出谋划策,寻找物流合理化的改善方案,才能使企业物流向更好的方向发展。

（1）物流合理化体系的建立

物流合理化需建立在完善的物流体系之上。企业销售物流是针对企业产品市场而建立的营销物流,企业必须将产品市场进行整体规划,形成整体销售网络,即以企业为中心或以企业的配送中心（仓储中心）为基础点向周围进行销售物流辐射,建立起一级、二级等级制的销售物流配送网络。企业合理策划设立物流销售中心,可以帮助企业降低营销运营成本。

（2）物流合理化组织构架改善

物流合理化需整顿现有的企业管理组织构架。企业的组织构架决定企业的经营成本,企业的生产、销售成本的节约,会被企业管理成本的无形增大所连累。企业必须针对自身的组织构架进行整改,使管理机构扁平化,促使各部门"各尽其责";建立各职能人员的岗位责任制,做到"人尽其力"。企业每一名员工都有明确的工作目标,要有责任内容、考核项目、评估标准,无考核、无标准的岗位坚决取缔。企业内部各部门间要有效沟通,拓展沟通渠道,使各部门间的工作进展协调一致,减少"相互扯皮、推诿"等管理浪费现象的出现频次。企业组织构架及人员的减少,要尽可能将一切与物流有关项目统一管理,便于生产协调,充分调动企业一切可利用的资源,实现企业资源的满负荷运行。只有企业各部门同心协力,提高企业整体素质,才能降低企业成本,提高生产效率。

2. 销售物流合理化形式

企业销售物流合理化目标是以最低成本,满足用户的最大需求。企业应尽可能地使物流中的运输、装卸搬运、仓储、配送等环节的成本降到最低,劳动效率提到最高。做好销售物流,使企业销售物流更加合理化,可采用以下几种途径。

（1）销售运输（配送）规模化

销售运输（配送）规模化就是要尽可能地将货物进行集中配送。物流公司可以适当延长企业产品配货、配送时间,在这一时间段内将不同用户、同一路径的货物进行整体集装配送运输（积少成多）,提高运输工具（车辆、船只）的积载率,采用循环配送方式,逐户、逐家进行送货到门,这样既满足了用户的需求,又降低了企业销售物流的运营成本。

（2）商流、物流分离

企业在销售产品过程中可以将商品的商流、物流进行分离运作,企业只进行商品的销售,而针对商品的物流配送,送货到门等服务则委托给第三方物流公司进行,充分利用第三方物流公司的专业配送机制,消除企业自营配送带来的高成本增大,低效率低下的弊病。

（3）销售物流差异化配送

企业可以根据用户的需求、用户采购产品的数量、用户的信用等级以及用户的地理分布布局,采用不同的配送运输方式,针对采购量大、定期采购的用户,可以采用直达定时配送运输方式,也就是将货物从生产厂的库房、生产现场装车直接送到客户的现场（库房）,减少中途不必要的装卸搬运、倒车等工作,实现"门对门"的服务。直达定时配送方式在某种条件完善时亦可以定义为准时配送,需要企业与用户进行协调沟通,做好采购、运输、配送、结算等一系列的策划、商谈,保持信息畅通,最终达成协议并签订合同来保障正常运行。

企业针对散货(单件)供应的用户,可以请第三方物流公司进行配送,即采用即时配送方式或定时配送方式。针对散货(单件)配送运输,企业可以采用在销售环节中增加相应的收费制度或其他方式进行,以期能够合理降低企业销售运营成本。

(4) 提高员工素质,完善销售物流计划性

企业销售物流人员素质的提高,销售物流配送计划的完善是物流合理化的途径之一。企业应针对销售人员进行理论与技术、服务意识等方面的培训,以提高操作人员的操作技能,强化物流各环节作业人员的标准作业执行能力,使其能认真落实责任制,并将物流工作中每一个具体的任务落实到人,建立完善的考核指标,奖勤罚懒,培养员工的工作责任心,逐步消除企业的各种浪费现象,消除各种不可控因素对物流的影响。

物流作业的计划性是做好物流工作的前提。物流计划编制得是否合理、完善,直接影响销售物流的工作效率及成本核算。提高销售物流计划人员素质也是企业物流合理化的途径之一。

要实现销售物流计划的合理化编制,首先,物流计划人员要充分了解企业的物流工作流程及企业可利用的资源,要对本企业的仓储、分拣、配送、包装、运输能力有充分的了解;其次,物流计划人员应对企业用户的各类信息充分掌握(包括用户地点、交货时间、交货方式、包装等);最后,要对本企业的产品信息(例如重量、体积、数量)进行充分掌握,对企业物流车辆以及外部可利用资源做到心中有数。只有做好以上准备工作,才能做好一个完善的销售物流配送计划。

物流销售计划要针对货物地点、时间、人员、车辆、路线等因素进行详细的规划,要充分利用车辆的装载能力,最大限度地发挥企业物流的可利用资源,使企业的物流成本降到最低,使企业销售物流更加合理化。

5.4 销售物流模式

企业销售物流有三种主要的模式:第一种是企业自身组织销售物流;第二种是第三方物流公司(仓储中心、配送中心)组织销售物流;第三种是用户自己提货的形式。

1. 生产企业自己组织销售物流

企业在商品交易过程中,企业自主进行商品的配送。自己组织商品物流管理经营是我国当前一部分企业采用的销售物流模式。

生产企业自身组织销售物流,实际上把销售物流作为企业生产的一个延伸或者是看成产品制造的延续,将其转化成为产品生产企业经营的一个环节。

市场激烈的竞争,产品由卖方市场转向买方市场,促使企业从"以生产为中心"转向以"市场为中心"。市场因素的变化,使生产企业直接与市场中的用户相接触,进行产品的销售及售后服务,企业经营由单一的生产制造变成生产制造与销售两大功能。

生产企业自己组织销售物流的优势在于,可以将自己的生产经营和用户直接联系起来,对于市场的信息反馈速度快、准确程度度高,企业能够更好地满足用户的需求,市场信息能够更好地为企业经营起到指导作用。

生产企业自己组织销售物流,可以对销售物流的成本有一个更好、更详细的了解,可以进行大幅度的调节,充分发挥它的"第三利润"源泉的作用,同时企业可以从战略设计与规划上对企业资源进行合理充分地利用。

在生产企业规模可以达到销售物流规模效益的前提下,采取生产企业自己组织销售物流的办法是可行的,但不一定是最好的选择。原因有三:一是如果生产企业的核心竞争能力在于产品的开发,销售物流就可能占用过多的资源和管理力量,对核心竞争能力造成影响;二是生产企业对销售物流管理的专业化程度有限,自己组织销售物流缺乏优势,企业销售物流资源的利用可能出现不满负荷,导致浪费;三是一个生产企业的销售物流规模终归有限,很难达到经济规模,导致成本无法可持续地降低,不能使企业更好地参与市场的竞争。

2. 第三方物流企业组织销售物流

由专业的第三方物流公司组织企业的销售物流,实际上是生产企业将销售物流外包,将销售物流业务社会化。

第三方物流公司承担生产企业的销售物流,也就是将企业产品的商流与物流进行分离。其最大的优点在于,生产企业可以更加专心地制造优秀产品,物流公司可以更加认真地为企业物流管理服务。

第三方物流公司是社会化的物流企业,它向很多生产企业提供物流服务,因此可以将销售物流做到规模化、经济化,可以将很多企业的物流需求一体化,采取统一的解决方案。第三方物流公司组织销售物流优势有三:一是专业化、规模化;二是低成本、高效率化;三是服务水平专业化。在现代的市场经济中,第三方物流承担企业销售物流的形式是日后发展的必然趋势。

3. 用户自己提货的形式

用户自己提货的销售模式实际上是将生产企业的销售物流转移给用户。生产企业与用户经过销售谈判,确定了产品的采购价格和数量,完成了产品转化成商品的交易过程。生产企业与用户在合同中确认商品的物流是以自己提货的方式进行的。自己提货的物流形式,可以使用户对物流成本的核算有更准确的了解。

本 章 小 结

本章主要讲解销售物流的概念,销售物流的管理内容。重点介绍了销售物流体系的建立和销售网络构建的管理以及销售物流的绩效考核。本章详细地讲解了销售物流中的包装管理知识、包装功能、企业常用的包装材料等,通过重点讲解企业销售仓储管理流程,使学生能够更好地理解物流工作的中的仓储管理。销售物流是企业物流中的次弱点,更多的生产企业将销售物流以合同形式委托给第三方物流,本章同时也介绍了销售物流的运输及搬运以及企业销售物流形式。

练习与思考

1. 练习题

(1) 什么是销售物流?

(2) 如何建立销售物流的配送中心?

(3) 销售物流的考核内容有哪些?

(4) 陈述包装功能及包装材料种类。

(5) 讲解商品仓储管理的流程及内容。

(6) 陈述企业销售物流模式。

2. 调查思考题

(1) 详细复述仓储管理的流程及方法。

(2) 了解和学习企业销售物流中配送中心的外延知识。

(3) 调查现代物流包装新技术。

要求:

(1) 以 6～8 人为一组共同完成作业。

(2) 每小组指定一人进行汇报、交流。

(3) 以小组为单位进行评估、记分。

(4) 小组汇报内容以书面形式进行,各组间交流。

第三方物流管理

学习要点

☺ 如何选择第三方物流公司。

☺ 选择第三方物流公司步骤。

☺ 生产企业如何管理第三方物流公司。

随着人们对商品生产、流通和消费的需要,物流越来越引起人们的注意。目前,物流企业在我国也开始蓬勃发展,物流公司、物流中心等不断出现。物流公司及行业作为新兴的产业正逐步被人们所认知。

物流行业的发展与管理对制造企业产品在市场上能否取得胜利的决定作用变得越来越明显,越来越重要。

企业在市场上的竞争力主要是由产品的质量、价格以及供给量三个要素决定,其中的任何一个要素都对企业的竞争能力起着重要的影响作用,而这三个要素都分别受到物流的制约,即物流管理质量将影响企业生产产品的质量,物流效率高低将直接影响产品对市场的供应量,物流成本的控制将直接影响到产品在市场的价格,因此企业物流在生产管理和运营中占有重要地位。在西方发达国家,先进企业的物流模式已开始从第三方物流向第四方物流方向转变与发展。

第三方物流企业的业务管理推出,可以使生产经营企业集中精力搞好主业,把原来属于自己处理的物流活动,以合同方式委托给专业物流服务公司,因此第三方物流又叫合同制物流。

在我国目前的市场运营中,提供第三方物流服务的企业,其前身一般是运输业、仓储业等从事物流活动及相关的行业。第三方物流公司的业务发展还没有成熟,只是在委托方物流需求的推动下,从简单的存储、运输等单项活动转为提供较全面的物流服务,其中包括物流活动的组织、协调和管理、设计建议最优物流方案、物流全程的信息搜集、管理等。

根据国家《物流术语》的规定,第三方物流就是由供方与需方以外的物流企业提供物流服务的业务模式,是一种更加社会化、专业化的物流公司组织形式,是以整个社会为服务对象,面向整体社会物资流动的服务模式。

第三方物流公司的成立在资金、人员、设备上既不依附于市场的供方,也不依附于市场的需方,而是独立的经济实体。第三方物流公司的产生,来源于社会的进步与发展。现实社会需要企业更加专业化,要具备自主的市场竞争核心力。物流业务在生产企业中被分离,主要是由于生产企业在不断地细分成本组成过程中,逐步认识到企业物流成本的可压缩性,作为生产企业的非主流业务,被从其主业中分离开来。

生产企业之所以分离物流管理,首先是因为市场用户对产品的追求越来越个性化,质量要求越来越严格化。市场的需求就是企业发展的目标,企业生产出的产品只有满足用户的需求才能得到市场的认可,才能提高市场的占有率。产品的高质量、短生产周期、多品种、小批量、低成本生产等需求促使企业必须集中精力做好生产产品的设计与质量改善,必须投入更大的精力和资金用于产品的更新换代。其次,随着经济自由化和贸易全球化的发展,企业既从事产品制造、又从事产品销售,同时还担负企业物流的经营管理,这种"大而全"规模形式的生产已不适应现代化市场需求。专业化的生产方式使企业必须集中精力更好地面对用户。企业如果没有核心竞争产品,将无法在市场产品竞争中生存。第三方物流公司的出现,使生产企业更能够集中精力用于产品生产。

第三方物流公司的产生,是社会的进步,它使社会分工更加明确,制造业、销售商、第三方物流等各企业及人员各尽其职,更能有利于专业的发展。电子商务的推广与发展,更加促进了第三方物流的迅猛前进,买方与卖方通过网络实现了商品交易,而实际物质的流动却由第三方物流给予实现,因此第三方物流是现代发展需求的产物。

6.1　第三方物流公司组建形式

中国物流市场中的第三方物流产业尚处于起步阶段,迫切需要政府部门的大力支持和推动,为现代物流的发展创造良好的宏观环境。第三方物流市场具有潜力大、渐进性和增长率高的特征。大多数第三方物流服务公司是从传统的"内物流"业为起点而发展起来的,如仓储业、运输业、空运、海运、货运代理和企业内的物流部,他们根据顾客的不同需要,提供各具特色的物流服务。社会市场对未来的物流需求,尤其是对第三方物流需求规模越来越大,第三方物流企业将在竞争中整合,第三方物流政策环境也将进一步得到改善,中国第三方物流将在新的起点上快速发展。目前中国物流公司的组建基本由制造业、销售商、独立公司、国际物流分支四大部分组成。

1. 传统的制造业组建第三方物流公司

物流一词来源于国外,国内物流管理的发展仅有一二十年时间。物资的流动,在过去的企业生产制造中,往往由生产控制部、采购部、后勤部门进行协同管理,物流的成本基本也核算在"大生产制造成本"中。之所以称其为"大生产制造成本",就是生产企业没有将成本更好地细分,相当多的成本累加统称为制造成本。由于近期国外先进管理理念的涌入,加之市场经济竞争的激烈,促使企业成本核算细节化。企业为了产品在市场中能占有一席之地,就不断压缩生产制造成本,但当企业发现成本无可压缩时,物流成本便逐步显现出来。

制造业在制造产品的过程中,不断地降低企业生产成本,以提高产品的利润价值点。企业为了更好地创造和获得利润,也不断地改善产品的生产制造过程。企业不仅在制造过程中降低成本支出,同时在生产管理上也不断地更新与改善,逐步认识到了物流的作业过程是企业的"第三利润"来源,生产企业物流成本可以进一步降低。企业将物流工作分离主体并进行独立核算,以求降低企业生产运营成本。企业物流管理进行单独核算,物流业务的细分化管理,逐步形成了由制造业出资成立的物流公司。

一部分第三方物流公司是从制造业中分离出来走向市场的。制造业分离出来的第三方物流公司拥有大量的资源,在服务于本体的物流业务的同时,有相当一部分资源闲置。物流公司在市场经营的过程中,逐步将闲置的资源充分利用,进入社会物流市场,给我国第三方物流公司注入了新的生机,使物流市场更加朝气蓬勃。

制造业协助成立的第三方物流公司,往往开始时由于对物流业务不熟知,仅仅是在企业中独立核算,为企业内部而服务。经过长时间的经营,企业不断地进行总结,并且不断地引入物流人才,逐步将内部经营业务扩大到外围市场,并且由于其最早进入物流市场,资源雄厚,本身拥有一部分固定市场,从而在物流市场的竞争中游刃有余,可进可退逐步强大。制造业的第三方物流公司是目前物流市场中物流公司的主流,占据了市场物流业务份额的绝大部分。

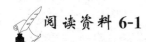

一汽物流有限公司

一汽物流有限公司(以下简称一汽物流)是中国第一汽车集团公司的全资子公司,是一家全面专业的汽车物流公司。公司本部坐落在长春市西新经济开发区,紧邻102国道及长春高速公路出口,对一汽本部的生产企业具有最佳的物流服务半径和物流辐射服务优势。公司现有员工2 300余人,公司秉承"挚诚服务,合作共赢"的经营理念,始终以踏实、敬业、拼搏、进取的工作热情和挚诚的微笑,为客户提供全天不间断的物流服务。

一汽物流的主要业务主要集中在中国地区,目前正在加速推进"4+2"基地群建设。"4+2"即"4"为大基地群,是指长春本部、天津基地、成都基地、佛山基地,"2"为2个集散中心,是指上海(含无锡)、武汉分拨中心。目前,公司已初步完成长春、天津、成都及无锡等基地群的建设,并着力谋划佛山、武汉基地群蓝图。公司秉行以集团四大生产基地为网络节点,以公路运输为主,铁路、水路运输为辅,干线运输与区域内短途分拨相互结合的运输模式,依托武汉、上海(含无锡)两大分拨中心的特殊地理位置,构筑快速物流通道。

公司自有轿车运输车近千台,在全国拥有占地100多万平方米的整车仓储基地,这些是公司致力于解决汽车行业不断发展变化的物流需求的最佳实力见证。为用户提供商品卡车发运、商品轿车零千米运输及商品车下线接车、倒运及仓储服务。一汽物流是一汽解放、一汽轿车、一汽大众、天津一汽夏利、吉林汽车指定物流运营商。公司解决方案的独特之处在于满足客户服务的前提下,最大限度地发挥运输和仓储的综合潜力,降低整体的物流成本。目前公司的信息管理系统已实现了与各汽车生产商生产管理系统的对接,开通了物流计划的接收、派发、统计、结算等网上物流服务。能够运用自研发的 TMS 系统完成物流信息的集成,实现网上分拨、在途监控、数据统计、实现客户需求的快速、有效反应。公司严格实行商品卡车背载工艺、轿运车装载工艺等一系列技术标准,采用国内通行的商品车零千米发运、GPS 卫星定位监控系统、LBS 手机定位系统、商品车自动派发系统、保管区红外线可视监控系统、智能仓储管理系统等物流管理技术,实现物流全程可视化管理。通过不断完善质量技术监督保障体系,为用户提供更专业更优质的物流服务。

公司拥有 6 万多平方米的零部件库房,配置高位货架、高位巷道拣选车,采用智能仓储管理系统实现电控自动储发,可根据客户需求提供零部件理货、分拣、排序、配送一体化物流服务。公司拥有千余台专用零部件运输车,可为用户提供汽车零部件接收、储、发及 MILK-RUN 集散服务。公司拥有一流的市场运营团队,能够为用户提供零部件物流一体化运作优化方案。公司还拥有占地 3 万多平方米的一汽集团内规模最大的定点包装企业,可根据用户的具体要求为其量身订制包装最佳方案,提供包装设计及纸质、木质包装服务。最大限度地利用空间,把运输破损降到最低,客户在享受公司优质服务的同时,也能看到降低成本所带来的经济效益。

2. 商业销售组建第三方物流公司

商业销售第三方物流公司就是商业批发商及大型销售商出资自建或组建的第三方物流公司,其主营业务就是为商业销售网点进行即时配送。商业销售第三方物流公司在市场中充分发挥了计划性、组织性的特点,对销售商网点进行定时、定点、定路线的商品配送,满足了销售商的业务需求,促进了销售商的业务发展。

社会的发展进步,促进了服务业的大力发展。大型商品连锁店如"雨后春笋"般出现在消费市场之中。同时国家对食品、日用品的生产日期、卫生质量的严格规范要求以及消费者购买商品的个性化,使很多的销售网点对商品的组织都以商品品种繁多、数量较少的形式进行销售操作,以降低销售网点的风险。如果市场对某种商品需求量较大,减少了销售网点的库存,则连锁店向总店(供应商)进行紧急订货,这时销售商的第三方物流公司则采用即时配送形式进行商品补充配送,满足了市场对商品的需求。

销售商组建的第三方物流公司,其业务及路线基本固定,物流公司将制定最优化的路线,选择最合理的车辆配置,选择既能满足用户的时间要求,又能降低成本的配送方法进行配送,使第三方物流公司成本降到最低,实现企业利润目标。

3. 独立的第三方物流公司

随着中国市场的不断发展与壮大,中国经济的高速发展及国土面积的现实存在,使物流公司市场的发展机遇及利润点展现在眼前,很多具有商业头脑的企业家逐步认识到这一点,纷纷成立了多种形式的物流公司、物流中心。

独立的第三方物流公司有些是规模小但数量庞大,更多的是民营、股份制形式,其目标及发展使其成为当前物流行业的一个重要组成部分。由于企业规模小,其业务则更加专业,更能充分利用自有的公司资源,并且在公司的组织形式上、构架上及服务质量上更能贴近用户。

独立的第三方物流公司,以其机制灵活、管理成本低,服务质量到位,贴近用户而深得市场的推崇,并且有不断扩大之势。

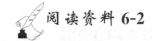

长久物流

1992年在长春,长久将汽车物流作为事业启航点,成为汽车物流领域最早的践行者和引领者。长久物流致力于为中国汽车行业提供全方位、全产业链的物流服务,是国内领先的汽车物流供应链解决方案服务提供商,被评为我国首批5A级综合物流企业,并成为2008年奥运火炬传递全程物流服务唯一承运商,用实际行动履行了对百年奥运的庄严承诺。

长久物流注重国际化发展,在"一带一路"政策的助力下,相继开通了哈欧班列、哈俄班列、黑龙江至比利时沃尔沃专列等一系列国际铁路货物运输业务。2016年8月,长久物流正式在上海证券交易所主板挂牌上市(股票代码:603569),成为国内首家A股上市的第三方汽车物流企业,正式登陆中国资本市场。

长久物流坚持为客户创造价值、为股东创造财富,并时刻肩负企业的社会责任,在实现公司伟大愿景的征途中"行天下,长久远"。

长久物流依托网络优势、运力管理能力、仓储网点覆盖、中铁特货、国内外滚装企业合作及智能管理体系,为国际、国内客户的新车、二手车、社会车辆等提供整车运输、仓储服务、零部件物流、多式联运、国际物流、智慧物流平台等综合一体化供应链服务。

长久物流经营范围:道路货物运输;商品汽车运输;国际货运代理;无船承运;仓储服务(不含化学危险品);设备租赁;货物进出口;代理进出口;技术进出口;物流信息咨询;包装服务;企业管理等业务。业务领域包括整车物流、多式联运、仓储、零部件物流、国际物流、社会车辆物流、供应链金融、物联网业务。

整车物流业务,以主机厂、经销商需求为导向,基于全国范围内的业务网点为支点,覆盖国内各主要汽车产销地区;以精细化的业务操作流程与OTM信息系统监管流程相结合的双轨操作为基础;凭借长久物流良好的运营能力为客户提供快捷、安全、周到的物流服务。

多式联运业务涵盖商品车国内滚装水路运输、铁路运输、近海运输,积极构建公铁水联运综合物流解决方案能力,致力于为客户提供绿色、高效、经济、智能的多式联运优质服务。

仓储业务立足于仓储服务的标准化和成熟的WMS仓储系统,满足不同需求特征的B端客户和C端客户,涵盖汽车整车,零部件备品备件仓储,主要服务于汽车主机厂、库前移的B端大型库,以及临近4S店、车管所的城市综合库,并为电商、金融第三方、4S店等进行仓储、监管及辅助服务。

零部件物流业务涵盖零部件入厂物流、备件物流、包装服务、危险品运输。

社会车辆物流业务主要承接二手车运输、电商平台车辆运输、高端车运输、私家车运输及周边衍生业务。

供应链金融业务在发挥物流优势的基础上,发展"1+L+N"模式[1个产业供应链+物流体系(logistics)+N个供应链成员]的产业供应链金融服务,赋能产业中各类参与者,推动汽车产业良性循环发展。

4. 国际专业物流公司

物流一词进入中国市场仅有二十几年的历史，我国企业物流还处于初级阶段。在物流的业务内容、企业管理方法、市场运作上还不成熟，我国物流也还存在着高成本、低效率的不合理状态。

目前中国第三方物流市场规模还较小，比较分散，难以面对庞大的物流市场需求。国外物流企业早已跃跃欲试，它们寻找机会，纷纷以合作、合资、参股甚至独资经营等形式进入中国物流市场。中国巨大的物流市场吸引了国际上各个物流巨头的目光，外国物流企业纷纷进军中国市场，驻足抢占和分割市场份额。

大型国际物流公司依靠自身管理经验丰富、资金雄厚的优势条件，在中国物流市场中游刃有余，而我国的物流市场还得借鉴它们的管理经验及游戏规则。国际物流公司的进入，使中国物流市场更加成熟和规范，也促进了我国物流公司的迅速发展。

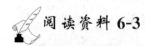

阅读资料 6-3

一汽、广汽、丰田合资组建物流公司

中国第一汽车集团公司（以下简称"一汽"）、广州汽车集团股份有限公司（以下简称"广汽"）、丰田汽车株式会社（以下简称"丰田"）三方合资组建的同方环球（天津）物流有限公司（TFGL）在天津经济技术开发区注册，并于 2007 年 10 月 1 日开始正式营业。

TFGL 将为一汽与丰田、广汽与丰田的合资事业体及丰田在中国的全资事业体提供物流服务，实现最佳物流品质、最低物流成本，集合一汽、广汽及丰田长期积累的物流技术，利用丰田的先进管理方式和信息化管理方法，搭建具有国际先进水平的物流管理平台，努力将 TFGL 建设成为中国汽车行业一流的物流公司。

三方合资出资比例为：丰田 40%、一汽 35%、广汽 25%，注册资本金是 500 万美元，主要经营业务为负责丰田在中国合资及全资事业体的物流管理、物流企划、物流业务咨询等，涵盖商品车（在中国生产的丰田品牌车及进口车）、生产用零部件、售后服务备件。

6.2　第三方物流公司主要经营内容

1. 运输经营

第三方物流公司在现阶段更多的是经营运输业务。我国很多过去的运输公司在原来的经营业务范围内有相当一部分的市场及用户，有着非常成熟的运输技能与资源，广泛的运输网络，依靠运输来进行物料的运输、托运业务，并且随着客户对物流业务需求的提高进入到物流经营行业之中。这类物流公司主要以汽车运输、火车运输、轮船运输为主要运输工具，改变过去的经营理念，主动热情地服务于用户，并且在自身运输特长的范围上又相应增加了物流信息服务系统，增强了对服务对象的成本核算，实行联合配送，降低企业运营成本等服务方式,使运输公司迅速地转化为第三方物流公司,并且在市场中占有一席之地。

2. 仓储保管经营

在目前社会发展过程中,一部分具有仓储场地的企业,在社会改革的过程中也先人一步进入物流业务经营范围之内,很多老企业只能依靠出租场地进行物流经营活动。

具有冷冻、保鲜仓储能力的公司,在物流运输的过程中依靠自身的优势、特长,在物流冷冻供应链中占据一席之地,成为不可抗拒的主导者。

具有堆放、货架场地的物流公司,充分利用自身占据靠近车站、码头等优势,发展和壮大自身的仓储能力,同时也不断扩大自身的经营范围。

大型的仓储物流公司不仅自己经营着仓储、保管业务,同时也将物流配送业务逐渐纳入到公司的业务范围之内,联合具有运输能力的物流公司组成一定实力的物流联合运输仓储集团公司,增强了新的市场竞争能力。

3. 物流管理经营

第三方物流公司由自主经营管理逐步进入与制造业、销售业合作经营管理,这种发展模式是第三方物流公司的发展趋势。以往的物流公司仅仅处于被雇佣的地位,在市场竞争中往往处于被动和不利地位。随着国际大型物流公司的进入,管理模式的引进,很多第三方物流公司不再仅仅满足于运输、配送、保管等业务,而是向整体社会发展的供应链进军。第三方物流公司与制造业、销售业共同合作,逐步设计和参与供方、需方的企业管理过程中。

第三方物流公司以更加热情、细致、周到的服务取得了雇主的信赖,同时注重自身的不断完善,并与雇主进行共同协商进行企业策划、生产流程再造设计,参与企业的规划、销售商的销售网点布局设计,形成了新的物流服务形式内容,使社会的产业链、销售链更加完善,更有利于社会的进步与发展。

6.3　如何选择第三方物流

生产企业在将部分物流分配给第三方物流公司中获得了相应的利益,逐步对第三方物流公司的服务及市场运作加以认可。在我国现有的物流运作经营范围中,由外国独资、合资企业聘用第三方物流公司,逐步走向了国内的各生产企业也接纳了第三方物流公司的服务,因此推动了生产企业对第三方物流公司的聘用。

生产企业在选择第三方物流公司时,必须做好双方合作前的准备工作。首先,生产企业要对选择的第三方物流公司做深入调研(包括自身企业和第三方物流公司的市场)。选择第三方物流公司不应草率,应将选择第三方物流公司工作作为战略规划来对待。与第三方物流公司的合作,不仅会给生产企业带来成本的降低,更重要的是应带来企业机制转变的契机,使生产企业更好地在市场中竞争。

其次,企业在选择第三方物流公司之前,应明确选择第三方物流公司的目的,明确双方合作以后应如何对第三方物流公司进行管理。选择第三方物流公司不仅仅是简单地将物流业务进行外包,而是企业在生产经营管理上的一个战略部署,应实现当初选择第三方物流公司的目的,即企业要降低成本,满足市场需求,并整理出企业生产经营管理的体制及方法。

第三方物流公司的聘用,关系企业生产的运营,关系生产企业的成本支出,关系企业管理机制的改革,为此企业在聘用第三方物流公司时应注重以下几点。

1. 经验性

企业聘用第三方物流公司时应对第三方物流公司的市场进行实地考察并做进一步地调研分析。企业针对第三方物流公司进行考察和谈判时应注重第三方物流公司的资历、经验、诚信、市场认可度,并调查物流公司是否做过类似于本企业的物流业务。

如果第三方物流公司操作过类似的物流业务,那么第三方物流公司就具备了相应的经验,其为企业服务的优秀性即可得以确认。如第三方物流公司没有经营过本企业类似的物流业务,那么相应的物流公司的服务质量及物流配送的生产经验便不可考核,也无法得到保证。因此,企业在选择第三方物流公司时应注重物流公司的资历与经验。

2. 实力性

第三方物流公司在中国大地茁壮成长,其数量庞大,不可小视。而第三方物流公司本身的服务素质、服务能力,硬件及软件配置各不相同,造成目前的第三方物流市场鱼目混珠。

生产企业在将物流业务外包给第三方物流公司时,应重点考核物流公司的经济实力。经济实力较强的物流公司,在硬件的选择上可以保障用户对物流的需求,可以更加合理地调配资源,避免物流公司"小马拉大车"或"大马拉小车"的状况,合理地应用物流资源可以使物流企业降低运营成本,同时,也可以使生产企业的物流成本降低。

第三方物流公司资金雄厚,可以使物流公司应用更为先进的物流硬件、软件。物流软件的应用可以更好地帮助企业提高物流的生产效率,可以更好地设计和应用科学的物流配送路线及方法,使企业的物流成本降低,物流服务质量提高。物流软件的开发与应用,可以使物流公司与各用户之间的沟通渠道保持畅通,使用户、物流公司之间的信息反馈更加准确及时,使物流公司可以更好地服务于市场和用户。

3. 科学管理

选择第三方物流时应对物流公司进行细致周到的观察与研究,要对第三方物流公司在企业管理措施、方法、细节上进行详细调研,不能只看公司的表面运作情况,更应注重企业的管理细节及规则,以便能够充分地了解物流公司。

针对第三方物流公司的调研,首先应关注财务信息、财务运营管理办法及财务的运营经营情况,要认真研究物流公司近几年的财务报表,从中得出物流公司的财务状况是否处于良好状态的结论。其次,应对第三方物流公司的日常管理进行研究与调查。例如,针对物流公司的安全规范、措施进行调查与研究,从中观察物流公司的企业管理制度是否认真细致。针对物流公司的人员管理进行调查,观察物流公司的生产运作团队意识的表现力,从中判断出在日后合作时是否会影响企业物流配送。针对物流公司的考核项目进行分析,评估物流公司的实际管理能力和物流公司在企业管理项目及战略的优缺点,用以评估物流公司的运营及日后的发展潜力。

一个运营良好的物流公司,不仅要有好的财务控制,同时应针对人员、设备、安全、服务质量等一系列管理科目有细节的管理文件及考核措施。有了这些管理内容和实际管理记录、考核办法,才能使对物流公司的管理可控。若物流公司处于不可控制状态,则生产企业也无法将物流业务委托与第三方物流公司。

4. 前瞻性与拓展能力

企业在选择第三方物流公司时,应对物流公司自身的发展及战略进行细致的分析与调查,查看物流公司业务发展的未来是否具有市场的前瞻性意识。物流公司只有具有更好、更伟大的发展规划,才能在市场竞争中拥有实力和后续能力。

第三方物流公司的前瞻性和拓展性将会帮助生产企业更加合理、科学地发展。生产企业要在市场中不断地寻求发展,就必须寻找更加优秀的第三方物流公司进行合作。

生产企业的产品需要更新换代,需要进一步发展,更需要与优秀的第三方物流公司合作。物流公司能够及时地将市场信息反馈给主生产企业,及时帮助生产企业进行产品生产的改善,协助生产企业共同在市场中竞争。

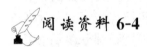

阅读资料 6-4

企业的前瞻性

著名的咨询公司埃森哲对前瞻型企业做了如下定义:它能赋予公司预测业务需求和集成先进技术的能力,满足企业发展壮大的战略需求,对于未来企业的成功日益重要。这些关键技术可以使企业以前所未有的水平和速度捕获、管理、访问和分析数据,从而确保企业灵活主动地做出响应。

下面是埃森哲提到了企业活动的五大关键词。

捕获:从各种来源(包括阅读器和传感器)中捕获过滤后的适用数据。

管理:对大量分散的数据和事件进行管理,以确保其具有可扩充性、可靠性和安全性。

访问:确保适当的人员、应用和业务流程都能随时随地访问信息。

分析:对数据和事件进行实时分析,以实现业务智能,并改进前瞻性业务流程。

响应:自动响应各种事件和信息,并在特殊情况下支持工作人员进行管理。

6.4　选择第三方物流的步骤

现代物流是企业的"第三利润"源泉,是为满足企业、市场、消费者需求而进行的对原材料、在制品、最终产品从起始地点到消费地点的有效实体流动,是物资存储的计划、实施、控制的整个过程。它构成了企业供应链的基础活动,是企业取得竞争优势的关键。

生产企业对在生产制造环节的物质消耗、劳动消耗的节约潜力已很有限,降低物流成本、提高企业物流效率则有较大空间。因此,物流管理对企业而言是继劳动力和自然资源节约之后的"第三利润"源泉。完善的企业物流将起到减少人力,减少企业内部运作环节,提高生产效率,降低成本,增强竞争力的作用。

企业如何回归其主业生产,即将精力集中于产品开发、生产、销售等具有竞争优势的核心专长业务? 就要把物流这样一些对企业来说相对薄弱或不精通的环节外包给专门从事物流管理的企业去做,这是中国企业加入 WTO 后必须面对和缜密思考的问题。

第三方物流成为现代物流管理的主流模式。它通过与供方或需方的合作来提供专业化的物流服务,它不拥有商品,不参与商品买卖,而是为顾客提供物流代理服务,包括设计物流系统、报表管理、货物集运、信息管理、仓储等,通过物流帮助企业在市场中更好地运营。

1. 组建团队

生产企业在决定将企业生产过程中的物流业务分包(承包)给第三方物流公司时,首先应组建一个筹备小组(项目团队)。该团队的任务就是针对企业物流业务的分包(承包)进行一系列的准备和确认。

团队成员应来自于企业各有关部门,以便在日后的工作过程中能充分考虑到企业生产运营的因素,避免出现片面性。团队组长应由企业管理层人员担任,这样可以将团队讨论的结果、决定及时汇报和通报给企业决策层和有关部门,同时可以将企业决策层的意见及时反馈给团队,团队将及时修正目标与方针。

团队的成员来自于企业的各部门,可以称为"专家团"。但是企业在物流业务分包(承包)的项目活动中,还应在社会或市场中聘请外部专家帮助企业进行市场调研或决策。企业也可以利用市场中的某些物流咨询公司来出谋划策。因为这些外部(市场)的专家及咨询公司,它们比企业更加了解物流市场运作规律及市场变化,能够更好地帮助企业进行正确的选择与决策。

2. 明确目标

企业组建的团队及成员应对物流业务分包(承包)第三物流公司的项目有一明确的目标意识。目标的建立和分解可以更好地衡量团队工作计划及成果。当第三方物流公司选择目标后,企业应针对目标进行分解及建立项目细节考核点。

目标管理是现代科学的管理方法之一。企业及个人做任何事情时,首先要建立目标,根据建立的目标再做翔实的实施计划,使目标得以实现。

企业将物流业务承包给第三方物流公司,其目的有两点。

(1) 实现企业优势、突出重点、完善产品、抢夺市场

企业过去在"大而全"的思维意识下经营生产,决策层、执行层没有更多的精力针对产品的开发与改善进行有效的工作。同时,由于企业经营项目过多,造成企业管理"漏洞百出"。企业有限的资金也出现"捉襟见肘"的现象,不能及时将企业的全部精力投入到产品的制造及更新换代上。企业物流业务人员数量臃肿,物流设备、安全、保管等一系列事情

给企业带来不必要的麻烦。

企业选择第三方物流公司,可以将企业物流管理这样的非主营业务内容剥离企业,从而"轻装上阵",集中精力对产品的设计进行有效的管理,并将有限的资金用在关键之处,提高产品质量满足市场的要求。

(2)降低成本,更好地参与市场竞争

企业将物流业务分包给第三方物流公司,可以降低企业生产成本,使企业更好地参与到市场竞争中。第三方物流公司是专业的物流业务公司,其生产运营中可以将人员、设备、设施、资金等企业资源进行充分利用和调配。与企业自营物流成本相比较,第三方物流公司具有运营成本较低、运营效率高、车辆空载率低、仓储面积利用率高等特点,容易形成批量成本。

企业将物流业务分包以后,可以直接实现生产成本降低的目标。同时企业也可以间接地从人员的减少、仓储面积的最小化得到更大的利润空间。

3. 物流业务招标

企业生产决策层在决定将企业物流进行分包给第三方物流公司时,应对物流分包项目进行有效的分析和论证。企业应制定物流项目的招标规则和计划,按照企业项目招标法进行有效、公开的招标活动。

企业项目招标管理详见本书第二章采购管理的招标内容,在此有关招标内容不再赘述。

6.5　企业如何管理第三方物流公司

第三方物流公司面临的挑战是如何实现比客户自身物流运作时取得更高的利润空间。第三方物流公司发展的推动力是要为客户及自身企业创造利润,不仅要考虑同行业的竞争者,还要考虑潜在客户的自身运作。第三方物流公司必须做到具有吸引力,即满足客户的需求,服务水平必须符合客户的希望,并且客户在物流业务上能够降低成本,只有这样,才能在市场中站稳脚跟,并在市场中生存发展。

只有完善自身的运作及管理,第三方物流公司才能具有进入市场的竞争权利。面临自身成本的下降要求和市场第三方物流公司的蓬勃发展,企业应对第三方物流公司的选择及管理持慎重态度。

1. 明确关系,实现共赢

生产企业与第三方物流公司之间应该是战略伙伴关系。双方刚刚开始合作时,都无法适应对方,只有经过一段时间的磨合,才能使合作的优越性进一步的体现。

企业在与第三方物流公司合作时,不应将第三方物流看做"雇佣者",对其"指手画脚"、一味指责,而应与其坐下来,从长远利益出发,共同协商解决问题。不能因为市场经济的存在,或因自己是强势企业,只顾自身的企业利益而忽视第三方物流公司的权益。只有制造业(企业)将合理的物流利益预算及费用支付给物流公司,使物流公司在日常运营中获得相应利益,双方才能共同生存,其合作经营才能走向正轨。

战略伙伴不是一朝一夕的相处,双方应各尽其力,互为双方利益着想,并且服务于双方。双方应投入足够的时间和精力确保风险共担、形成联盟,达到双赢。

2. 有效沟通,互惠互利

有效沟通是企业与第三方物流公司必须认真对待的问题,生产企业的发展及需求,应及时向第三方物流公司进行通报,使其得以适应,第三方物流公司接到企业信息后,应积极确认并加以改善,双方本着积极思考、共担风险的原则,努力协商,实现目标。

第三方物流公司在服务于企业时,针对企业及企业产品在市场的表现应及时通报给生产企业。例如产品在市场中的用户反馈、产品在市场中的实际需求量、新兴市场对产品的需求等。

第三方物流面对的是市场中的最终用户,是生产企业的生产现场员工,反馈的是市场及企业的第一用户信息,它从另一个角度看待市场及生产企业生产问题,往往是客观的。因此,企业与物流公司应信息共享,有效沟通,相互帮助,互惠互利。

3. 缜密合同,依法办事

企业与第三方物流公司的合作行为是一个企业与另一个企业的市场商业行为,必须符合法律上的要求。双方在谈判、协作的同时,应制定并签署一个细致的、双方认可的、符合国家法律要求的合同,用以规范合同双方的责任与义务。合同中应注明双方的权利与义务,并按照国家合同法的要求进行签字认同。

合同签订后,双方应依法办事。合同本身也是对签字双方的责任、义务的确定,是市场经济能够保持发展的保障,是企业与第三方物流公司合作的基础。

4. 绩效管理,细节决定成败

企业一般情况下需设定专人对第三方物流公司进行管理。企业在与第三方物流公司签订服务合同时,应明确企业的服务要求及目标。针对企业要求的目标,物流公司应尽可能地实现具体数字化,落实具体细节,并针对目标出台考核的具体办法。

企业对物流公司的考核,一般情况下包括聘用物流公司成本费用、物流公司的时效性(准时性)、物流公司对货物的损失(货损率)、物流公司的服务意识(能否主动为企业分担困难,是否帮助企业改善问题,是否对企业的信息进行反馈等),考核第三方物流公司能否有实力满足企业的发展需求等方面。

6.6　第三方物流发展趋势

第三方物流公司作为生产企业的合作者,正日趋成为现代物流的主要服务模式,大力发展第三方物流是推动我国经济发展的重要渠道。第三方物流从 20 世纪 90 年代中期开始进入中国到现在,已有了长足的发展,并呈现出较为明显的上升态势。

第三方物流公司在我国还处于起步阶段,总体来说存在规模小、成本高、效率低、服务意识差的基本状况。

物流业的发展作为我国发展战略的重点,得到了社会广泛的关注与支持。第三方物流发展进一步加快,在服务意识、经营模式、服务项目的开发等方面都有了深远变化,呈现出良好发展趋势。

随着我国经济的进一步对外开放、发展,物流市场的规模也不断扩大。第三方物流公司面临物流的春天,得益于中国经济的高速发展,市场消费的迅速膨胀。

经过不断的发展,中国物流走向理性、有序的发展,未来几年中国物流将不断依照市场的需求而发展。

1. 物流更加专业化,物流领域不断扩大

第三方物流公司一方面不断地加深供需双方的合作;另一方面日趋完善自身在物流硬件的建设投入。物流公司不断地扩大自身的网络系统,不断地进行设备更新换代,将现有的仓储能力、运输能力不断扩大。同时第三方物流公司在市场中不断扩大服务领域,逐步进入到企业的物流信息系统管理、物流市场开发管理、成本结算管理及销售网点建设。

第三方物流公司不仅在硬件上进行改善、更新,更主要的是在软件环境方面的改变。物流公司学习和借鉴国外先进的物流公司管理服务手段及管理方法,建立自己的企业文化,服务于市场用户。

物流公司的软环境变化,主要体现在企业服务意识的加强,提供全程服务,为用户着想。物流公司软环境的发展要重于硬件的发展,软环境的培养需要时间。

2. 物流行业进一步整合,趋向集团化、国际化

经过十几年的发展,中国物流从无到有,从无序到有序,第三方物流公司也不断壮大。随着市场的国际化、产品贸易的全球化,中国很多小的物流公司在财务、服务质量、公司的建设发展(硬件、软件)以及公司管理方法上还存在着种种缺陷,造成公司的运营成本过大、效率低下、服务水平跟不上用户的需求,失去了原有的原始竞争状态,在市场中的竞争力下降。

产品市场对物流公司的要求不仅是服务项目的增加,更重要的是对物流企业是否符合生产企业发展的需求。中国物流行业的整合趋势越来越明显,国际化、集团化管理可以使物流公司给社会经济带来更加规范、优质的物流服务。国际化、集团化的第三方物流公司可以更好地利用社会资源,采用最低的成本、最小的投入、最好的服务方法及理念,使物流公司业务能够更好地为社会、为企业服务。

3. 完善物流市场的供应链的优化

在全球市场竞争日益激烈的环境下,用户对交货期的要求越来越高,对产品服务的期望值越来越高。因此单一的市场物流服务及供应链不能满足高速发展的市场需求,物流公司必须对原有的供应链进行有效的优化处理。

目前我国绝大部分的物流公司,都组建了自身的供应链系统,但往往都处于"1+1=2"或"1+1<2"的状态,运营成本相对较高。物流公司要想成功实现供应链的优化,实现"1+1>2"的物流价值,必须要整合、完善自身的物流环节,建立物流系统之间的协作,将企业内部之间的业务流程有机地联结在一起,并优化物流内部的网络路径、仓储、运输等物流过程,提高物流业务的准确性及快速反应性,真正实现信息流、物流、资金流的同步化、集成化。

本 章 小 结

第三方物流公司是目前生产物流的组成部分之一,也是现代化物流管理的重要组成部分,聘用第三方物流公司为企业服务是生产企业物流发展的趋势。本章重点介绍了什么是第三方物流;通过案例分析讲解了第三方物流公司的组建形式;讲解了目前第三方物流公司的主要经营内容;详细讲解了生产企业对第三方物流公司的选择办法及选择步骤;讲解了如何管理第三方内物流公司;讲解了第三方物流公司在市场中的发展趋势。

练习与思考

1. 练习题

(1) 什么是第三方物流?

(2) 陈述第三方物流的组建形式。

(3) 如何选择第三方物流?

(4) 企业如何管理第三方物流公司。

2. 调查思考题

调查目前我国物流市场中第三方物流的现状与发展。

要求:

(1) 以 6~8 人为一小组,共同完成作业。

(2) 每小组指定一人进行汇报、交流。

(3) 以小组为单位进行评估、记分。

(4) 小组汇报内容要以书面形式进行展示,进行各组间交流。

物流信息管理

学习要点

☺ 生产企业物流信息系统。

☺ 物流信息系统基本功能。

☺ 条形码技术的应用。

☺ 物流信息系统的建立。

☺ 物流信息系统的开发原则和步骤。

☺ 物流信息系统的应用。

生产企业物流信息系统是企业生产运行的核心构成要素。企业的信息收集、传递、存储伴随着企业各项工作的运行。企业信息不仅仅是企业正常生产的保障,还是对企业生产与决策的支持,同时具有指导企业生产,为企业市场运作决策提供支持之功能。

计算机及因特网(局域网、企业内部网)的出现和广泛应用,促进了社会各领域信息传递的快速发展,企业生产管理运营越来越依托于计算机和网络的支持。企业生产从计划组织开始,到企业产成品的销售以及产品的售后服务,无时无刻不依赖于企业内部信息的传递和支持。企业信息的快速传递、存储、分析,支持着企业的实体物流和生产活动。

物流信息系统作为企业生产信息系统的一部分,是企业对物流有效管理的工具,同时也是帮助和维护企业生产顺利运营的基础条件。物流信息系统可以为企业的决策者提供有效的信息,帮助企业更好地适应产品市场的变化与需求。物流信息系统对于一个企业来说不仅仅是信息的沟通,更重要的可以帮助和指导企业如何进行生产,如何面对市场。

计算机没有得到广泛应用之前,企业生产物流的管理、流程、票据多依赖于人工操作,其特点是手续烦琐、流程长、效率慢、差错率较高,使企业物流信息相对生产及市场的需求滞后,制约了企业生产的顺利进行,制约了企业物流的高效率、准时化,同时也制约了企业的发展。

计算机技术、网络技术、条码技术及物流信息软件的开发与应用,极大地改变了企业物流的生产效率、物流质量,同时也使企业员工从烦琐的手工操作解脱出来,不但使企业物流运营效率得以提高,物流质量得以保障,而且促使企业物流能够快速地适应现代化的生产节奏,促进生产企业准时化生产,保障了企业生产对物料的需求,降低了企业的物料库存量,降低了企业运营成本,使企业在市场中更具竞争力。

7.1　企业生产物流信息系统

市场经济的快速发展,使企业生产模式发生不断的变化。企业作为产品制造的源头,有着相对复杂和烦琐的制造流程。企业与原材料供应商、企业内部、企业与销售商之间存在着大量的信息传递,信息成为企业正常生产运营的重要保障。

企业信息系统是企业管理体系的重要组成部分,在企业生产物流的构建中起着关键作用。信息的传递与准确是企业生产及产品在市场竞争中的重要手段之一。

企业生产物流信息系统是指能够进行信息收集、传递、存储、分析、维护和使用的系统。信息系统能够将企业数据进行有效的管理和使用,帮助企业对各类数据进行分析、控制,从而促进企业生产有效、科学、合理地正常进行。

企业物流信息是指反映企业经营过程中所需要的资料,情报、数据、图像、技术文件等。企业物流信息系统是给企业信息提供的处理平台及保障,既有数据的录入、输出,也有对数据的分析与反馈。

信息系统的建立一般由硬件、软件两大部分组成。硬件的组成主要是计算机、网络、办公室及录入、输出的设备设施。软件主要是指针对企业不同的信息而采集的专用程序、数据库等。企业物流信息系统需不断地加以完善以满足企业生产的需求。

企业生产信息系统主要由销售信息系统、生产管理信息系统、供应商管理信息系统、原材料采购信息系统、客户服务信息系统组成。企业物流信息系统是企业生产运营管理的神经中枢,它支持和控制着生产、运营的命脉。

企业完善信息系统应注重信息系统的如下特性。

1. 信息内容的广泛性、数据宏量性

企业生产经营从客户订单开始,到企业生产产成品的出库,到用户的信息管理。信息内容涉猎广泛,包括用户对产品的需求技术指标、型号、数量、交货日期、价格等,包括用户的档案建立和潜在客户的档案建立,包括企业对市场的分析与掌握,包括相对烦琐、复杂的信息录入等,因此企业信息系统的建立应模块化、系统化和逐级层次化。

企业信息系统的数据收集不仅是针对企业内部的物料信息的收集,还包括对企业内部各部门之间信息的收集与传递以及对企业与各供应商之间的信息收集。企业供应链的信息传递在现实的社会中极为重要,市场对产品的多品种小品量的需求信息多来源于企业信息系统的资源。

2. 信息内容的及时性、精确性

市场经济千变万化,对市场产品的供求瞬息万变。企业在信息的收集应用过程中,更应注重信息的及时性、精确性。过时的市场商品需求信息对于企业来说,仅是一种资料的储备和分析,不能满足企业现生产的需求。虚假的市场信息传递,往往给企业带来灾难,使企业蒙受损失。因此企业收集的信息应及时、精确,确保市场(用户)对产品的需求能及时、准确传送到企业销售及生产部门,这样企业生产的产成品才能更好地及时满足市场。

信息的及时性更多地体现在信息的更新速度上。市场对产品的需求、产品在市场中的占有量、同类产品的新特点、新功能都应及时准确地传送到企业信息系统中加以存储，以利于企业进行分析，便于组织生产和产品的更新换代。

3. 企业信息的保密性、自用性

商品社会意味着商品市场的竞争，每一个生产企业的信息管理都有其独有的特性，企业内部资料（技术资料、用户的档案信息、产品专利）是一个企业在市场竞争中的核心机密。商业秘密是不能让竞争对手所掌握和了解的，一旦市场竞争对手掌握和部分了解本企业的生产运营机密，势必会对企业造成不可估量的损失，乃至于使企业无法在市场竞争中生存。

常言道"知己知彼，百战百胜"，企业要想在竞争市场中立于不败之地，必须想尽一切办法，了解对手、了解市场，建立自己的信息网、情报网络和数据库。市场竞争的异常激烈，导致竞争对手会不断刺探和窃取本行业对手的信息、资料、情报。显而易见，企业在建立信息系统的同时，应对企业内部信息系统的保密性严加防范。

计算机网络的大量应用，给企业带来便利的同时，计算机病毒也给企业带来了前所未有的灾难。计算机病毒的不断更新与推出，使企业信息系统、数据面临着更大的考验。企业在建立信息系统数据库时应有预见性地对信息系统及数据库进行备份、维护、保养、防范，避免企业信息的泄露和损毁，避免给企业带来不必要的损失。

7.2　物流信息系统的基本功能

1. 信息的采集、录入功能

在市场的经营过程中，产品的设计及产品对市场的需求适应来源于企业对市场信息的掌握程度。企业对市场信息（用户需求）的把握度决定着企业产品能否满足市场的变化需求。

企业对市场信息的收集内容来源广泛，企业要组织专业人员对收集的信息进行有效的分析。企业对市场信息的分析，可以帮助企业在产品制造、产品性能改善、产品改型换代方面出谋划策，可以帮助企业决策层制定生产规划。

企业采集和录入的信息大致分以下几种类型。

（1）产品本身的技术信息

这些信息包括本企业产品在市场竞争中是否有相似的产品，在市场中相似型号、品种的技术参数、材料、产地、使用群体等信息。本企业生产的产品在市场中是否有更为先进的加工方法、加工工艺，在国际市场中是否有更为先进的工艺、材料、品种、型号的产品等信息。

产品本身的技术信息决定着产品在市场中的地位、销售量及用户群体，企业必须在生产的过程中充分调查和收集相关的技术信息，做到知己知彼，保持产品的科技领先性。

（2）用户信息采集

要在市场竞争中立于不败之地，企业必须做到对消费市场的用户，潜在用户进行充分、动态的信息收集及管理。收集用户的信息可以了解用户对本产品的满意度、期望值以及用户对产品的需求量等，企业可以更好地为用户服务。收集的市场用户信息包括用户名称、年需求量、用户使用产品的用途、电话、联系地址等。

在对市场用户的调查中,企业还应重视对潜在客户的信息收集。企业销售团队应有职业敏感性,能够预测谁是企业产品未来的消费者。将潜在产品用户信息收集、录入到企业的信息库中,以备日后开发市场之用。

企业销售代表要充分了解本企业产品的性能、用途,拓展产品的使用外延,向用户介绍产品的功能,使企业产品满足用户的需求。

（3）销售、生产信息的录入

企业接受销售订单以后,要针对订单进行组织生产。企业针对生产计划的制订、材料需求计划的完成、生产计划的执行情况等,应实行动态管理。企业内各部门将每天、每工作时的人员、材料、质量、成本、设备、安全等一系列信息录入到企业信息系统,进行统一的使用、管理、分析。

企业产品在市场中的销售情况,企业的生产计划及企业生产的能力分析、生产原材料的仓储、企业资金的使用等信息都应录入信息系统,并在最大范围内将企业可公开的信息进行公开使用。建立信息平台,使企业信息发挥更大的作用,减少由于信息闭塞造成的等待、重复劳动的浪费。

信息的采集与录入是企业信息管理系统工作的第一步,录入数据的完整性和精确性,对企业日后的生产运营、生存发展、生产安排及战略规划的制定起着重要的作用,因此企业对信息的收集与录入应格外加以重视。

2. 信息的输出、传递功能

企业信息采集与录入的目的是更好地为企业生产而服务。企业的各类信息经过有关部门的汇总及分析,在企业管理体系中公示和共享,使企业的生产进度、目标的分解等信息在各部门间形成有效的沟通和协调。

信息的输出对生产企业而言相当重要。如果企业没有有效地针对信息输出进行合理规划和使用,那么企业收集的信息将无法实现其价值。计算机硬盘中的数据、资料库中的文件,如果没有人去使用,将会成为历史记录,信息将无法为企业而服务,无法为企业创造更多的利润。

企业信息的输出实现的是信息的沟通,体现在企业内部各部门能够及时有效地得到信息,并针对信息进行有效的组织生产、销售调整,以满足市场的需求。

（1）企业订单的签订信息应及时地传送到生产控制部门,并且在企业生产信息系统网络上加以公开,使企业的每一名员工都了解企业的销售情况。

（2）生产控制部门针对销售计划而制订的生产计划应及时地传递到生产车间、后勤保障、财会等各部门。

（3）生产车间接到生产信息时应按照生产计划进行组织生产,这时的生产进度信息应及时地反馈到生产控制部门及各有关部门。

（4）产成品入库、销售信息应及时准确地反馈到企业有关部门,以利于再次组织生产。

企业信息的畅通,完全取决于企业信息系统的支持。信息系统的完善、合理畅通的运行是企业生存与发展的重要保障。

3. 信息系统的存储与分析功能

作为企业的中枢,收集的所有信息都必须存储在系统数据库内。企业信息系统将收集的信息分成不同的类别,存储在不同的模块中,以便于企业管理层及管理人员进行有效的利用。

企业信息的收集是为了更好地总结和分析市场、产品、生产情况,所有信息应被更好地分类以便于各部门能够快速地查阅与使用。

企业信息系统大致包括以下几个部分。

(1)市场销售、订单管理信息系统

企业的市场销售、订单收集存储系统的主要任务是通过对市场销售情况及客户订单的处理,保证客户需求的产品品种、数量、型号、交货日期、产品质量、包装要求等信息内容录入完整,以便生产企业按照订单的要求进行加工生产。同时企业销售人员在完成订单签订后还应对市场销售进行有关信息的收集与预测,包括潜在客户的信息收集,市场对产品品种的改善需求信息、用户对产品需求的周期性信息等,这些信息管理多归结在市场销售、订单信息系统之中。

(2)供应商管理信息系统

企业生产过程中有相当部分的零部件需要协作厂进行供应。企业在接收订单后需要供应商积极配合,供应商也需要了解供应零部件的数量、品种、质量、时间要求等信息。同时企业应对供应商进行日常管理,例如供应商的生产能力、质量控制能力等,这类信息的存储及传递应归结在供应商管理信息系统之中。

供应商信息管理系统应建立成开放式平台,使供应商和生产企业能够在信息平台上针对生产信息、质量信息、交货期进行有效的沟通。

(3)生产计划及生产控制信息系统

生产计划及生产控制信息系统的主要功能是企业生产组织过程的信息管理,其信息量在企业生产管理信息系统中占主要部分。

例如生产计划的制订、传递,生产物料需求计划的制订、传递,生产制造过程中的生产信息反馈(包括人员、设备、产品质量、安全、成本、材料、生产进度)等。

企业生产管理信息需要企业信息系统提供及时性反馈,才能实现企业生产管理目标。及时性反馈在企业生产管理过程中非常必要,企业的管理要求不同,及时性的反馈时间也不尽相同。企业对生产信息的反馈有的要求一天一反馈,有的要求半天一反馈,有的要求1小时或2小时一反馈,这样企业管理者才能对企业生产及市场的变化进行有效的控制。

(4)物流作业管理及物料管理控制信息系统

企业生产离不开生产物料的供应与支持。企业物料从采购开始,到实际应用都离不开信息系统的支持。

在企业生产计划制订的同时,物料需求计划也编制成形。针对生产的需求,某种生产用料在何时、何地、用量多少都需要通过企业信息系统进行有效的传输与存储。企业生产用料品种广泛、数量巨大、用料时间严格、质量要求高,企业生产的种种信息都需要企业信息系统的支持。

物料采购计划的编制与执行,是通过信息系统传递给采购人员的,采购人员根据生产需求及采购计划,将生产用料准时采购进入企业仓库。物料的接收(理货)、入库、仓储都需要企业物料信息系统平台的支持。仓储人员根据生产计划的需求,将物料从仓储库房中进行分拣、组配、送达企业生产现场,都需要相应的信息系统的数据支持。

物流信息系统为生产企业物流的采购、仓储、保管、配送等工作提供重要支持,材料采收信息需要信息系统的传递支持,材料的仓储、保管、盘点需要物流系统数据的支持,采购拣选、组配,乃至于向生产工位的配送同样需要物流信息系统的数据支持。一个完善的、运行良好的、数据完备的信息系统将对企业生产起着重要作用。

(5)运输管理信息系统

运输系统是企业物流的必要组成部分。不论是材料的采购运输,还是企业生产出来的产品的运输,都需要有总体的车辆、人员以及货物的进出调度等一系列的管理。企业物流的运输管理系统主要是对车辆运输路线、车辆选择、人员调配、物料品种的组装、配送时间等进行归纳和总结,并且制定最优化的方法进行有效的运输管理。

运输管理信息系统还包括对运输车辆的动态管理,也就是对运输车辆的路途调配、货物运输的组配、车辆运行时间管理等。同时运输系统也对企业拥有的车辆维修、维护管理进行有效的管理和帮助。

运输管理系统同时对物流车辆的运行里程、油料消耗、成本核算,以及驾驶人员管理有着不可替代的作用。

(6)市场信息及政策信息管理系统

市场是瞬息万变的,企业产品要想在市场中站稳脚跟并得到发展,就必须对市场信息进行收集、归纳、分析。市场信息及政策信息管理系统的作用是针对市场的不断变化,进行产品使用及市场内需求信息的收集与归纳,使企业对市场的变化有预知性。同时应对国家有关政策进行收集和分析,如分析政策是否对企业产品的销售有利,是否对产品的销售产生影响,便于企业制定的规划适应国家政策。

市场信息及政策信息管理系统是企业文化的喉舌,可以将企业决策层的意图告知员工,将企业的制度、规范展现在信息平台上,将企业目前的经营状况通告给员工,使员工与经营者共担风险。

(7)售后服务管理信息系统

产品的销售并不意味着企业任务的终结,它对于企业来说仅仅是面对市场的开始。产品的售后服务及用户的维持与发展才是企业市场的重点目标。

企业要想更好地将产品打入市场并占领市场,必须认真维护用户利益。首先,生产企业应对企业自身的用户进行信息统计,包括开始使用的时间、使用的感受、定期提醒客户针对产品进行维修,提供企业新型产品信息等;其次,生产企业应针对市场中同类产品的用户进行信息收集,分析和探讨他们选择其他品牌产品的原因,建立准用户的信息管理制度,以利于日后产品的推销。

售后服务信息系统还应针对同类产品的信息进行收集,帮助企业收集和分析同类产品的优缺点,进而帮助企业改善产品以适应市场的需求。

企业信息管理系统的内容广泛且庞杂,涉猎的情报信息量庞大,企业在将收集的信息存储在信息系统后,有关部门的专业员工必须对收集的信息进行有效的汇总及分析。经过有效分析的信息,不仅能为企业的经营者提供有效的数据,同时为企业战略的制定及市场竞争技术的制定提供基础依据。

7.3　企业物流信息技术

企业生产运营过程中,物流信息从手工作业到计算机智能技术的发展,代表着企业及社会的进步。企业物流信息技术在企业生产物流中主要包括物流软件的应用、物流条形码技术的应用、无线射频技术的应用、计算机网络技术的应用、车辆全球定位技术的应用、电子数据的交换、电子商务等。

1. 条形码技术的应用

条形码是由一组粗细不同,黑白或色彩相间的条空组成的用于表示商品代码的图形。条形码技术最早出现在 20 世纪 40 年代,广泛应用是在 20 世纪 80 年代。作为一种先进、便捷、准确的自动识别技术,被广泛地应用在商品交易、产出管理、生产记录、产品标识、图书出版及电子航空作业当中。

条形码技术被更加广泛地应用在物流行业之中,物流企业的仓储、盘点、分拣、录入验收等工作都离不开条形码技术,已经成为现代物流、生产、销售、维修不可替代的自动识别技术。

（1）条形码种类

商品条形码由条形码区、字符代码和空白区三部分组成。目前在世界应用较为广泛的为 UPC 码和 EAN 码。

UPC 码是由美国统一代码委员会指定的一种代码,主要应用于美国和加拿大。UPC 码分 UPC-A 和 UPC-E 两种,UPC-A 由 12 位数字组成,主要应用于商品销售与储运的包装。UPC-E 由 8 位数字组成,主要应用在商品销售的包装上。

ENA 码是国际上通用的商品代码,常用于商品的销售包装。我国常用的条形码为 ENA 码。EAN 码分 EAN-13 码和 EAN-8 码两种。EAN-13 码由 13 位数字的字符代码组成,常被称为标准码,这种条码常用于商品销售包装和储运包装。EAN-8 码由 8 位数字字符代码组成,常用于商品销售包装。

条形码如图 7-1 所示。

图 7-1　条形码组成

（2）条形码使用特点

条形码使用技术在社会生产、物流、销售中广泛应用。生产企业物流将条形码作业与物流手工作业相比较后发现，条形码技术使企业生产接收、录入的准确率得以提高，速度得以加快。条形内码技术的应用是手工作业效率的 30 倍。

条形码在使用过程中灵活性高、经济性突出、使用方便，有利于企业生产的快速接收与盘点。

条形码手持机与无限射频技术的联合应用，促使生产企业物流的管理范围增大，物流数据的统计、货物的验收速度增快，并且使物流质量得以保障。

（3）条形码的设备设施

条形码在生产物流运行中的使用较为广泛。常用的设备设施有手持条码机（如图 7-2 所示）、光笔扫描器、台式扫描机及条码打印机（如图 7-3 所示）等。

图 7-2　手持条码机

图 7-3　条码打印机

台式扫描机常用于固定位置的出库验收之用，日常使用最多的是手持条码机。企业物流在物料分拣，仓储盘点，货物录入验收时，经常使用手持条码机来完成内部物流的工作。

条码打印机也是企业物流常用的设备之一。物流中每一种物品的条码编制都是通过条码机打印后粘贴在物料本体之上的。只有保证物料具备独立的条码，才能使企业物流的质量得以保证。

2. 无线射频技术的应用

RFID 是 Radio Frequency Identification 的缩写，即射频识别。RFID 技术，最早起源于 1948 年，被美军用于战争中的敌我识别，是一种基于射频原理实现的非接触式的自动识别技术。该技术在物流管理过程中可以穿透物料的包装、车厢等对物料及零部件进行有效的验收及过数。目前，这一技术正在被物流行业广泛利用。射频识别技术的出现，大大提高了物流活动各环节的自动化处理水平，使得物流效率得以提高，物流成本得以降低。

RFID 是利用感应、无线电波进行非接触式通信、识别和交换数据的自动识别技术。RFID 系统一般由标签、识读器、软件、传输网络、业务应用与管理系统等构成。

RFID 最大的优点在于非接触读取数据。数据的自动采集（识别）解决了人工数据输入的速度慢、误码率高等问题，为计算机信息处理提供了快速、准确的数据采集输入。射频系统还具有许多其他优点，如射频标签可以改写，可携带大量数据，不怕油渍、灰尘污染等。

随着 RFID 技术的不断完善，它已经被广泛应用到工业、商业、运输业、物流管理等众多领域,如生产作业物料流动控制、电子收费、交通监控、停车场管理、物料出入库管理、物品管理、图书档案管理、仓储管理、配送管理、物料分拣作业管理等。无限射频技术更多地被应用于物流运输验收或货物出库验收等,只要将接收装置安放在物流仓库的门框(入口立柱)上,物流运输车辆在此通过,不需要接触就可进行盘点和验收,瞬间便可将车辆装载的物料信息收集到企业信息系统。

RFID 的特点是利用无线电波来传送识别信息,不受空间限制,可快速地进行物品追踪和数据交换,工作时 RFID 标签与"识别器"的作用距离可达数十米甚至上百米。通过对多种状态下(移动或静止)的远距离目标(物体、设备、车辆和人员)进行非接触式的信息采集,可对其进行自动识别和自动化管理,节省大量人力,同时极大地提高工作效率,所以对物流和供应链管理具有巨大的吸引力。RFID 标签可以做到唯一商品标识,通过与计算机技术、网络技术、数据库等技术的结合,可在物流的各个环节上跟踪货物,实时地掌握商品所在物流的节点。

目前,RFID 技术在中国的应用主要集中在交通运输行业,比较成熟的应用有全国铁路车号识别系统、上海城铁明珠线控制系统、大连港集装箱管理。上海国际港务(集团)股份有限公司将 RFID 用于上海港至烟台港的内贸海运集装箱中。此外,在门禁、车场管理及高速公路收费管理等方面的应用也粗具规模。

3. 车辆全球定位技术(GPS)的应用

GPS 是美国从 20 世纪 70 年代开始研制,历时 20 年,耗资 200 亿美元,于 1994 年全面建成,具有全方位实时三维导航与定位能力的新一代卫星导航与定位系统。目前,GPS 的应用领域不断拓展,不仅仅应用在高科技的军事领域,而且已成为物流运输业的重要辅助工具。

GPS 的概念就是全球定位系统,特点是定位精度高、实时监测、全天候作业、抗干扰性好,应用广泛。GPS 在物流中更多是应用于车辆运行管理,可对物流企业的运输车辆进行实时定位、跟踪和监控,还可以对车辆进行调度。企业推行物流准时化,企业生产组装线对物流准时到货有着极为严格的要求。因此,对物流配送过程中车辆和货物的监控管理和合理调度就成为物流业货物运输管理系统中的重要问题。

GPS 的应用对物流配送监控具体包括以下内容。

(1)车辆跟踪

利用 GPS 对运输车辆进行运输全程信息收集,结合电子地图可实时显示出物流车辆的实际位置及状态(运行还是停止),对物流车辆和货物进行有效的跟踪和控制。

例如,若发生物料需求紧张,运输时间缩短的情况,可以通过 GPS 功能测算出路途距离,采取加快运输速度或者改变运输路径,缩短运输时间的方式以满足生产需求。

GPS 可为客户提供实时的物流运输的数据(距离、时间、地点)查询,针对客户的咨询内容、要求,可以在电子地图上进行查询,显示其物料信息状态,提供物料到达的准确时间,物料与要求送达的目的地的距离等信息。

(2)物流路线的规划

GPS 物流路线的规划更多的是被应用于企业生产物流的外部物流运输中。经过企业物料采购后,供应商(第三方物流)要想将物料按时送达企业生产需求地就需要对物流运输途径进行合理规划。

物流运行路线的设计与规划分自动和手动两种。自动路线设计是由驾驶员确定起点和终点,由计算机软件按照要求自动设计、选择最佳路线。手动路线设计是驾驶员和车辆调度共同研究,根据用户的要求(时间、地点),对货物从起点开始最终达到客户终点的路线设计。

(3) 通信指挥

通过 GPS 的实际应用,物流控制的指挥中心可以实时监测公司车辆在区域内的运行状况,并对车辆进行合理监控、调度,实行通话管理。当物流车辆出现故障,道路出现堵塞时,物流中心将实时通话,指导运输车辆进行绕行、维修及运输。

GPS 技术在物流运输中的应用,对于提高物流的服务质量、运输的保障能力有着十分重要的作用。运用 GPS 技术,做好在物流运输中的服务,对降低物流成本,提高物流效率都具有重要的作用。

4. 电子商务

电子商务是利用计算机技术、网络技术和远程通信技术,实现整个商务(买卖)过程中的电子化、数字化和网络化。

随着社会的进步与科学技术的发展,人们购买商品时不再是用更多的时间和精力进入实体商场面对面地、看着实实在在的货物,靠纸介质单据(包括现金)进行买卖交易,而是通过计算机网络上的交易平台,完成商品买卖交易的过程。电子商务活动是商业经营、物流运输(配送)、信息化处理(网络)发展的结合体,是现代信息社会发展的必然要求。电子商务整个交易的过程可以分为三个阶段。

第一个阶段是信息交流阶段。对于商家来说,此阶段为信息发布阶段,主要是选择自己出售的商品,精心组织自己的商品信息,建立自己的网页(交易平台),并且将其连接到其他(著名)网站上,让尽可能多的用户了解产品信息。

第二阶段是商品交易确认阶段。作为 B to B(商家对商家),这一阶段是商品交易信息交换过程。该过程需要签订合同,提供交换商品交易的信息、交换商品贸易的单据等。作为 B to C(商家对个人客户),这一阶段是完成购物过程的确认,顾客将选好的商品、自己的联系信息、送货的方式、付款的方法等在网上按要求填写完毕提交给商家,商家在收到订单后进行确认。

第三阶段是商品交接、资金结算阶段。这一阶段是整个商品交易关键的阶段,不仅要涉及资金结算,还要进行商品的实体验收交接,以及各种信息在网上的确认,同时也要涉及商品配送的准确、按时到位。在这个阶段将有金融业、物流配送的介入。

电子商务运营在西方发达国家已经有相当多的经验可供我国借鉴。电子商务将成为商品交易的发展趋势可以减少以往商品交易的烦琐过程,减少商品流通的物流成本,减少社会运营成本的支出,有利于商品的快速交易,是社会商品交易与发展的必然趋势。

电子商务有下列优势。

(1) 电子商务使商品交易不受时间、空间、距离的限制,可以随时随地在网上交易,使商品交易更加快捷方便,打破了地域、国家界限。

(2) 电子商务使现实的"地球村"意识得以实现,网络交易使世界变得更小,商家可以面对全球的消费者进行商品交易,而每一个消费者都可以在全球的任何地方进行商品购物消费。

(3) 电子商务减少了商品流通的中间环节和交易成本费用,节省消费者大量的开支,消费者可以直接面对生产供应商,从而也大大降低了商品流通和交易的成本。

（4）现今世界是一个追求个性时代的社会，人们越来越追求时尚、讲究个性，注重购买商品的特性及环境，电子商务购物更能体现个性化、时尚化的购物过程。

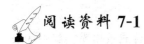

7.4 物流信息系统的建立

物流信息系统的建立与发展是企业生产物流的需求。企业生产物流在满足生产运营需求的同时，也需要企业生产物流信息的大力支持。市场的瞬息万变带动了企业生产计划的不稳定性，企业生产的产品为了能更好地满足市场（用户）的需求，必须掌握市场的即时信息，因此企业必须建立一个完善的信息系统。

企业物流信息系统主要包括信息系统的硬件与软件两大部分，硬件部分可根据企业生产信息系统的需求进行采购和定制，这里包括计算机、内部局域网、打印机、网络服务站、信息管理员等。

物流信息系统的核心是物流软件。物流软件有多种形式及模块，企业要根据自身的生产物流需求进行软件的选择与开发。较为高端的物流软件功能强大，较为完善，但购买价格较高。软件内容包括对信息的使用及处理，包含企业生产现场管理数据库等。中等物流软件管理系统，多由一些小的软件公司进行开发设计，没有成为市场的主流，其功能及使用便捷性与高端软件相比相对较差，但也有其自身的特色。首先其设计的功能与模块可以根据生产企业的具体要求进行有效的、针对性极强的编写设计,其次其价格往往在市场中更具竞争力。信息系统硬件、软件的选择与购买可根据企业的实际情况进行选择。

7.4.1 物流信息系统概述

1. 物流信息系统数据库

物流信息系统数据库是生产企业对数据的采集、存储、分析的合成数据库。其中的数据反映的是企业、市场、用户等信息的汇总,是有利于企业生产决策者决策的信息支持。一个生产企业数据库的建立,可以将企业生产基础信息收集于一体,为企业的发展、生存提供有效的分析支持。

（1）数据

数据就是针对客观事物的性质、状态以及相互关系等进行记载的物理符号或是这些物流符号的组合。数据分为数值数据与非数值数据两大类。数值数据就是可以直接用数字、数值进行记录的数据。例如1、3、5、200.4。

非数值数据就是用一些图形、文字、声音、图像等进行存储记录的数据。例如＊、♯、¥、诚信制造、塑料公司。

（2）数据库

数据库是存储在某种存储介质上的相关数据的有组织的集合。数据库特别要注意"相关"和"有组织"这些描述,即数据库不是简单地将一些数据堆积在一起,而是把相互间有一定关系的数据,按一定的结构组织起来的数据集合。

企业数据库是对企业收集的信息、分析的信息进行存储的地方,具有集成性、稳定性、数据收集重复性、数据共享、多用户操作、便于操作与扩展、反映历史数据的能力。

数据库的稳定性和集成性,体现在企业生产中收集的数据通常是实时更新,数据每时每刻都发生变化。数据的更新与变化都需要数据库进行有效的存储与保留。

企业数据库的建立就是要将企业生产信息(市场变化信息)收集并应用。企业数据库的使用应针对企业内部员工进行有效的等级制共享。所谓的等级制共享就是授权企业或企业员工不同等级(经营层、管理层、普通员工),不同等级的员工可以使用和共享不同的信息内容。企业信息实现共享、公开化,才能更有效地发挥企业信息的作用,通过使用和分析信息来将帮助企业更好地发展。

数据库的建立、扩展、使用应更加便捷与方便,在建立数据库的同时就应针对数据库的数据补充做好相应的准备,以便于数据库数据的更新换代。应对不同的使用者提供有效地培训与讲授,使企业每个员工都能充分地利用数据库中的数据进行生产、设计、改善。

2. 物流信息数据库构成

物流信息数据库建立的主要目的是为了更好地服务于生产需求。企业物流数据库构架主要有以下几个方面。

（1）供应商数据库子系统

企业物流供应商数据库是对企业生产产品现有供应商、准供应商信息收集及管理的数据库,是企业发展供应链必不可少的资料准备。数据库的建立有利于企业对供应商的管理与合作。数据库的内容、项目可以根据企业的需求而设计,并且可以增加与删减,数据库更应具备搜索供应商的功能。

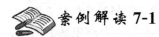 **案例解读 7-1**

供应商数据库表如表 7-1 所示。

表 7-1　供应商数据库

1. 地址信息			
公司名称			
地址			
邮编		国家代码	

2. 联络信息			
电话		分机	
传真		电子邮件	
公司网站		联系人	

3. 财务信息

最近 3 年的年度收入与出口情况

序号	财务年度	销售收入(百万美元)	出口额(百万美元)
第 1 年			
第 2 年			
第 3 年			

4. 开户行信息			
开户行名称			
开户名称		账号	
银行地址			
邮编			

5. 基本情况			
总公司全称			
企业性质			
企业类型			
成立年度		正式职工人数	
登记注册机关		税号	
可供技术文件语种		英语( )法语( )西班牙语( ) 俄语( )阿拉伯语( )汉语( )	
可提供的产品种类目录			
6.公司分支机构及办公地点			
7.公司所获得的国际、国内证书			

8.加入地方行业/专业组织情况

(2) 生产物料配送信息子系统

在没有应用 ERP、MRP 等软件系统支持时,生产企业要针对生产物料的需求进行有效的信息管理,可以自行设计或聘请软件工程师针对本企业的需求建立物料管理信息系统。

生产物料配送管理信息系统主要是为了更好地使生产物流满足于生产现场的需求,更好地使企业物流满足生产计划的需求,将生产线物流的需求信息发送给物流配送人员,使物流配送人员及时将物料送达生产车间工位。

生产物料配送系统可以由计算机、物料配送软件、指示灯、数据库等组成。

(3) 企业物料库存信息系统

企业物料库存信息系统主要指企业生产用料的存储信息,企业物料的入库、盘点、出库均须经过库存信息系统进行备案记录。生产企业根据生产物料需求计划和企业物料库存信息系统的分析,得出物料的采购计划。库存信息系统将企业现有物料、在途物料进行记录备案分析,可以制定物料的最高库存、最小库存线,制定警告标志,在物料达到警告标志时自动报警提示仓储人员填写采购订单。先进的物料库存信息系统可以在物料达到最低库存时自动生成订单,并发送到相应的管理人员窗口进行确认。

7.4.2　物流信息系统的开发

物流信息系统是企业信息系统的一部分。物流信息系统的建立,完全以企业管理信息系统为基础,涉及企业运营中的各部门,需要解决满足企业生产管理的需要。物流信息系统的开发与建立需要企业政策、财务以及全体员工及各部门的支持。只有更好地协调和组织企业可利用的资源,才能使企业物流信息系统的建立更完善、更优秀。

1. 物流信息系统开发原则

(1) 整体性原则

物流信息系统的开发与设计,涉及企业的管理思想、体制、管理方法及企业生产战略发展,在开发企业生产物流信息系统时,要与各部门、用户、供应商等进行充分的调研与论证,将企业的采购物流、生产物流、销售物流等各物流需求、使用要求等信息进行整合,使最终的企业生产信息系统的使用符合企业供应链的需求。

系统开发人员要以整体的协调性、整体目标的需求性及各部门的个性使用需求功能为出发点,正确处理系统模块间的相互关系和作用,合理配备资源,使信息系统的工作达到整体优化。

(2) 规范化原则

生产企业物流信息系统的开发及使用,要求对信息、数据等进行规范化的录入及输出,避免不规则的数据在进入物流信息系统数据库后无法被识别。设计系统时应遵照相关标准规范、工程化、程序化进行设计与开发,以便于企业日后发展对信息系统的更新与改善。

(3) 便利、易操作原则

软件的设计与开发应本着操作便利的原则进行,减少企业员工操作的培训时间,减少使用过程中的失误率,提高物流信息录入的质量与效率。

应尽最大可能地使操作者实现便利操作,物流管理信息系统的使用不仅仅是生产企业员工的应用,更多的可能是企业供应商的应用和操作,因此信息系统的操作便利性是非常重要的。好的、成功的软件设计将会使操作者便于操作,企业的供应商一看就会使用,这样更有利于信息系统的应用,减少了企业对供应商的培训成本。

(4) 实用性与先进性原则

相当多的物流软件的开发与设计是针对某一物流公司而进行的,也就是说物流软件的设计与使用针对的企业是专一的。物流软件的使用,更多的是为企业生产实际应用而服务,是要满足企业对从订单的录入,生产计划的编制与传递、物料需求计划的使用、销售记录等信息的录入与分析。同时信息系统设计与开发要具有前瞻性,使软件能够适应企业、社会的发展,满足企业战略规划的需求。

2. 物流信息系统开发步骤

企业生产物流信息系统的开发是一项重要的系统工程,需要企业生产人员、管理人员、操作人员的共同探讨与分析。

系统的开发大致有五个阶段。

(1) 系统的规划阶段

系统规划阶段是对系统开发的战略分析及整体规划的初级阶段,需要对企业的生产战略及生产需求、用户需求、市场的变化进行充分调研和可行性研究。针对系统的性能、功能、用户及企业的要求、系统的匹配性及外围设备接口进行初步方案的设计,建立系统设计的思路。

(2) 系统的分析阶段

针对设计思路(规划)考察信息数据、操作方法,建立软件的使用流程图。研讨软件流程是否能满足设计的需要,收集的信息数据是否能够在系统中得以完美运行。模拟运行处理过程,考察软件的设计能否达到最初目标。

(3) 系统的设计阶段

根据确定的设计规划进行详细程序的设计与开发。系统开发人员按照时间要求进行有效地软件编程工作,企业管理人员针对规划,进行有效时间段验收,保障软件设计、编写的顺利进行。

(4) 系统的实施阶段

该阶段为系统的实际应用与考核阶段,是企业在生产运营过程中的实际应用阶段,同时也是企业对软件进行的验收评估阶段。系统能否满足企业的生产需求,能否实现企业的设计目标,将在实施阶段的时间内得到考验和评估。

(5) 系统的运行与维护阶段

本阶段是对系统进行日常的使用与维护。系统在稳定运行期,企业还会出现不同的需求或改善,信息系统的开发还需要进一步地加深,对系统的数据及流程还应进一步地拓展,从而达到企业发展的需求。

7.5 企业物流信息系统的应用

1. MRP——物料需求计划

物料需求计划(Material Requirement Planning,MRP)最早出现在美国,是由美国生产与库存管理协会倡导而发展起来的。MRP是在订货点采购法基础上发展形成的,是一种新的库存计划与控制方法,是建立在计算机基础上的生产计划与库存控制系统。它不仅是一种新的计划管理方法,而且也是一种新的组织生产方式。

MRP 的出现及发展引起了生产管理理论和实践的创新改善。MRP 内容主要包括客户需求管理、产品生产计划、原材料计划以及库存记录。

客户需求管理包括客户订单管理及销售预测,是将实际的客户订单数与科学的客户需求预测相结合,即能得出客户需要什么以及需求多少。

产品生产计划指的是最终将生产的产品的时间和数量,这将成为决定需要多少劳动力和设备以及需要多少原材料和资金的依据。产品生产计划的要求非常精确,因为不准确的产品生产计划有可能导致资源浪费或是不能满足客户的需求。

原材料计划是在产品生产计划的基础上制订的原材料需求计划,表示要生产所需要的产品而需要准备的原材料的具体情况。而在确定购买原材料之前,需要检查现有库存记录,并通过比较得出实际的购买量,因此保证库存数据的准确性尤为重要。MRP 编制所有零部件的生产进度计划,对外计划各种零部件的采购时间与数量,对内确定生产部门应进行加工生产的时间和数量。一旦作业不能按计划完成时,MRP 系统可以对采购和生产进度的时间和数量加以调整,使各项作业的优先顺序符合实际情况。

MRP 系统的主要目标是控制企业的库存水平,确定产品的生产优先顺序,满足交货期的要求,使生产运行的效率达到最高。

 阅读资料 7-2

企业生产计划管理

目的:

是通过有计划地,科学合理地安排生产,使企业在生产中对物料进行有效控制,以达到企业有序生产和提高生产效率、确保产品按用户要求日期出货,同时实现企业运营节约资源降低成本的目标。

职责:

(1) 技术部负责产品物料清单(BOM)的提供;

(2) 营业部(销售部)负责交货计划的制订;

(3) 物流部根据 BOM 制定材料明细表,并根据生产计划及所需材料、库存列出不足材料一览表并及时传递给采购部;

(4) 采购部根据物流部传递的信息及时订购所缺的原材料及零部件,并确认供应商交货日期;

(5) 生产管理部(制造部)根据销售计划制订生产计划并监控执行。

年度计划:

销售部每年应对市场进行调查并进行预估,制作以月为单位的销售计划表,预估销售品种、数量、交货时间等,年销售计划准确度应控制在 90% 以上。

生产控制部依据销售部提供的销售计划进行实现的产能分析及策划,做好人员、机器、材料、场所等的事先准备。

销售部提供的销售计划,在实际应用过程中,可根据具体情况进行有效调整。

月计划:

企业生产月计划为滚动计划,每个月 20 日前,销售部应提出次月的销售计划。这个销售计划应考虑生产部门的实际负荷状况而制订。

生产控制(制造)部应同时提出次月生产计划,生产控制部编制生产计划时,应保留 5% 左右的空间作为销售部紧急订单的追加。

物流(物料)部根据生产计划制订材料明细表和不足材料一览表(申购单),并及时提供申购单给采购部。

采购部应依据申请单制订采购计划,并且反馈给物流部门,便于材料的及时交接。

周计划:

周计划是对月计划的分解,只进行微量调整,通常周计划的准确度应达到 95% 以上。没有紧急订单,企业生产各部门周计划基本不进行修改和调整。

周生产计划发行到有关部门后,各部门应及时做人员、机器、工夹具、材料等生产前的准备。

日计划:

日计划是每日的生产安排,是依据周计划内所指定的产品、数量来安排生产的,通常是在每天上班前填写到各班组的生产"看板"上。

2. MRP Ⅱ——制造资源计划

MRP Ⅱ即制造资源计划。它的基础是 MRP,即物料需求计划。20 世纪 70 年代末,一些企业提出,希望 MRP 系统能同时反映财务信息。将 MRP 进一步发展,将经营、财务与生产管理子系统相结合,形成了制造资源计划 MRP Ⅱ。由于 MRP Ⅱ将经营、财务与生产系统相结合,涵盖了进行生产制造活动的设备、物料、资金等多种资源,并且有模拟功能,因此它不仅能对生产过程进行有效的管理和控制,还能对整个企业计划的经济效益进行模拟分析,这对辅助企业高级管理人员进行生产决策有重大意义。

现代的 MRP Ⅱ系统完善于 20 世纪 80 年代,一般分为生产控制(计划、制造)、物流管理(分销、采购、库存管理)、财务管理(账务、成本、资金)三大子系统。

生产控制子系统将按照预测的销售前景,并考虑销售订单的实际情况来编制生产大纲,再按生产计划的需求编制物料需求计划,据此企业部门采购原材料,安排部件生产,以期将在制品、原材料及成品控制在最佳水平上。此外,根据物料需求计划的结果来核算生产能力,调整主生产计划,尽量保持生产平衡。生产线的信息反馈也可以与财务系统、物流管理系统集成。物流管理系统将向供销部门和库房管理部门提供灵活的日常业务处理功能,并能自动将信息转达财务部门和其他有关部门。财务管理系统除对各往来账目和日常发生的货币支付账目进行处理外,根据销售部门的销售单/发票、采购单、库存资金量等数据,还能够向管理人员提供目前库存资金占用情况和企业运营情况。

MRP Ⅱ可以使企业产生如下效益。

(1) 可以改善企业经营决策,提高企业应变能力及所处的竞争地位。企业领导可以随时了解企业生产、销售、库存等运作情况和财务状况。

(2) 实行规范管理,促进企业工作与生产效率的提高。

(3) 降低库存。据国外有关资料统计,在实施 MRP Ⅱ 的企业中,库存资金的占用一般可降低 15%~40%,资金的周转次数可提高 50%~200%。

(4) 合理利用资源,缩短生产周期,提高劳动生产率,进一步降低成本,增加利润。

(5) 由于与财务系统的集成,可以大大减少对财务收支上的差错与延误,减少经济损失。同时还可以及时了解生产成本,辅助财务管理业务的运行。

3. ERP——企业资源计划

ERP 是将企业所有资源进行整合、集成管理的一个计算机软件系统。简单地说就是将企业的物流、资金流、信息流进行一体化的管理。ERP 是一个面向企业供应链或企业生产链管理的信息系统。ERP 除了具有 MRP Ⅱ 系统的功能外,还增加了对物流中的运输管理,仓储管理,支持在线服务和售后服务。通过在线服务企业可以准确地掌握市场信息并管理市场。

ERP 系统充分利用了计算机网络系统,同时强化了用户自定义和可配置性能,以适应不同行业,不同用户的需求。ERP 侧重于管理信息的集成,其核心思想就是要实现企业生产供应链的整体、有效地管理。

现代的生产制造企业,不再是单打独斗的个体。日常生产过程中需要多个企业共同制造,相互协调配合,形成一个共同体才能生产出来一个优秀的产品。ERP 适应于现代的生产模式,力主将各企业间的信息、数据有效地结合在一起,服务于产品制造的整体供应链系统。

ERP 更多的是在计划体系的预测和控制,实现的是企业各种计划,包括生产计划、物料需求计划、采购计划、销售计划、财务计划的整体联合共商。改变了各计划独自为战,形成了一个模拟整体,改变了过去不均衡相互制约的状况。

ERP 企业全方位的整体结合,是一个投入产出的系统工程,需要企业有复合型人才,需要企业做好相应的基础数据库和各种信息准备。若没有认真了解和学习 ERP,就投入使用则可能造成企业混乱,达不到企业预期的目标。

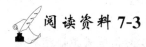 **阅读资料 7-3**

企业物料控制管理

(1) 物流(物料)部根据生产计划、材料表(BOM)及物料库存表,分析物料需求提出申购单,并协助采购部做好进料计划。

(2) 物流(物料)部协同采购部进行核实并催进料计划。

(3) 物流仓库依生产计划提前备好所需物料。

(4) 每天物料的出、入库要记录,并且上报数据到企业信息系统备案。

(5) 物流配送人员按物料需求计划及时将生产用料送达到工位。

(6) 物流分拣人员应及时分拣材料到配送区。

(7) 物流仓储人员应及时填写物料的出库单据,不足材料应及时填写申购单。

本 章 小 结

物流信息管理是物流工作的精神命脉,是生产企业管理的重要项目。企业物流的畅通首先要保证信息体系的畅通,物流信息是生产企业物流顺利运行的保障。本章主要介绍了物流信息系统的特性,重点讲解了物流信息系统的功能,强调了信息系统的分析功能。本章还讲解了现代信息技术在物流信息中的应用;讲解了物流信息系统的建立与组成;讲解了企业常用的物流信息软件。

练习与思考

1. 练习题

(1) 企业物流信息系统的特性有哪些?

(2) 陈述物流信息系统的功能。

(3) 陈述条形码技术的应用方法。

(4) 陈述物流信息系统开发的原则、步骤。

2. 调查思考题

(1) 调查目前我国 RDIF 无线射频技术适用范围、技术、应用方法。

(2) 详细分析生产企业物流信息的内容组成有哪些。

(3) 调查目前物流信息新技术及使用方法。

要求:

(1) 以 6~8 人为一小组,共同完成作业。

(2) 每小组指定一人进行汇报、交流。

(3) 以小组为单位进行评估、记分。

(4) 小组汇报内容要以书面形式进行展示,进行各组间交流。

参 考 文 献

[1] 浦震褰,李海华.仓储管理实务[M].2 版.北京:中国人民大学出版社,2020.

[2] 朱少军.物控经理案头手册[M].广州:广东经济出版社,2008.

[3] 张连起.企业现场作业控制[M].北京:北京理工大学出版社,2016.

[4] 程国全.物流系统规划概论[M].北京:清华大学出版社,2018.

[5] 盛涛.物流企业管理工具箱[M].北京:企业管理出版社,2008.

[6] 胡文发.工程项目管理[M].北京:化学工业出版社,2008.

[7] 钱芝网,孙海涛.第三方物流运营实务[M].2 版.北京:电子工业出版社,2011.

[8] 陈启申.ERP:从内部集成起步[M].3 版.北京:电子工业出版社,2007.

[9] 胡建波.现代物流管理(微课版)[M].4 版.北京:清华大学出版社,2019.

[10] 梁雯.物流信息管理[M].北京:清华大学出版社,2019.